Bernhard Schäfers · Albert Scherr

Jugendsoziologie

Bernhard Schäfers · Albert Scherr

# Jugendsoziologie

Einführung in Grundlagen
und Theorien

8., umfassend aktualisierte
und überarbeitete Auflage

**VS VERLAG** FÜR SOZIALWISSENSCHAFTEN

Bibliografische Information Der Deutschen Bibliothek
Die Deutsche Bibliothek verzeichnet diese Publikation in der Deutschen Nationalbibliografie;
detaillierte bibliografische Daten sind im Internet über <http://dnb.ddb.de> abrufbar.

1.–7. Auflage alleiniger Autor Bernhard Schäfers
7. Auflage 2001
8. Auflage Oktober 2005

Alle Rechte vorbehalten
© VS Verlag für Sozialwissenschaften/GWV Fachverlage GmbH, Wiesbaden 2005

Lektorat: Frank Engelhardt

Der VS Verlag für Sozialwissenschaften ist ein Unternehmen von Springer Science+Business Media.
www.vs-verlag.de

Umschlaggestaltung: KünkelLopka Medienentwicklung, Heidelberg
Druck und buchbinderische Verarbeitung: MercedesDruck, Berlin
Gedruckt auf säurefreiem und chlorfrei gebleichtem Papier
Printed in Germany

ISBN 3-531-14685-8

# Vorwort zur achten Auflage

Die nunmehr in einer achten, umfassenden Neubearbeitung vorgelegte Einführung in die *Jugendsoziologie*, für die bisher Bernhard Schäfers alleiniger Autor war, hat zum Ziel, über Jugend in der Gegenwartsgesellschaft sozialwissenschaftlich fundiert zu informieren. Beabsichtigt ist, Grundlagen für eine solche Auseinandersetzung mit der gesellschaftlichen Situation, mit jugendtypischen Verhaltensformen und Problemlagen darzustellen, die Jugend nicht primär als psychodynamische Entwicklungsphase, sondern als ein soziales Phänomen in den Blick nimmt.

Über Jugend und Jugendliche, nicht zuletzt über sog. Jugendprobleme, liegt eine kaum überschaubare Fülle wissenschaftlicher Studien aus unterschiedlichen Fachdisziplinen (Sozialgeschichte, Entwicklungspsychologie, Erziehungswissenschaft, Soziologie) vor. Diese können hier nicht umfassend dargestellt werden. Weitere Einschränkungen liegen in der notwendigen Begrenzung der hier zu berücksichtigenden Untersuchungsfelder, die sich daraus ergibt, dass „die" Jugend so komplex wie die Gesellschaft selbst ist.

Im Rahmen der behandelten Themen wurde großes Gewicht darauf gelegt, die Zusammenhänge zwischen Jugendalter und Gesellschaftsstruktur deutlich zu machen. Daher ist die vorliegende Einführung in die Jugendsoziologie in Teilen auch eine Einführung in die Gesellschaftsstruktur der Bundesrepublik Deutschland und in die Soziologie.

Einer Einführung entsprechend werden grundlegende Begriffe im Text und im Glossar erläutert. Ein Sachregister und Querverweise sorgen für Übersichtlichkeit und sollen die Benutzung als Nachschlagewerk erleichtern.

Die Redaktion des gesamten Werkes lag in Händen von Frau Maibritt Hutzel, M.A.; für weitere Hilfen bei der Überarbeitung danken wir Frau cand. päd. Ulrike Hormel und Frau Dr. Bianca Lehmann.

*Bernhard Schäfers,* Karlsruhe
*Albert Scherr,* Freiburg im Breisgau
August 2005

# Inhaltsübersicht

# Inhalt

11

# Tabellen

# Abbildungen

# Übersichten

# I. Begriff, Differenzierung und Institutionalisierung von Jugend

## 1. Zum Begriff Jugend[1]

Jugend – das ist zunächst kein klar definierter wissenschaftlicher Begriff, sondern ein Wort aus der Alltagssprache. Der alltägliche Sprachgebrauch benennt damit in mehrdeutiger Weise eine von Kindheit und Erwachsenenleben unscharf unterschiedene Lebensphase und er legt Annahmen über besondere Verhaltensmuster und Eigenschaften nahe, die als jugendtypisch gelten. So wird über Söhne und Töchter in Familien, über Schüler in der Schule oder über Auszubildende im Betrieb gewöhnlich nur dann als Jugendliche gesprochen, wenn sie sich in einer Weise verhalten, die als typisch für diese Lebensphase gilt.

### 1.1 Unterschiedliche Jugendbegriffe

Im Unterschied hierzu ist wissenschaftliche Jugendforschung auf eine Klärung ihres Grundbegriffs angewiesen. Denn es ist für die empirische Forschung und die Theorieentwicklung unverzichtbar, auszuweisen, wer als Jugendlicher gilt und welche Annahmen über die so Bezeichneten damit einhergehen.

Aber auch in den Fachsprachen der Soziologie, der Psychologie oder der Pädagogik gibt es nicht nur einen Bedeutungsinhalt des Begriffes Jugend (zur Begriffsgeschichte vgl. Markefka 1967; Fend 2000: 23ff.). Die genannten Fachdisziplinen stellen spezifische Gesichtspunkte ins Zentrum: Psychologische Jugendtheorien akzentuieren die emotionale und kognitive Entwicklungsdynamik, die mit der Pubertät in Gang kommt (s. als Übersicht Fend 2003). Pädagogik und Erziehungswissenschaft fragen nach altersgruppentypischen Voraussetzungen und Folgen von Lernen, Erziehung und Bildung sowie den Auswirkungen der Sozialisation* in Schulen und den Einrichtun-

---

1 Mit * versehene Wörter/Begriffe sind im Glossar erläutert. Zur Zitierweise: es werden nur angegeben: der Name des Autors, Erscheinungsjahr und Seitenzahl. Die genauen Angaben finden sich im Literaturverzeichnis. Bei wichtigen Autoren werden die Lebensdaten bei der erstmaligen Nennung angegeben.

gen der außerschulischen Jugendpädagogik wie Jugendzentren oder Jugendverbände (s. als Überblick Breyvogel 1998).

Jugendsoziologie interessiert sich im Unterschied dazu vor allem für

- Jugend als eine Lebensphase im Kontext der gesellschaftlichen Ordnung
  der Altersgruppen, durch die Kindern, Jugendlichen und Erwachsenen
  unterschiedliche Rechte und Pflichten zugewiesen, Möglichkeiten eröffnet und Zwänge auferlegt werden;
- die Auswirkungen der gesellschaftlichen (ökonomischen, politischen, rechtlichen usw.) Bedingungen auf Jugend als Lebenslage und Lebensphase;
- die Einstellungen und Praktiken, die bei Jugendlichen in einer jeweiligen
  gesellschaftlichen Situation vorzufinden sind;
- Jugendkulturen und sog. Jugendprobleme sowie die gesellschaftlichen
  Reaktionen darauf;
- jugendkulturelle Selbstdefinitionsprozesse und Abgrenzungsprozesse
  zwischen Jugendkulturen sowie gegenüber „der Erwachsenengesellschaft";
- die gesellschaftlichen Bemühungen, auf Jugendliche (insbesondere durch
  Pädagogik und Jugendpolitik) gezielt einzuwirken.

Jugendsoziologische Studien haben es dabei mit einem Forschungsgegen-
stand zu tun, der nicht einfach zu bestimmen ist, denn „die Jugend" existiert
in der Gegenwartsgesellschaft, wie noch deutlich werden wird, nicht als eine
eindeutig festgelegte Alters- bzw. Sozialgruppe.

## 1.2 Zur Entstehung von Jugend

Sozialgeschichtliche Untersuchungen weisen nach, dass sich die Bedeutung
der Unterscheidung von Kindheit, Jugend und Erwachsenenleben im Verlauf
der historischen Entwicklung erheblich verändert hat. So kann etwa für die
Landbevölkerung in den vorindustriellen Gesellschaften Mitteleuropas festgestellt werden, dass Jugend dort primär den Status derjenigen kennzeichne-
te, die wirtschaftlich nicht in der Lage waren, einen eigenen Haushalt zu
gründen und deshalb auch nicht als heiratsfähig galten (Mitterauer 1988:
44ff.). Im Unterschied dazu hat sich in den bürgerlichen Schichten seit der
zweiten Hälfte des 18. Jahrhunderts ein Verständnis von Jugend durchgesetzt, demzufolge darunter eine individuelle Lern- und Entwicklungsphase zu
verstehen ist, in der besondere pädagogische Aufmerksamkeit und eine geschlechtsbezogen differenzierte Erziehung erforderlich sind. In seinem klassischen Werk „Emil oder über die Erziehung" (frz. Orig. 1762) charakterisiert Jean-Jacques Rousseau (1712-1778) die Jugend als eine „zweite Ge-

burt", als „die Geburt der Leidenschaften" und proklamiert: „Unsere Sorgen waren bisher nur Kinderspiel, jetzt gewinnen sie größte Bedeutung. In diesem Zeitraum, in dem gewöhnlich die Erziehung abgeschlossen wird, beginnt unsere erst richtig" (ebd.: 210f.). Rousseau bestimmt Jugend damit in einer bis heute einflussreichen Weise als eine Lebensphase, in der Erziehung schwieriger als in der Kindheit, aber zugleich in besonderer Weise erforderlich ist (zu Rousseaus Bedeutung für die Herausbildung der Jugendphase vgl. auch Kapitel IV. 2.).

Damit ist angedeutet, dass das moderne Verständnis von Jugend zumindest zwei unterschiedliche historische Bezüge hat:

- einerseits ein Jugendkonzept, für das Jugend eine Phase der ökonomischen Abhängigkeit, der Unterordnung unter erwachsene Autoritäten und ein Status eingeschränkter Rechte ist;
- andererseits Jugend als eine Phase der individuellen Persönlichkeitsentwicklung, in der Heranwachsende von den Zwängen der Erwerbsarbeit freigestellt sind und in der durch pädagogische Einwirkungen bewirkt werden soll, dass diese Entwicklung in wünschenswerten Bahnen verläuft.

## 1.3 Der Jugendbegriff der Soziologie: Jugend als soziales Phänomen

Aus soziologischer Perspektive sind folgende Aspekte für eine erste Annäherung an den Jugendbegriff bedeutsam:

- Jugend im Sinne der gegenwärtigen Bedeutung des Begriffs, d.h. als eine eigenständige Lebensphase Heranwachsender aus allen Schichten der Gesellschaft und beider Geschlechter, hat es nicht schon immer gegeben. Zwar wurden auch schon vor der Industrialisierung Jugendliche von Kindern und Erwachsenen unterschieden. Aber erst in Folge der modernen Trennung von Familie, Ausbildung und Erwerbsarbeit sowie der Einführung der allgemeinen Schulpflicht entstand Jugend im modernen Verständnis des Begriffs, d.h. als eine gesellschaftlich institutionalisierte Lebensphase, in der allen Mädchen und Jungen eine Phase des Lernens und der Qualifizierung nach dem Ende der Kindheit und vor dem Eintritt in die Arbeitswelt zugestanden wird.
- Jugend ist in der modernen Gesellschaft auch ein über schulisches Lernen und berufliche Qualifizierung hinausreichendes gesellschaftliches und pädagogisches Konzept. Jugendliche unterliegen, im Unterschied zu Kindern, keiner umfassenden Beaufsichtigung und Kontrolle durch Erwachsene, sie sind aber, anders als die überwiegende Mehrzahl der Erwachsenen, auch nicht in die Zwänge der Erwerbsarbeit und die Sicherstellung der wirtschaftlichen und sozialen Existenz einer Familie einge-

spannt. Die Institutionalisierung von Jugend schließt entsprechend die gesellschaftliche Anerkennung einer als „Experimentierraum gestalteten ‚Jugendwelt'" (Hornstein 1985: 77) ein. Hierfür ist ein Verständnis von Jugend als ein Entwicklungsstadium bedeutsam, das durch intensive Identitätssuche gekennzeichnet ist, in der Fragen nach den eigenen ethisch-moralischen, religiösen und politischen Überzeugungen sowie der anzustrebenden beruflichen und familialen Lebensführung aufgeworfen werden. Freiräume von Einflussnahme durch Erwachsene wurden historisch von Jugendbewegungen eingefordert; sie waren und sind Gegenstand sozialer Konflikte und Auseinandersetzungen (Gillis 1984: 141ff.; Deutscher Werkbund e.V. 1986; Rucht/Roth 2000).

- Jugend ist also keine Naturtatsache, sondern ein gesellschaftliches Phänomen. Auch das den Beginn der Jugendphase markierende, scheinbar eindeutig biologische Phänomen des Beginns der körperlichen *Geschlecht*sreife ist in hohem Maß gesellschaftlich beeinflusst. So trat die erste Menstruation bei Mädchen zu Beginn des 19. Jahrhunderts durchschnittlich mit 16,8 Jahren ein (Mitterauer 1986: 12); gegenwärtig ist dies um das 12. Lebensjahr der Fall. Für eine soziologische Betrachtung ist auch nicht das biologische Faktum der körperlichen Geschlechtsreife als solches relevant; es sind vielmehr die sozialen Reaktionen darauf, etwa die veränderten Verhaltensweisen von Eltern und Gleichaltrigen, die für den sozialen Übergang von der Kindheit in die Jugendphase entscheidend sind.

- In älteren soziologischen Studien wird Jugend als eine Übergangzeit verstanden, die typischerweise in der ersten Hälfte des zweiten Lebensjahrzehnts mit der Aufnahme einer eigenen Erwerbstätigkeit und der Gründung einer eigenen Familie endet (s. etwa Neidhardt 1970). Heute ist dagegen für einen erheblichen Teil der Heranwachsenden die Ausbildung keineswegs bereits vor dem 25. Lebensjahr abgeschlossen. Auch die Heiratszeitpunkte haben sich nach hinten verlagert; Erwachsensein ist nicht selbstverständlich mit Eheschließung verbunden. Damit endet die Jugend als gesellschaftlich institutionalisierte Phase des schulischen und beruflichen Lernens heute deutlich nach dem Abschluss der körperlichen und psychosexuellen Entwicklungsphase.

- Seit den späten 1960er Jahren wird Sexualität im Jugendalter nicht mehr tabuisiert und sanktioniert. Auch damit entfällt ein traditionelles Abgrenzungskriterium zwischen Jugend und Erwachsenenleben. Zudem ist Jugend auch in anderen Bereichen (Konsummöglichkeiten, Freizeitgestaltung, Zugang zu Informationen) nicht mehr umfassend dadurch charakterisiert, dass Jugendlichen Möglichkeiten vorenthalten werden, über die Erwachsene als Privilegien verfügen.

- Von Eltern und Pädagogen, in der belletristischen und Ratgeberliteratur, in Filmen usw., aber auch in pädagogischen Theorien und im Recht werden Annahmen darüber formuliert, was jugendtypisch ist und wie darauf sinnvoll zu reagieren sei. Die jeweiligen (veränderlichen, gesellschaftsspezifischen, alters- und geschlechtsbezogen differenzierten) Vorstellungen und Jugendbilder sind folgenreich: Sie führen zu einem besonderen pädagogischen, juristischen usw. Umgang mit Jugendlichen und sie teilen Jugendlichen auch mit, was für sie als zulässig und normal gilt.

- Gegenwärtig gilt als normal und unproblematisch, dass Jugendliche ihre Freizeit überwiegend in Gleichaltrigengruppen verbringen, sich einer Jugendkultur zuordnen und sich entsprechende Kleidungsstile, musikalische Präferenzen und Sprachgewohnheiten aneignen. Obwohl sich keineswegs alle Jugendlichen mit einer Jugendkultur oder Szene identifizieren, stehen diese immer wieder im Zentrum des öffentlichen Interesses an Jugend. Dagegen findet die alltägliche Lebensführung sozial unauffälliger Jugendlicher wenig mediale Beachtung.

- Jugend war und ist auch ein normativ aufgeladener Begriff, der mit weitreichenden Erwartungen, mit Hoffnungen, aber auch mit Befürchtungen verknüpft ist. So gilt Jugendlichkeit gegenwärtig nicht mehr nur als Merkmal einer Altersgruppe, sondern in mancher Hinsicht (etwa: körperliche Erscheinung, Sportlichkeit, Flexibilität, Lernbereitschaft) als ein Ideal, das auch im Erwachsenenalter anzustreben ist. Zugleich gibt es die Vorstellung, dass Jugend, zumal die männliche Jugend, eine in besonderer Weise krisenhafte und problematische Lebensphase sei. In der Folge fließen in Debatten über „die heutige Jugend" vielfach Ängste und Hoffnungen von Erwachsenen ein, die nicht durch überprüfbare wissenschaftliche Studien belegt sind. Auch werden gesellschaftliche Probleme und Konflikte wiederkehrend stellvertretend als Jugendprobleme diskutiert.

Mit diesen Hinweisen ist angedeutet, dass ein traditionelles Verständnis von Jugend als einer Lebensphase, die mit der Pubertät beginnt und mit dem Eintritt in die Arbeitswelt, der Gründung einer eigenen Familie und der Festlegung auf einen privaten und beruflichen Lebensentwurf endet, nicht mehr angemessen ist. Zwar kann bei einer sozialwissenschaftlichen Bestimmung des Jugendbegriffs immer noch davon ausgegangen werden, dass das Einsetzen der Sexualreife und die darauf bezogenen Reaktionen von Eltern, Gleichaltrigen und sonstigen Bezugspersonen den Übergang von der Kindheit in die Jugendphase markieren. Dagegen kann kein singulärer Zeitpunkt bzw. kein soziales Ereignis mehr angegeben werden, mit dem das Ende der Jugendphase eindeutig angezeigt ist. Es gibt unterschiedliche, zeitlich auseinander fallende Elemente des Übergangs von der Jugendphase in die Erwachsenenphase. Zudem ist zu berücksichtigen, dass Verhaltensweisen und Problematiken, die traditionell als jugendtypisch gelten (etwa: Identitätssuche) sich jedenfalls gegenwärtig keineswegs mehr auf die Jugendphase eingrenzen lassen.

Darauf bezogen schlägt Roland Hitzler (2000: 1) vor, von Jugend als sozialem Phänomen auszugehen, das „durch eigenständige Inhalte und Lebensvollzugsformen seine Konturen gewinnt" – und dies „weitgehend losgelöst von scharfen Altersgrenzen". Hintergrund dieser Überlegung ist die Beobachtung, dass die Zugehörigkeit zu Jugendkulturen gelegentlich erst Mitte des dritten Lebensjahrzehnts endet. Diese Beobachtung ist ein Hinweis darauf, dass sich inzwischen auch Erwachsene an jugendkulturellen Stilen und Moden orientieren.

Ein sozialwissenschaftlicher Jugendbegriff hat weiter zu berücksichtigen, dass Jugend keine homogene Sozialgruppe mit gemeinsamen und einheitlichen Lebensbedingungen und Verhaltensmustern ist. Dezidiert formulierte Erwin K. Scheuch (1975: 54): „Die Jugend gibt es nicht". Er forderte, die soziale „Differenziertheit von Jugend" theoretisch und empirisch systematisch zu berücksichtigen.

Diese Forderung wird auch in heutigen Jugendstudien keineswegs konsequent beachtet; vielmehr wird immer wieder versucht, Generalaussagen über „die Jugend" aus erhobenen Daten abzuleiten und damit die mediale und politische Nachfrage nach Einschätzungen zur Lage „der Jugend" zu bedienen. Eine soziologische Jugendforschung hat dagegen herauszuarbeiten, dass Jugend keine einheitliche Lebenslage und Lebensphase ist. Die grundlegenden gesellschaftlichen Strukturen, insbesondere die Strukturen der sozialen *Ungleichheit**  (soziale *Klassen, Schichten und Milieus**) in Verbindung mit den Vorgaben des hierarchisch gegliederten Bildungssystems sowie die gesellschaftliche *Geschlechterordnung**  führen zu höchst unterschiedlichen Ausprägungen und Verläufen der Lebensphase Jugend.

Die aktuellen Lebensbedingungen wie verfügbares Einkommen und Wohnsituation, aber auch die schulischen und beruflichen Perspektiven Jugendlicher sind in erheblichem Maß von der sozialen Position ihrer Herkunftsfamilie abhängig. Jugendliche in Deutschland, das sind Jugendliche mit und ohne Migrationshintergrund, Jugendliche mit deutscher, aber auch mit türkischer, serbischer, kroatischer, italienischer usw. Staatsangehörigkeit. Untersuchungen des Freizeitverhaltens, der Studienfach- und Berufswahl, von Jugendgewalt und Jugendkriminalität sowie zur Übernahme von Pflichten in der Familie weisen immer noch erhebliche Unterschiede zwischen männlichen und weiblichen Jugendlichen nach. In Städten finden Jugendliche andere Bedingungen des Heranwachsens vor als in ländlichen Regionen. Insofern ist es plausibel, von sozial unterschiedlichen und ungleichen Jugenden im Plural, statt von „der Jugend" im Singular auszugehen.

Jugendsoziologie ist folglich darauf verwiesen, verallgemeinernde Aussagen über ‚die Jugend' immer unter den Vorbehalt zu stellen, dass es *die* Jugend als eine homogene soziale Gruppe nicht gibt, also die gesellschaftsstrukturell bedingten Unterschiede zwischen jeweiligen Jugenden zu berücksichtigen.

Vor diesem Hintergrund schlagen wir folgende soziologische *Definition* des Jugendbegriffs vor:

> Jugend ist eine gesellschaftlich institutionalisierte, intern differenzierte Lebensphase, deren Verlauf, Ausdehnung und Ausprägungen wesentlich durch soziale Bedingungen und Einflüsse (sozioökonomische Lebensbedingungen, Strukturen des Bildungssystems, rechtliche Vorgaben, Normen und Erwartungen) bestimmt sind. Jugend ist keine homogene Sozialgruppe, sondern umfasst unterschiedliche Jugenden.

Zum Jugendbegriff gehören weiterhin folgende Definitionsmerkmale:

Die Abgrenzungen und Unterschiede von Kindheit und Jugend, Jugend und Erwachsenenleben sind keine direkte Folge biologischer und psychischer Entwicklungsprozesse, sondern Ausdruck darauf bezogener sozialer Festlegungen, die sich in der gesellschaftsgeschichtlichen Entwicklung verändern.

Zentral für den Beginn der Jugend ist in der Gegenwartsgesellschaft die Wahrnehmung Heranwachsender als geschlechtsreife, potentiell sexuell aktive Individuen, die sich schrittweise von der Herkunftsfamilie ablösen, z.B. durch Beziehungen zu Gleichaltrigen. Wichtig ist weiterhin ein Verständnis von Jugend als einer Lern- und Entwicklungsphase, in der Heranwachsende nicht mehr umfassend durch Erwachsene und gesellschaftliche Institutionen kontrolliert werden. Eigenständige Jugendkulturen und Jugend als Phase von Experimenten und Suchbewegungen gewinnen an Bedeutung. Zugleich sind aber grundlegende Fähigkeiten, Kenntnisse und Qualifikationen zu erwerben, die für eine spätere Berufstätigkeit erforderlich sind. Jugend ist also auch eine Phase der sozialen Platzierung, in der für die künftige soziale Stellung als Erwachsener zentral bedeutsame Festlegungen erfolgen.

Der Übergang von der Jugendphase ins Erwachsenenalter ist nicht mehr durch ein eindeutiges Kriterium markiert, sondern durch mehrere Übergänge, die zeitlich auseinander fallen: Ende der Pubertät; rechtliche Mündigkeit (vgl. Übersicht 1); Abschluss der schulischen und beruflichen Erstausbildung; Ablösung und ökonomische Unabhängigkeit von der Herkunftsfamilie; Gründung eines eigenen Haushalts.

Weiter ist zu berücksichtigen, dass das gesellschaftliche „Wissen" über Jugend selbst ein Bestandteil der sozialen Prozesse ist, die auf Jugendliche einwirken. Jugendliche erfahren von Eltern, Verwandten und Pädagogen, aber auch in den Massenmedien und von Gleichaltrigen, was gesellschaftlich als normales Verhalten Jugendlicher gilt und beziehen sich in ihrem Selbstverständnis darauf. Deshalb muss die Jugendsoziologie auch analysieren, welche Erwartungen und Normalitätsvorstellungen über Jugendliche gesellschaftlich einflussreich sind und wie sich Jugendliche mit diesen auseinander setzen.

So heißt es bei den australischen Jugendforschern Johanna Wyn und Rob White (1997: 3): „,Jugend' ist eine historische Konstruktion, die bestimmte

Aspekte der biologischen und sozialen Erfahrung Heranwachsender mit Bedeutungen versieht. (...) Wir argumentieren, dass Jugend als ein sozialer Prozess verstanden werden sollte, in dem die Bedeutung der Erfahrung des Heranwachsens sozial beeinflusst und überformt wird" (eigene Übersetzung).

Damit wird in den Blick gerückt, dass für das Selbstverständnis und die Praktiken Jugendlicher auch die Auseinandersetzung mit „mächtigen und einflussreichen Definitionen und Konstruktionen" der Probleme, Bedürfnisse und Interessen Jugendlicher bedeutsam ist, die „Journalisten, Politiker, Lehrer und Jugendarbeiter" formulieren (Wyn/White 1997: 147).

## 2. Differenzierungen der Jugendphase

Vor allem in Folge der Vorverlagerung der Pubertät und der Verlängerung der Ausbildungszeiten hat sich in der sozialwissenschaftlichen Diskussion eine Sichtweise durchgesetzt, die Jugend als eine zeitlich ausgedehnte Lebensphase begreift, die weder mit dem biologisch und psychodynamisch fundierten Erwachsenwerden noch mit der vollen Rechtsmündigkeit endet. Empirische Jugendstudien umfassen entsprechend etwa die Altersspanne von 12 bis 25 Jahren, so die 14. Shell Jugendstudie 2002 oder von 12 bis 29 Jahren, so eine Repräsentativstudie über politische Orientierungen Jugendlicher (Gille/Krüger 2000).

Operationalisiert man den Jugendbegriff für Zwecke empirischer Studien in dieser Weise, dann sind neben bereits erwähnten sozialstrukturellen, geschlechtsbezogenen usw. Differenzierungen auch Altersgruppenunterschiede innerhalb der Jugendphase in Rechnung zu stellen. Denn die Frage, worin die Gemeinsamkeiten eines 14-jährigen Schülers mit einem 27-jährigen Studenten bestehen, ist – über den Hinweis hinaus, dass sich beide noch in der Ausbildung befinden – keineswegs einfach zu beantworten.

Deshalb ist es sinnvoll zu unterscheiden zwischen

- einer pubertären Phase (ca. 12-17 Jahre): Jugendliche im engeren Sinn;
- einer nachpubertären Phase (ca. 18-21 Jahre): die Heranwachsenden;
- der Phase nach dem Erreichen der vollen Rechtsmündigkeit bis zum Abschluss der Erstausbildung (21 Jahre bis ca. Ende des zweiten Lebensjahrzehnts): die jungen Erwachsenen.

In ähnlicher Weise unterscheidet das Kinder- und Jugendhilfegesetz (KJHG/ SGB VIII, § 7) wie folgt:

„Im Sinne dieses Buches ist 1. Kind, wer noch nicht 14 Jahre alt ist, (...) 2. Jugendlicher, wer 14, aber noch nicht 18 Jahre alt ist, 3. junger Volljähriger, wer 18, aber noch nicht 27 Jahre alt ist."

24

Für die über 18-jährigen Jugendlichen hat sich der Begriff der „Post-Adoleszenten" durchgesetzt. In der Studie „Jugend '81" (Fischer 1981: 101) wurden, als sich das Phänomen deutlicher abzeichnete, die Merkmale der *Post-Adoleszenz* wie folgt beschrieben:

„Die durchschnittliche oder Normalbiografie differenziert sich aus, die klassische Jugendphase erhält einen sozialen ‚Aufbau'. Zwischen Jugend und Erwachsensein tritt eine neue gesellschaftlich regulierte Altersstufe. Das heißt, zunehmend mehr Jüngere treten nach der Jugendzeit als Schüler nicht ins Erwerbsdasein, sondern in eine Nach-Phase des Jungseins über. Sie verselbstständigen sich in sozialer, moralischer, intellektueller, politischer, erotisch-sexueller, kurz gesprochen in soziokultureller Hinsicht, tun dies aber, ohne wirtschaftlich auf eigene Beine gestellt zu sein, wie das historische Jugendmodell es vorsieht. Das Leben als Nach-Jugendlicher bestimmt das dritte Lebensjahrzehnt."

In seiner klassischen Studie zur „Geschichte der Jugend" hat J.R. Gillis diese Lebensphase entsprechend als rechtliche und soziokulturelle „Mündigkeit ohne wirtschaftliche Grundlage" charakterisiert (Gillis 1984: 39).

## 3.  Institutionalisierung und Normierung der Jugendphase

Grundlage der gesellschaftlichen *Institutionalisierung*\* von Jugend sind die Durchsetzung und zeitliche Ausdehnung der allgemeinen Schulpflicht sowie die anschließenden beruflichen oder hochschulischen Bildungsgänge. Durch die Vorgaben des viergliedrigen Schulsystems (Sonder- und Förderschulen, Hauptschulen, Realschulen, Gymnasien) sowie die Trennung von betrieblicher und berufschulischer Ausbildung („duales System") und hochschulischer Ausbildung ist institutionell eine hierarchische Binnendifferenzierung der Jugendphase vorgegeben.

*Tabelle 1:* Schüler/innen in allgemeinbildenden Schulen zu Beginn des Schuljahres 2002/03

| Schulart | Schüler/-innen in 1.000 | männlich in 1.000 | in % | weiblich in 1.000 | in % |
|---|---|---|---|---|---|
| Schulkindergärten/Vorschulklassen | 54,7 | 40,8 | 74,5 | 21,6 | 25,5 |
| Grundschulen | 3.144,3 | 1.602,7 | 50,9 | 1.541,6 | 49,1 |
| Hauptschulen | 1.462,4 | 806,9 | 55,1 | 655,5 | 44,9 |
| Sonderschulen | 429,2 | 271,7 | 63,3 | 157,5 | 36,7 |
| Realschulen | 1.283,0 | 631,6 | 49,2 | 651,4 | 50,8 |
| Gymnasien | 2.296,7 | 1.074,5 | 45,6 | 1.249,2 | 54,4 |
| Integr. Gesamtschulen, Freie Waldorfschulen | 619,3 | 315,8 | 50,9 | 303,5 | 49,9 |
| Abendschulen/Kollegs | 52,1 | 26,1 | 50,1 | 26,0 | 49,9 |
| Insgesamt | 9.780,2 | 4.969,7 | 50,8 | 4.810,5 | 49,2 |

Quelle: Stat. Jb. 2004: 124. Schwankende Zahlen durch Auf-/Abrundungen.

*Tabelle 2:* Auszubildende und Studierende (Anfänger)

| Jahr | Neu abgeschlossene Ausbildungsverträge | Studienanfänger |
|------|----------------------------------------|-----------------|
| 1995 | 571.000 | 262.000 |
| 2000 | 636.000 | 315.000 |
| 2003 | 564.000 | 377.000 |

Quelle: Statistisches Bundesamt Deutschland: http://www.destatis.de; Stat. Jb. 2002: 71,77

Bestandteil der gesellschaftlichen Institutionalisierung der Jugendphase sind darüber hinaus umfangreiche und uneinheitliche rechtliche Normierungen. Hierzu gehören das Kinder- und Jugendhilfegesetz, das Jugendschutzgesetz und Jugendstrafrecht sowie arbeitsrechtliche Regelungen; weiterhin auf Jugend bezogene Politiken (Jugendpolitik als eigenständige Ressortpolitik, Bildungspolitik, Gesundheits- und Kriminalpolitik usw.) und zahlreiche politische, wissenschaftliche und zivilgesellschaftliche Instanzen, die sich speziell mit Aspekten der Lebenssituation Jugendlicher befassen: das Bundesministerium für Familie, Senioren, Frauen und Jugend (BMFSFJ), die entsprechenden Landesministerien und die Jugendämter der Landkreise und Kommunen, die Jugendarbeit der Vereine, Jugendbildungsstätten, Jugendberatungsstellen und die offene Jugendarbeit in Jugendzentren.

*Übersicht 1:* Erwerb rechtlich festgelegter Teilreifen nach Altersstufen

| Alter | Befähigung/Erlaubnis/Mündigkeit/Pflichten |
|-------|-------------------------------------------|
| 10 Jahre | Recht auf Anhörung bei Religionswechsel. |
| 12 Jahre | Beschränkte Religionsmündigkeit. |
| 14 Jahre | Besuch von Film- und sonstigen Veranstaltungen bis 22 Uhr; volle Religionsmündigkeit; bedingte Strafmündigkeit; Mitbestimmungsrechte, z.B. bei der Wahl des Berufes, bei der Zugehörigkeit zu einem Elternteil im Scheidungsfall, bei einer vorgesehenen Operation (im medizinischen Bereich). |
| 15 Jahre | Ende der normalen Schulpflichtzeit; Beginn der Berufsschulpflicht; Aktives und passives Wahlrecht von Auszubildenden bei Wahlen von Jugendvertretungen in Betrieben. |
| 16 Jahre | Bedingte Ehemündigkeit; Eidesfähigkeit; Fahrerlaubnis Klasse 1b, 4 und 5; Pflicht zum Besitz eines Personalausweises; Aufenthalt in Gaststätten ohne Erziehungsberechtigten; Rauchen in der Öffentlichkeit; Film- und Tanzveranstaltungen bis 24 Uhr. Ende der Schulpflicht (nach 10 Jahren Schulbesuch). |
| 18 Jahre | Volljährigkeit (vgl. §2 BGB); volle Ehemündigkeit; volle Geschäftsfähigkeit; Ende der Vormundschaft oder Pflegschaft wegen Minderjährigkeit; Adoption ohne Einwilligung der (leiblichen) Eltern möglich; selbstständige Wahl des Wohnsitzes; aktives und passives Wahlrecht für Bundestag und Landtag wie für die Gemeindevertretung (für Bundestag vgl. Art. 38 GG); Europaparlamentswahlrecht; volle Strafmündigkeit (mit Einschränkungen); Ende der Berufsschulpflicht (mit Ausnahmen je nach Bundesland). |
| 21 Jahre | Ende der Möglichkeit, Jugendstrafrecht anzuwenden (vgl. §10 StGB); Ende der Möglichkeit, Hilfen nach dem Kinder- und Jugendhilfegesetz zu beanspruchen (Ausnahme: begründete Einzelfälle; offene und verbandliche Jugendarbeit) |
| 24 Jahre | Ende der Möglichkeit, den Jugendstrafvollzug anzuwenden (Sollvorschrift). |
| 25 Jahre | Annahme eines Kindes möglich (Differenzierungen in §1743 BGB). |
| 27 Jahre | Ende der Leistungsberechtigung nach dem Kinder- und Jugendhilfegesetz. |

Quelle: Bürgerliches Gesetzbuch, online: http://dejure.org/gesetze/BGB; Deisenhofer 2004

Zur Institutionalisierung der Jugendphase gehören auch eigenständige Jugend-forschungseinrichtungen wie das Deutsche Jugendinstitut (DJI) in München oder das Archiv der Jugendkulturen, jugendspezifische Angebote der Massen-medien, der Konsumgüterindustrie und im kommerziellen Freizeitbereich.

Einige für die Lebenssituation Jugendlicher besonders folgenreiche For-men der Normierung und Institutionalisierung von Jugend sind in den recht-lichen Bestimmungen zu den verschiedenen *Teilreifen* des Jugendalters zu sehen (vgl. Übersicht 1).

## 4.    Strukturwandel der Jugendphase?

Die oben angedeuteten Veränderungen der Lebenssituation Heranwachsender seit den 1960er Jahren waren und sind Gegenstand von Analysen zur „Ent-strukturierung" bzw. zum umfassenden „Strukturwandel" der Jugendphase (s. dazu u.a. Ferchhoff 1985 und 1999; Heitmeyer/Olk 1990; Hornstein 1985 und 2002; Münchmeier 1998). Mit unterschiedlicher Akzentuierung wird dort der Frage nachgegangen, ob und wie ein Verständnis von Jugend als ei-ne Übergangsphase, in der Heranwachsenden ein Schonraum für die Persön-lichkeitsentwicklung zugestanden wird und deren Sinn im vorbereitenden Lernen auf das Erwachsenenleben besteht, inzwischen obsolet geworden ist.

Ausgangspunkt für diese Diskussion war erstens die Beobachtung, dass seit Mitte der 1980er Jahre in Folge von Arbeitslosigkeit und Lehrstellenmangel eine Situation eingetreten ist, in der gute schulische Abschlüsse keine Garan-tie mehr für angestrebte berufliche Karrieren bieten. Empirische Untersu-chungen kommen entsprechend zu dem Ergebnis, dass bei einem erheblichen Teil der Jugendlichen Zukunftsängste vorzufinden sind (Münchmeier 1998: 9f.). Zweitens wird konstatiert, dass Jugend nicht als weitgehend ähnlich strukturierte Lebensphase aller Gleichaltrigen verstanden werden kann, son-dern sich uneinheitliche Verlaufsformen und Übergänge herausgebildet ha-ben. Daran anschließend wird drittens angenommen, dass inzwischen eine Situation eingetreten sei, in der Heranwachsende vor die Aufgabe gestellt sind, den eigenen Lebensentwurf unter Bedingungen von Unsicherheit zu entwickeln und zu realisieren, ohne dabei auf vorgegebene „Fahrpläne" zu-rückgreifen zu können.

Walter Hornstein (1995 und 2002) formuliert in diesem Zusammenhang, dass Jugend gegenwärtig eine in sich hoch widersprüchliche Lebensphase sei: Die klassische Erwartung an Jugendliche, sich durch diszipliniertes Ler-nen auf einen erstrebenswerten Beruf vorzubereiten, sei keineswegs bedeu-tungslos geworden; für einen erheblichen Teil der Jugendlichen stehe aber in der Folge von Lehrstellenmangel und Arbeitslosigkeit in Frage, ob sich ent-sprechende Anstrengungen tatsächlich lohnen.

Widersprüchlich sei die Situation Jugendlicher auch insofern, als Jugendlichkeit gegenwärtig zwar in verschiedener Hinsicht als gesellschaftliches Ideal gilt, weil tradierte Verbote, zumal die voreheliche Sexualität, entfallen seien und gegenwärtigen Jugendlichen mehrheitlich erhebliche Autonomiespielräume (etwa: Freizeitgestaltung, Verfügung über ein eigenes Zimmer) zugestanden würden. Gleichzeitig aber bedeute Jugendlicher zu sein immer noch ökonomische Abhängigkeit.

Bestandteil des Strukturwandels der Jugendphase sind auch Veränderungen der Geschlechterbeziehungen und typischer weiblicher und männlicher Verhaltensweisen. Weibliche Jugendliche sind nicht mehr bildungsbenachteiligt. Sie haben vielmehr einen etwas höheren Anteil an den Abiturienten und den Studienanfängern als männliche Jugendliche. In der Berufs- und Studienfachwahl stellt sich Benachteiligung jedoch immer noch über die Entscheidung für bestimmte Frauenberufe her, die schlechter entlohnt werden als vergleichbare Männerberufe. Zudem sind, etwa im Freizeitverhalten, bei der Übernahme familialer Verpflichtungen und bei Straftaten, insbesondere bei Gewaltdelikten, erhebliche geschlechtsspezifische Unterschiede festzustellen (Bundesministerium für Bildung und Forschung 2004; Bundeskriminalamt 2004; Datenreport 2004: 61ff.; Jugend 2000: 343ff.).

In der sozialwissenschaftlichen Diskussion wird jedoch darauf hingewiesen, dass die Vorstellung eindeutiger männlicher und weiblicher Lebensentwürfe nicht mehr angemessen sei; es müsse von einer internen Pluralisierung sowie klassen-, schichten- und milieuspezifischen Ausprägungen männlicher und weiblicher Lebensentwürfe ausgegangen werden (vgl. Becker/Kortendiek 2004).

## 5.    Initiationsriten und „Jugend" bei Stammeskulturen

### 5.1  Statt Verleihung von Teilreifen: Initiation

Die in Übersicht 1 genannten rechtlichen Bestimmungen lassen sich auch verstehen als Verleihung von „Teilreifen" oder als „sukzessive Initiation" (von lat. initium: Anfang, Beginn; auch: Einführung in einen Geheimkult). Damit ist eine schrittweise *Integration** des Jugendlichen in die Gesellschaft gemeint. Kulturelle und religiöse Initiationen ergänzen die rechtlichen Bestimmungen: z.B. die Konfirmation, die Jugendweihe, die feierliche Schulentlassung.

Die Übergangsrituale im Jugendalter (Griese 2000) sind in der Gegenwartsgesellschaft viel komplexer, als die offiziellen rechtlichen und religiösen Initiationen widerspiegeln. Diese werden ergänzt durch halb-offizielle,

28

vor allem auch durch von den Jugendlichen und Heranwachsenden selbst initiierte Riten.

Die Begriffe *Initiation, Statuspassage, Passageriten (rites de passage)* haben jedoch eher Bezug zu Übergängen der Altersphasen in Stammeskulturen. Soziale Phänomene – wie hier die Jugend – werden in ihrer jeweiligen kulturellen und zeittypischen Besonderheit umso plastischer, je mehr sie im Spiegel anderer Möglichkeiten gesehen werden. Dies soll durch den nachfolgenden interkulturellen und historischen Vergleich gezeigt werden.

## 5.2 Stellenwert der Initiation

Unter *Stammeskultur* bzw. *Stammesgesellschaft* wird eine Form der gesellschaftlichen Organisation verstanden, in der es noch nicht (oder kaum) zur Ausbildung gesellschaftlich-abstrakter, anonymisierender Kommunikations- und Interaktionsstrukturen gekommen ist. Der Zusammenhang der sozialen Beziehungen ist unmittelbar einsichtig; er ist „gemeinschaftlich" im Gegensatz zu „gesellschaftlich". „Vor-rationale" Weisen der Daseinsbewältigung und Daseinsdeutung wie Kult und Magie, Totemismus und Religion haben große Bedeutung. Abgegrenzte gesellschaftliche Teilbereiche – wie Schule und Militär, Wissenschaft und Religion, Bürokratie und Gesundheitswesen – sind entweder nicht vorhanden oder nur ansatzweise ausdifferenziert (segmentiert) und spezialisiert.

In Stammesgesellschaften finden wir die Altersklassen und die Geschlechter hinsichtlich der Rechte und Pflichten – nicht bezüglich der Formen des Zusammenlebens – zumeist schärfer getrennt als in unserer gegenwärtigen Kultur. Am Ende der Kindheit steht häufig ein förmlicher „Initiationsritus", der den Übergang von der Altersgruppe der Kinder in die der Erwachsenen symbolisiert bzw. öffentlich macht. Initiationsritus wird am besten mit „Einweihungsakt" übersetzt.

Anders als in westlichen Gesellschaften werden in Stammesgesellschaften mit dem Initiationsritus Rechte und Pflichten eindeutig fixiert („übertragen"). Der Übergang von einer Altersgruppe in die andere ist abrupt; nur bei wenigen Stammeskulturen – z.B. bei einigen von der Natur begünstigten der Südsee – schließt sich eine Zeit an, die „Spielraum" lässt und noch nicht die vollen Pflichten der Erwachsenen fordert.

Der Initiationsritus ist in der Regel nicht starr an ein bestimmtes Alter gebunden (das in den meisten Stammeskulturen eine geringe soziale Rolle spielt), sondern geht zumeist vom biologischen Faktum des Pubertätsbeginns aus. Die häufig mit dem Initiationsritus verbundenen „Klausuren" der Jungen und Mädchen dauern manchmal Monate, in seltenen Fällen mehr als ein Jahr, sie sind aber in jedem Fall kürzer als die Phase der vollen körperlichen Reifung.

Die Initiationsriten stehen im engsten Zusammenhang mit den Lebens-grundlagen der betreffenden Stammesgesellschaften. So sind in typischen Kriegerkulturen (z.B. den Danakil in Afrika) Mutproben zu bestehen; bei an-deren Stammeskulturen müssen in der Initiationszeit die für das wirtschaftli-che und kulturelle Leben wichtigen Fähigkeiten erworben bzw. vervoll-kommnet werden.

Darüber hinaus ist bei den Initiationsriten der Zusammenhang zur jewei-ligen Religion bzw. zum Kult der Stammesgesellschaft sehr eng. Initiations-riten sind also ein wichtiger Ausdruck der Religion und des Kultes.

In einigen Gesellschaften ist der Initiationsritus mit einer Beschneidung der Jungen und auch der Mädchen verbunden (falls das nicht bereits vor der Pubertät geschehen ist). Wegen der Beschneidung von Mädchen in einigen Staaten bzw. Regionen Afrikas und Asiens gibt es heftige Auseinanderset-zungen, sowohl in diesen Ländern selbst, als auch zwischen westlichen Frau-en- und Menschenrechtsorganisationen und den Verantwortlichen (vgl. hier-zu Augstein 1996).

Für Jungen hat die Initiation oft die Bedeutung, ein „Ersatz" für den nur bei Mädchen biologisch eindeutigeren Übergang in die Geschlechtsreife zu sein. „Es gibt keinen genauen Zeitpunkt, an dem ein Knabe sagen kann: ‚Jetzt bin ich ein Mann', wenn nicht die Gesellschaft einspringt und eine Definition gibt" (Mead 1970: 138).

# II. Jugendliche in der Bevölkerungs- und Sozialstruktur

## 1. Die Jugendlichen in der Bevölkerungsstruktur

Die Bevölkerungsstruktur ist ein Grundelement der Sozialstruktur einer Gesellschaft (vgl. Schäfers 2004: 88ff.). Die folgenden Angaben zur Situation der Jugendlichen in der Bevölkerungsstruktur gehen von dem Tatbestand aus, dass die demographische Struktur und der proportionale Anteil der Altersgruppen Kindheit, Jugend, Erwachsene und ältere Menschen auch sozial, ökonomisch und kulturell von großem Gewicht sind. Die Gegenüberstellung der Bevölkerungspyramiden aus dem Jahr 1900 und dem Jahr 2000 zeigt die radikal zu nennende Veränderung der Anteile der genannten Bevölkerungsgruppen in nur drei Generationen (vgl. Abb. 1):

In Deutschland hatte der Anteil der bis zu 15-Jährigen an der Gesamtbevölkerung im Jahr der Reichsgründung 1871 noch ein Drittel betragen; gegenwärtig ist er geringer als der Anteil der über 65-Jährigen. Für die aus historischer Sicht einmalige und disproportionale Entwicklung der Altersgruppen sind vor allem folgende Faktoren verantwortlich:

- die „säkulare Nachwuchsbeschränkung" (Linde 1984), verstärkt seit dem letzten Drittel des 19. Jahrhunderts;
- die seit den Erfolgen der Seuchenbekämpfung und der Hygienebewegung erhebliche Reduktion der Säuglings- und Kindersterblichkeit sowie die nach 1850 rasch einsetzende und bis heute anhaltende Erhöhung der durchschnittlichen Lebenserwartung.

Die „säkulare Nachwuchsbeschränkung", d.h. das Faktum der fast kontinuierlichen Reduktion der Kinderzahl pro Familie bzw. Frau seit über 100 Jahren, zeigt sich in folgenden Daten: Um 1905 lag die durchschnittliche Kinderzahl bei 4,7; gegenwärtig nur noch bei ca. 1,35. Die gegenwärtige Generation erneuert sich also nur noch zu rund zwei Drittel. Die normalerweise zu erwartende drastische Reduktion der Gesamtbevölkerung erfolgt gleichwohl erst in ca. 25 Jahren, weil gegenwärtig die hohe Lebenserwartung der Bevölkerung noch für Ausgleich sorgt. Die Lebenserwartung bei Geburt beträgt für Frauen 81,1 Jahre und für Männer 75,1 Jahre. Sie ist seit dem Bestehen der Bundesrepublik für Frauen um 10 Jahre und für Männer um 7,8 Jahre gestiegen.

*Abb. 1:* Bevölkerungspyramiden

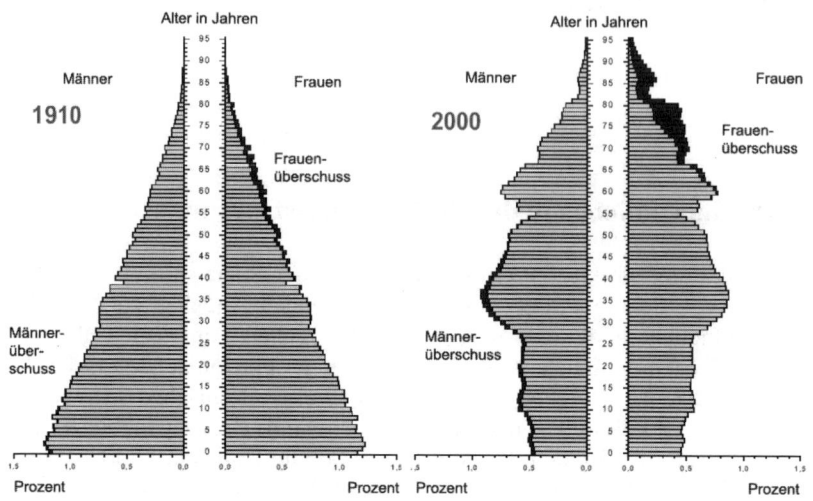

Quelle: BiB: Sonderheft Bevölkerung, Wiesbaden 2004, S. 60

Die Veränderungen in der Größe und Zusammensetzung der Familien sind in ihren vielfältigen Auswirkungen nur schwer zu erfassen, z.b. der Tatbestand, dass viele Kinder und Jugendliche in einer Ein-Kind-Konstellation aufwachsen.

*Tabelle 3:* Bevölkerung 2002 nach Altersgruppen

| Altersgruppen | Insgesamt | | männlich | | weiblich | |
|---|---|---|---|---|---|---|
| | in Tsd. | in % | in Tsd. | in % | inTsd. | in % |
| 0-10 | 7.810,3 | 10,5 | 4.009,6 | 9,3 | 3.810,8 | 9,0 |
| 10-20 | 9.278,7 | 11,2 | 4.760,2 | 11,8 | 4.518,5 | 10,7 |
| 20-25 | 9.520,4 | 11,5 | 4.844,0 | 12,0 | 4.676,4 | 11,1 |
| 25-35 | 9.751,4 | 11,8 | 5.999,6 | 14,8 | 3.751,8 | 8,9 |
| 35-65 | 35.416,4 | 42,9 | 17.877,6 | 44,3 | 17.538,8 | 41,5, |
| 65 u.ä. | 14.438,9 | 17,4 | 5.738,3 | 14,2 | 8.700,6 | 20,6 |
| Zusammen | 82.536,7 | | 40.344,9 | | 42.191,8 | |

Quelle: Stat. Jb. 2004: 42 und eigene Berechnungen
Schwankungen bei den Prozentzahlen durch Auf-/Abrundungen.

## 2.　Weitere demographische Grunddaten zum Jugendalter

Zu den demographischen Grunddaten gehört weiterhin der Tatbestand, dass bis zum 60. Lebensjahr der gegenwärtigen Bevölkerung der Anteil der Männer pro Altersjahrgang über dem Frauenanteil liegt. Erst nach dem (gegenwärtig) 60. Lebensjahr nimmt der Frauenanteil so überproportional stark zu, dass die Statistik auf einen hohen „Frauenüberschuss" kommt. Der höhere Männeranteil in den ersten 59 Lebensjahren erklärt sich durch eine relative Konstanz von 105/106 Jungengeburten auf 100 Mädchengeburten (vgl. Stat. Jb. 2004: 49). Die höhere Sterblichkeit von Jungen im Säuglingsalter, höhere Unfallquoten mit tödlichem Ausgang bei jungen Männern und andere Faktoren sorgen dann für erste „Verschiebungen" der ursprünglichen Proportionen.

Ein wichtiges demographisches und soziales Merkmal ist der Familienstand. Es wurde bereits hervorgehoben, dass Heirat noch bis in die 1960er Jahre hinein als Merkmal für den Abschluss der Jugendzeit gegolten hat. Dieses Kriterium hat an Eindeutigkeit verloren, weil in den letzten Jahrzehnten das Zusammenleben junger Menschen in vor- bzw. nichtehelichen Verhältnissen stark zugenommen hat, ohne dass damit ein Ende der Jugendzeit gegeben sein müsste. Hierfür seien nur zwei Gründe genannt: Zum einen wird eheliches, vor- und nichteheliches Zusammenleben immer unabhängiger von der Frage, ob der junge Mann bzw. die junge Frau eine Familie ernähren kann; zum zweiten bleiben diese frühen Formen des ehelichen und vorehelichen Lebens überwiegend kinderlos. Die starke Zunahme vor- und nichtehelicher Formen des Zusammenlebens bei Jugendlichen bedeutet also nicht das Ende der Jugendzeit, sondern eher eine „Verlagerung" und „Konzentration" jugendlicher Verhaltensweisen in die Postadoleszenz.

Diese Tatsachen, die sich verstärkt erst seit der Herabsetzung des Volljährigkeitsalters auf 18 Jahre (1975) herausgebildet haben, sind bei der folgenden Tabelle zu berücksichtigen. Sie erfasst nicht die unverheiratet zusammen lebenden Jugendlichen.

*Tabelle 4:* Familienstand jugendlicher Altersgruppen am 31.12. 2002 in Prozent

| Alter von ...bis | ledig | | verheiratet | |
|---|---|---|---|---|
| unter ... Jahre | m | w | m | w |
| 15-20 | 99,9 | 99,1 | 0,1 | 0,9 |
| 20-25 | 95,2 | 87,1 | 4,6 | 12,3 |

Quelle: Stat. Jb. 2004: 43

Das durchschnittliche Alter bei Erstheirat betrug 2003 bei Männern 32 und bei Frauen 29 Jahre (vgl. Datenreport 2004: 45f.). Diese Zahlen variieren je-

33

doch erheblich zwischen den sozialen Schichten und Milieus; akademisch Gebildete heiraten deutlich später als Personen ohne Hochschulstudium.

Von sozialer und sozialpsychologischer Bedeutung für das Verhältnis der Generationen zueinander ist der Tatbestand, dass immer mehr Generationen gleichzeitig leben. Ende des 19. Jahrhunderts konnten nur 11% der Männer und 14% der Frauen Urenkel erleben; diese Anteile haben sich auf 46% bzw. 68% erhöht. Heute gibt es unter den 20-Jährigen kaum Halbwaisenkinder durch den Tod der Mutter – und selbst die 50-Jährigen haben noch zu 70% ihre Mutter. Die Jugendphase hat sich zwar ausgedehnt, aber innerhalb der gesamten Lebensspanne und angesichts der gestiegenen Lebenserwartung ist sie von eher abnehmender Bedeutung.

## 3. Jugendliche mit Migrationshintergrund

### 3.1 Entwicklung zur Einwanderungsgesellschaft

Die Entwicklung der BRD hin zu einer Einwanderungsgesellschaft – die Bevölkerungsstatistik weist aktuell 6,7 Mio. Ausländer, 1,8 Mio. Eingebürgerte sowie 4,5 Mio. Aussiedler auf (Pressemitteilung der Bundesregierung Juli 2005) – hat dazu geführt, dass gegenwärtig mehr als 15% aller Jugendlichen und jungen Erwachsenen in Deutschland Migrantenjugendliche ohne deutsche Staatsangehörigkeit sind (s. Statistisches Bundesamt: http://www.destatis. de). In einigen Großstädten in den industriellen Ballungszentren liegt der Anteil deutlich höher und ist ansteigend: „Legt man statt der Staatsangehörigkeit das Kriterium ‚Migrationshintergrund' [d.h. mindestens ein Elterteil im Ausland geboren, also inkl. Aussiedler und Eingebürgerte; A.d.V.] zu Grunde, so kommt inzwischen fast ein Drittel aller Kinder und Jugendlichen in Deutschland aus Migrantenfamilien" (Bericht der Beauftragten der Bundesregierung für Migration 2005: 23). Entsprechend wird für einige Städte des Ruhrgebiets angenommen, dass in wenigen Jahren 40 bis 50% der Jugendlichen aus Zuwandererfamilien stammen werden (zur Geschichte der Einwanderung nach Deutschland vgl. Herbert 2001).

Bei Jugendlichen mit Migrationshintergrund handelt es sich um Jugendliche aus Familien

a) von Arbeitsmigranten aus den ehemaligen Anwerbeländern (Italien, Portugal, Spanien, Marokko, Türkei usw.);

b) von Spätaussiedlern aus dem Gebiet der ehemaligen Sowjetunion und anderen osteuropäischen Staaten;

c) um jugendliche Flüchtlinge bzw. Familienangehörige von Flüchtlingen;

34

d)  um sog. „Illegale", d.h. Personen ohne legalen Aufenthaltsstatus;
e)  Zuwanderer aus den Staaten der Europäischen Union.

Die rechtlich verankerte Unterscheidung in Zuwanderergruppen (Arbeitsmigranten, Spätaussiedler, Flüchtlinge, EU-Ausländer und Nicht-EU-Ausländer)
sowie die Aufenthaltsdauer haben weitreichende Folgen, insbesondere in Bezug
auf den Zugang zum Arbeitsmarkt, die Aufenthaltssicherheit und die Möglichkeit zum Erwerb der deutschen Staatsangehörigkeit. (Die einschlägigen
ausländer-, arbeits- und sozialrechtlichen Festlegungen können hier nicht
dargestellt werden. Aktuelle Informationen hierzu finden sich u.a. auf der
Homepage des Integrationsbeauftragten der Bundesregierung: http://www.
integrationsbeauftragte.de).

Hinsichtlich ihrer Position in der Sozialstruktur (Bildungsstatus, Ar-
beitsmarktposition, Einkommens- und Vermögensverhältnisse) sind Migranten bzw. Ausländer in der Bundesrepublik keine in sich homogene Sozialgruppe. In der sozialwissenschaftlichen Forschung, der Politik und der Pädagogik richtet sich das Interesse jedoch vor allem auf diejenigen Teilgruppen,
die weit reichenden politischen, rechtlichen und ökonomischen Benachteili-
gungen unterliegen. Darüber hinaus wird untersucht, ob und ggf. wie sich
Migranten unter Aspekten wie Sprachkompetenz, Religionszugehörigkeit,
Familienstrukturen, und Erziehungsstilen von der einheimischen Bevölkerung unterscheiden.

*Tabelle 5:* Staatsangehörigkeiten der in Deutschland wohnhaften Ausländer
am 02.05.2005

| Staatsangehörigkeit | in 1.000 | in % |
|---|---|---|
| türkisch | 1.764 | 26,2 |
| italienisch | 548 | 8,1 |
| serbisch/montenegrinisch/ ehemals jugoslawisch | 507 | 7,5 |
| griechisch | 315 | 4,7 |
| polnisch | 292 | 4,3 |
| kroatisch | 229 | 3,4 |
| andere | 3.062 | 45,5 |
| insgesamt | 6.717 | 100 |

Quelle: Homepage Statistisches Bundesamt 2005: http://www.destatis.de

Der Anteil der ausländischen Wohnbevölkerung an der Gesamtbevölkerung
beträgt 8,1% – bei erheblichen Unterschieden zwischen den Bundesländern:

*Tabelle 6:* Ausländeranteil in ausgewählten Bundesländern in Prozent

| Länder | Gesamtbevölkerung | Ausländer in % |
|---|---|---|
| Berlin | 3.388.477 | 13,2 |
| Baden-Württemberg | 10.692.556 | 12,1 |
| Hessen | 6.089.428 | 11,5 |
| Nordrhein-Westfalen | 18.079.686 | 10,9 |
| Schleswig-Holstein | 2.823.171 | 5,4 |
| Brandenburg | 2.574.521 | 2,6 |
| Thüringen | 2.373.157 | 2 |

Quelle: Homepage Statistisches Bundesamt 2005: http://www.destatis.de

In einzelnen Städten (z.B. Stuttgart, Frankfurt/M., Offenbach), aber auch in ländlichen Gemeinden industrieller Ballungsgebiete, werden Anteile von einem Sechstel bis fast einem Drittel der Bevölkerung erreicht. Bei Kindern und Jugendlichen liegen diese relativen Anteile, wie oben erwähnt, z.T. erheblich darüber.

Ende 2004 lebte etwa ein Drittel der ausländischen Bevölkerung seit zwanzig Jahren oder länger in Deutschland, 20% sogar seit mindestens 30 Jahren und knapp 61% haben eine Aufenthaltsdauer von mehr als 10 Jahren aufzuweisen. Fast ein Drittel aller Ende 2004 in Deutschland lebenden Ausländer besaß die Staatsangehörigkeit eines EU-Staates (31,4%).

## 3.2 Zur Situation im Bildungswesen

Ca. 10% aller Schüler sind Ausländer. Diese verteilen sich wie folgt auf die Schularten:

*Tabelle 7:* Ausländische Schüler/innen an allgemeinbildenden Schulen in Tausend und anteilig in Prozent an der Gesamtschülerzahl im Schuljahr 2003/04

| Schulart | 1.000 | % |
|---|---|---|
| Vorklassen und Schulkindergärten | 12,8 | 23,8 |
| Grundschulen | 369,4 | 11,7 |
| Schulunabh. Orientierungsstufen | 32,4 | 11,3 |
| Hauptschulen | 203,1 | 18,6 |
| Realschulen | 91,1 | 7,0 |
| Gymnasien | 92,8 | 4,0 |
| Integrierte Gesamtschulen | 69,9 | 12,8 |
| Sonderschulen | 68,7 | 16,0 |
| Abendschulen und Kollegs | 9,6 | 21,6 |
| andere Schularten | 13,0 | 2,4 |
| Insgesamt | 962,8 | 9,9 |

Quelle: Homepage Statistisches Bundesamt 2005: http://www.destatis.de

Ausländische Schüler sind im Bildungssystem gegenüber Schülern mit deutscher Staatsangehörigkeit benachteiligt. Chancengleichheit ist unter diesen Voraussetzungen, wie zuletzt die international vergleichend angelegten PISA-Studien (*PISA* steht für *Programme for International Student Assessment*; Baumert 2000; Prenzel/Baumert/Blum 2003) nachgewiesen haben, nicht gewährleistet. Diese Benachteiligung ist jedoch keineswegs als Folge herkunftsbedingter sprachlicher Defizite erklärbar, die durch die Schule unzureichend ausglichen werden. Vielmehr ist die Benachteiligung ein Ergebnis des Zusammenwirkens der sozioökonomischen Benachteiligung der Eingewanderten, ihrer sozialen Segregation, dadurch bedingter Bildungsstrategien, unzureichender schulischer (Sprach-)Förderung sowie von Formen der schulischen Selektion und der Diskriminierung (vgl. Bericht der Beauftragten der Bundesregierung für Migration 2005: 32ff.; vgl. Boos-Nünning/Karakasoglu 2005: 163ff. und 350ff.).

Im Ergebnis ist festzustellen, dass ausländische und deutsche Arbeiterkinder „bei gleichen kognitiven Grundfähigkeiten und gleicher Lesekompetenz" ein um den Faktor 6 geringere Chance haben, das Gymnasium zu besuchen, als Akademikerkinder (vgl. Deutsches PISA-Konsortium 2002: 168). Fast ein Fünftel aller ausländischen Jugendlichen verlässt die Schule ohne qualifizierten Abschluss.

*Tabelle 8:* Deutsche und ausländische Schulabgänger 2003 (in Prozent)

|  | Deutsche | Ausländer |
| --- | --- | --- |
| ohne Hauptschulabschluss | 7,9 | 19,2 |
| mit Hauptschulabschluss | 24,5 | 41,6 |
| mit Realschulabschluss | 41,6 | 29,1 |
| mit allg. Hochschulreife | 24,8 | 8,9 |

Quelle: Homepage Statistisches Bundesamt 2005: Schulstatistik, http://www.destatis.de

Festzustellen ist aber auch, dass ein Teil der Migranten höhere Bildungsabschlüsse erwirbt, in Angestelltenberufen sowie akademischen Berufen arbeitet und dass der Anteil der selbstständig Erwerbstätigen wächst.

## 3.3 Zur sozialen und sozialpsychischen Situation ausländischer Kinder und Jugendlicher

In der älteren sozialwissenschaftlichen Literatur war eine Sichtweise vorherrschend, die die Situation der Jugendlichen mit Migrationshintergrund grundsätzlich durch besondere Probleme und Belastungen charakterisiert sieht, als deren Ursachen der Sprach- und Kulturwechsel sowie der Wechsel der Bezugspersonen und Bezugsgruppen im Migrationsprozess betrachtet werden.

Angenommen wurden weiter Schwierigkeiten der Identitätsbildung unter Bedingungen eines Lebens „zwischen den Kulturen" (vgl. Griese 1981).

Demgegenüber hat sich inzwischen auf der Grundlage zahlreicher empirischer Studien und theoretischer Analysen (Bommes 1993; Dannenbeck/Esser/Lösch 1999; Dietz 1999; Groenemeyer/Mansel 2003; Boos-Nünning/Karakasoglu 2005) eine Sichtweise durchgesetzt, die zum Einen geltend macht, dass der überwiegende Teil der eingewanderten Jugendlichen sich erfolgreich mit den Lebensbedingungen in der Bundesrepublik auseinander setzt. Ein deutliches Indiz hierfür ist etwa, dass die dauerhaft in Deutschland lebenden Ausländer weniger Straftaten begehen als deutsche Staatsangehörige in einer vergleichbaren sozialen Lage. Zum Anderen konnte nachgewiesen werden, dass bei einigen Teilgruppen vorzufindende sprachliche, kulturelle und religiöse Besonderheiten keine direkte Folge der Abstammung oder Herkunft, sondern als Reaktion auf die Lebensbedingungen in der Aufnahmegesellschaft zu interpretieren sind.

Für die politischen Orientierungen von Migrantenjugendlichen hat eine Studie des deutschen Jugendinstituts (Weidacher 2000) eine weitgehende Angleichung an sozialstrukturell vergleichbare deutsche Jugendliche aufgezeigt.

Die besondere Situation eines Teils der Jugendlichen mit Migrationshintergrund besteht darin, dass ungünstige soziale Bedingungen in einer besonderen Verdichtung und Verschränkung auftreten. Es gibt damit „Verstärkereffekte": Die ungünstige Wohngegend erschwert die Beziehungen zu deutschen Jugendlichen, aber auch den Zugang zu Lehrstellen; die Tendenz zur sozialen Segregation zwischen eingewanderten und einheimischen Jugendlichen in Schulen und im Freizeitbereich vermindert die Möglichkeiten des Spracherwerbs usw.

In Bezug auf die Situation eines Teils der Mädchen und Jungen, insbesondere aus türkischen Einwandererfamilien weisen vorliegende Studien auf den Einfluss traditioneller Erziehungs- und Geschlechterkonzepte hin (vgl. Popp 1994; Boos-Nünning/Karakasoglu 2005: 96ff. und 241ff.). Diese können dazu führen, dass Mädchen erheblich in autoritativ-patriarchalische Familienstrukturen und familiale Verpflichtungen (Hausarbeit; Betreuung jüngerer Geschwister) eingebunden und somit ihre Möglichkeiten sehr begrenzt sind, Freizeit außerhalb der Familie bzw. ohne Kontrolle durch die Familie zu verbringen. Hinzu kommen rigide Sexualnormen für Mädchen (Tabuisierung und Verbot vorehelicher Sexualität).

In ihrer Untersuchung weist Ulrike Popp (1994: 122) jedoch auch nach, dass „deutsche Mädchen und türkische Mädchen (...) die traditionelle Verteilung der Rollen zwischen Männern und Frauen eher ab(lehnen) als deutsche und türkische Jungs". In einer Studie über Bildungsbiografien von jungen Frauen aus Einwandererfamilien zeigt Merle Hummrich (2002) auf, dass ein Teil der jungen Migrantinnen darum bemüht ist, Kompromisse zwischen traditionellen familialen Bindungen und Erwartungen einerseits, den Möglichkeiten des sozialen Aufstiegs durch Bildung und einer eigenständigen modernen Lebensführung andererseits zu finden.

Ursula Boos-Nünning und Yasemin Karakasoglu (2005: 96ff.) weisen in ihrer empirischen Studie darauf hin, dass sich Familienstrukturen im Verlauf des Migrationsprozesses verändern und das Stereotyp der patriarchalisch geprägten Migrantenfamilie einer Realität nicht angemessen ist, die durch eine Heterogenität der Formen des familialen Zusammenlebens auch bei Migranten gekennzeichnet ist.

Ein niedriger Bildungsstatus in Verbindung mit unsicheren Berufsperspektiven verbindet sich bei einem Teil der männlichen Migrantenjugendlichen wie bei manchen deutschen Jugendlichen – mit patriarchalisch-sexistischen Verhaltensweisen und einer demonstrativen, mit physischer Stärke und Gewaltbereitschaft verbundenen Maskulinität (vgl. Tertilt 1996). Es ist jedoch problematisch, entsprechende Beobachtungen zu verallgemeinern und vereinfachend als Folge von Traditionen bzw. kulturellen und ethnischen Unterschieden zu interpretieren. Dies wäre nicht nur sachlich unzutreffend, sondern trüge auch zur Verstärkung von fremdenfeindlichen Stereotypen und Vorurteilen bei (vgl. Hormel/Scherr 2003; Badawia/Hamburger/Hummrich 2003).

# III. Jugendsoziologische Theorien

## 1. Bedeutung jugendsoziologischer Theorien

Jugendforschung ist keineswegs durchgängig an wissenschaftlichen Theorien orientierte und auf theoretisch begründeten Hypothesen und Fragestellungen aufbauende Forschung. Vielmehr werden in repräsentativ angelegten Studien oft solche Daten, etwa zu politischen Einstellungen, zum Freizeitverhalten oder zur Zufriedenheit mit der gesellschaftlichen Entwicklung und der eigenen Lebenssituation erhoben, die von den Medien und seitens der Politik nachgefragt werden bzw. von denen angenommen wird, dass sie das Interesse an einer fundierten Einschätzung zur Lage „der Jugend" befriedigen können (vgl. Fischer et al. 2000; Hurrelmann/Albert 2002). Andere Untersuchungen gehen in einer von vornherein interdisziplinär angelegten Herangehensweise spezifischen, insbesondere politisch und pädagogisch relevanten Fragestellungen nach. So wurden seit Beginn der 1990er Jahre zahlreiche Studien über Ursachen und Erscheinungsformen von jugendlichem Rechtsextremismus (s. als Überblick Kleinert 2004; Scherr 1996) vorgelegt.

Jugendsoziologische Theorien sind im Unterschied hierzu darauf ausgerichtet, den Zusammenhang der Lebenssituation und der Praktiken von Jugendlichen mit gesellschaftlichen Strukturen und Entwicklungen zu analysieren. Damit rücken, wie in Kapitel I erläutert, nicht nur spezifische soziologische Fragestellungen ins Zentrum des Interesses. Zudem müsste eine umfassende jugendsoziologische Theorie in der Lage sein, ausgehend von einer umfassenden Theorie der Gesellschaft

a)  die für eine jeweilige Gesellschaft charakteristische Konturierung und Institutionalisierung der Lebensphase Jugend,

b)  die gesellschaftlichen (ökonomischen, rechtlichen, politischen, kulturellen, religiösen, ideologischen usw.) Einwirkungen auf Jugendliche,

c)  den Einfluss von Jugend (Jugendkulturen, soziale Bewegungen, angepasstes und abweichendes Verhalten Jugendlicher usw.) für die gesellschaftliche Entwicklung sowie

d)  die Bedeutung von Jugendgruppen und Jugendkulturen für die Lebensführung und die Sozialisation Jugendlicher

systematisch und umfassend zu beschreiben.

Eine jugendsoziologische Theorie, die diesem umfassenden Anspruch gerecht wird, ist nicht in Sicht. Dafür sind drei Gründe ausschlaggebend:

- Die Komplexität des Gegenstands Gesellschaft führt dazu, dass nicht eine, sondern unterschiedliche soziologische Gesellschaftstheorien vorliegen, die je eigene Sichtweisen entfalten (etwa: die moderne Gesellschaft als kapitalistische, als funktional differenzierte Gesellschaft, als individualisierte Risikogesellschaft oder als postmoderne Gesellschaft). Jede dieser Theorien enthält spezifische Annahmen über die Struktur und Dynamik der Gegenwartsgesellschaft, die explizit oder implizit jeweilige Zugänge zur Jugendthematik beinhalten (s.u.).
- Die Frage nach der gesellschaftlichen Bedeutung von Altersgruppen und Lebensphasen findet in der neueren soziologischen Gesellschaftstheorie nur relativ geringe Beachtung. Auch deshalb können jugendsoziologische Theoreme nicht einfach deduktiv aus den Grundannahmen der vorliegenden Gesellschaftstheorien abgeleitet werden.
- Gesellschaften sind keine Gebilde, in denen in allen Teilbereichen gemeinsame und einheitliche Prinzipien wirksam sind. Die Besonderheiten ihrer Teilbereiche, also von Familie, Schule, Massenmedien, Erwerbsarbeit, Pädagogik, Politik usw., sind für die gesellschaftliche Lebenssituation Jugendlicher keineswegs belanglos und können deshalb in jugendsoziologischen Theorien auch nicht ignoriert werden.

Deshalb ist davon auszugehen, dass es nicht „die" jugendsoziologische Theorie gibt oder geben kann. Es liegen unterschiedliche Paradigmen jugendsoziologischer Theoriebildung vor, die sich teilweise ergänzen und je eigene Gesichtspunkte hervorheben. Wir stellen im Folgenden in knapper Form ausgewählte ältere und neuere Theorien vor.

Eine ausführlichere Darstellung der jugendsoziologischen Theorienentwicklung bis Anfang der 1980er Jahre hat Helmut Griese (1987) vorgelegt. Eine theoriegeschichtlich und interdisziplinär angelegte Übersicht wurde von Heinz Abels (1983) veröffentlicht. Über aktuelle Entwicklungen und Kontroversen informieren die Sammelbände ‚Theoriedefizite der Jugendforschung' (Mansel/Griese/Scherr 2003) und ‚Jugendsoziologische Sozialisationstheorie' (Hoffman/Merkens 2004).

## 1.1 Der generationentypologische Ansatz

Eines der ältesten Paradigmen zum Verständnis der Jugend ist der generationentypologische Ansatz. Seine Wurzeln liegen im 19. Jahrhundert, vor allem bei dem Philosophen und Pädagogen Friedrich Schleiermacher (1768-1834) und dem Lebensphilosophen Wilhelm Dilthey (1833-1911). Schleiermacher ging davon aus, dass Erziehung in der Kindheit der Familie überlassen bleiben kann, im „Knaben-" bzw. Jugendalter aber teilweise öffentliche Aufgabe ist. Vor diesem Hintergrund hat Pädagogik die Aufgabe, sich mit folgenden Fragen zu befassen: „Was will denn eigentlich die ältere Generation mit der jüngeren?" „Wie soll die Einwirkung der älteren auf die jüngere Generation beschaffen sein?" (zit. nach Schmidt 1979: 225f.).

Damit wird der Generationenbegriff zunächst in einer Weise gefasst, die das Problem der Weitergabe von Normen, Werten und Wissensbeständen in der Generationenabfolge ins Zentrum stellt. Entsprechend bestimmt der Begründer der französischsprachigen Soziologie, Émile Durkheim (1858-1917), Erziehung als „Einwirkung von Erwachsenen auf Jugendliche" (ebd.: 20) sowie als ein soziales Verhältnis, in dem „eine Generation von Erwachsenen einer Jugendgeneration" (ebd.: 26) gegenübersteht.

Einen wichtigen Beitrag zur Systematisierung dieses Ansatzes leistete 1928 Karl Mannheim (1893-1947). Er ging davon aus, dass es für die Aufrechterhaltung und Weiterentwicklung einer bestehenden gesellschaftlichen Ordnung erforderlich ist, „akkumulierte Kulturgüter" in der Generationenabfolge zu übertragen (Mannheim 1964: 36f.). Weiter nahm er an, dass „Generationenlagen" (im Sinne der „Zugehörigkeit zu einander verwandten Geburtsjahrgängen"; ebd.: 35) sozioökonomischen Klassenlagen insofern ähnlich sind, als sie mit typischen gesellschaftlichen Erfahrungen einhergehen und Individuen deshalb „eine spezifische Art des Erlebens und Denkens, eine spezifische Art des Eingreifens in den historischen Prozess" (ebd.: 36) nahe legen. Mannheim stellte in seiner Betrachtung des Generationenverhältnisses zudem nicht nur Einwirkungen der jeweils älteren auf die jüngere, sondern auch Einflussnahmen der jüngeren auf die ältere Generation in Rechnung.

In seiner Kritik wies Hartmut M. Griese (1987: 89) darauf hin, dass Mannheim die gesellschaftlich-historischen Bedingungen der Bildung von Generationszusammenhängen weitgehend vernachlässigt habe und auch keine Erklärung für die Entstehung von Generationenkonflikten anbiete.

Im Verhältnis der Generationen zueinander sehen Kulturanthropologen, wie zum Beispiel Margaret Mead (1974), ein grundlegendes Element einer allgemeinen kulturellen Dynamik. Unter Bedingungen der modernen Gesellschaft sind Generationenlagerungen jedoch ihrerseits von Positionen in der Sozialstruktur überlagert. Für die gesellschaftliche Entwicklung bedeutsame Generationenkonflikte entstehen nur unter bestimmen Bedingungen, insbesondere in Phasen eines beschleunigten sozialen Wandels. Ende des 19., Anfang des 20. Jahrhunderts war die bewusste Abgrenzung von den Werten und Normen der Erwachsenen das zentrale Thema der damaligen Jugendbewegung. Nach dem Ersten Weltkrieg sowie nach der Epoche des Nationalsozialismus und dem Zweiten Weltkrieg zeichnete sich zunächst keine intergenerative Konfliktdynamik ab.

Vor diesem Hintergrund ging Helmut Schelsky in seiner Studie „Die skeptische Generation" von 1957 davon aus, dass die „sozialen und geistigen Grundlagen (des) Generationengegensatzes (...) in unserem gegenwärtigen gesellschaftlichen Zustand geschwunden" seien (1963: 133). Schelsky stützte seine Argumentation auf die Überzeugung, dass der seit der Aufklärung und der Durchsetzung der bürgerlichen Gesellschaft typische Avantgardismus der Jugend mit dem schwindenden Fortschrittsoptimismus in der Gegenwartsgesellschaft ebenfalls geschwunden sei – und damit auch das Überlegenheitsgefühl der Jüngeren den Älteren gegenüber; die Erfahrungshorizonte würden sich durch die Lebensbedingungen in der wissenschaftlich-technischen Zivilisation immer mehr angleichen und dadurch die Generationenspannung abschwächen.

Die Schüler- und Studentenbewegung in der zweiten Hälfte der 1960er Jahre, die sog. Jugendunruhen Anfang der 1980er Jahre, aber auch der hohe Anteil Jugendlicher an politischen Protesten (z.B. Proteste gegen Atomtransporte; vgl. dazu Roth/Rucht 2000) in den 1990er Jahren zwingen zu einer Relativierung dieser Diagnose. Im Sinne einer groben Typologie haben Ulf Preuss-Lausitz et al. Anfang der 1980er Jahre vorgeschlagen, für die Nachkriegsgeschichte Deutschlands von einer Generation der „Kriegskinder", einer Generation der „Konsumkinder" und einer Generation der „Krisenkinder" auszugehen (Preuss-Lausitz et al. 1983). Neuere Generationenbezeichnungen wie ‚Generation Golf' (Illies 2005), ‚Generation @ ' (Opaschowski 1999) usw. sind auch in einer breiten Öffentlichkeit bekannt geworden; es handelt sich in der Regel um Ergebnisse journalistischer Typisierungen ohne eine seriöse wissenschaftliche Grundlage.

Aber wenig trennscharfe Charakterisierungen sind nicht in der Lage, für die Gegenwartsgesellschaft gemeinsame generationstypische Merkmale aufzuzeigen, die es erlauben, trotz der vielfältigen Unterschiede der Lebensbedingungen und des Selbstverständnisses heutiger Jugendlicher in begründeter Weise von einer in sich homogenen Generation auszugehen.

## 1.2  Systemtheoretische Ansätze

Die soziologische *Systemtheorie\** ist neben dem marxistischen Ansatz der Gesellschaftstheorie die wohl einflussreichste soziologische Makrotheorie. Sie wurde vor allem von Talcott Parsons (1902-1979) ausgearbeitet und von Niklas Luhmann (1927-1998) umfassend weiterentwickelt. Ihre gesellschaftstheoretische Grundannahme lautet, dass die moderne Gesellschaft durch unterschiedliche Funktionsbereiche bzw. Teilsysteme (Wirtschaft, Politik, Erziehung, Recht, Religion, Kunst usw.) gekennzeichnet ist, die je eigene Strukturen und Entwicklungsdynamiken aufweisen.

In seiner strukturell-funktionalen Systemtheorie stellte Parsons die Frage nach den Bedingungen der Strukturbildung und Strukturerhaltung sozialer Systeme ins Zentrum. Strukturerhaltung wird Parsons zufolge vor allem durch zwei Prozesse gewährleistet: die Institutionalisierung von Handlungsmustern und sozialen Rollen sowie die Internalisierung (Verinnerlichung) gemeinsamer Werte und Normen durch die Mitglieder des Gesellschaftssystems.

Parsons Theorie wurde dahingehend kritisiert, dass sie von einem statischen Gesellschaftsverständnis ausgehe und deshalb Kritik und Abweichung als bedrohliche Infragestellungen der sozialen Ordnung bewertet, nicht aber als Quelle produktiver Innovationen berücksichtigt.

Im Unterschied zu Parsons geht Luhmanns Verständnis der modernen Gesellschaft als funktional differenzierte davon aus, dass eine Verinnerlichung von Werten und Normen durch die Individuen keine zentrale Bedingung für die gesellschaftliche Strukturerhaltung ist. Der Zusammenhang von Individuum und Gesellschaft stelle sich durch die Notwendigkeit her, sich vorgegebenen Bedingungen der Lebensführung anzupassen; dies sei nicht zuletzt eine „Angelegenheit von Konjunkturen und Karrieren" (s. als Einführung in seine systemtheoretische Soziologie Luhmann 2002).

Die Weiterentwicklung der soziologischen Systemtheorie durch Niklas Luhmann hat bislang nicht zu einer Neubestimmung des Jugendbegriffs geführt. Die dort vorgelegte Analyse der modernen Gesellschaft legt es nahe, die Vorstellung einer in sich homogenen Lebensphase in Frage zu stellen und die Bedeutung und Verwendung der Unterscheidung von Kindern, Jugendlichen und Erwachsenen in unterschiedlichen Teilbereichen der Gesellschaft zu untersuchen (vgl. Olk 1985; Scherr 2003).

## 1.3 Eisenstadts strukturell-funktionale Theorie des Generationenwechsels

Auf der Basis der Parsons'schen Theorie entwickelte Shmuel N. Eisenstadt (geb. 1923) seine klassische und trotz der Kritik des Strukturfunktionalismus keineswegs völlig überholte jugendsoziologische Theorie in der Studie „Von Generation zu Generation" (1956/66).

In der Logik der strukturell-funktionalen Theorie sind Gesellschaften darauf angewiesen, die Einflussnahmen auf Kinder und Jugendliche (Erziehung und Sozialisation) so zu gestalten, dass zur gegebenen sozialen Ordnung passende Persönlichkeitsstrukturen entstehen. Entsprechend erachtet es Eisenstadt als eine der wichtigsten Aufgaben, „denen sich jede Gesellschaft und jedes Sozialsystem gegenübergestellt" sieht, die Fortdauer der eigenen Struktur, Normen, Werte usw. zu sichern – „trotz der sich ständig durch Todesfälle und Geburten ändernden Zusammensetzung" (ders. 1966: 17). Die sozialen Rollen, auch die dem jeweiligen Alter entsprechenden Alters- und Geschlechtsrollen, müssen nach dieser „Vorgabe" ausgeprägt sein.

Eisenstadt weist auf Initiationsriten in Stammeskulturen hin, um die soziale Bedeutung von institutionalisierten Erwartungen an Altersgruppen und die mit dem Wechsel der Altersgruppe einhergehenden weitreichenden Veränderungen der Verhaltenserwartungen hervorzuheben. Solche Initiationsriten, durch die Übergänge und Zuordnungen zu Altersgruppen in verbindlicher und deutlicher Weise sowie geschlechtsdifferenziert sozial inszeniert werden, sind Bestandteil der sozialen Ordnung dieser Gesellschaften.

Eisenstadt will erklären, dass in modernen, komplexen Gesellschaften diese Form der Tradierung des Verhaltens nicht mehr ausreicht, um den kulturellen Bestand und die Strukturerhaltung zu sichern. *Altershomogene Gruppen* (Gleichaltrigengruppen, peers) seien erforderlich, damit Heranwachsende darauf vorbereitet werden, Verhaltensanforderungen zu bewältigen, die sich von denen in Familien und Verwandtschaftsbeziehungen unterscheiden. Der Übergang von Familie und Verwandtschaft in andere gesellschaftliche Teilbereiche wird nach Eisenstadt durch altershomogene Gruppen erleichtert. Denn in diesen Gruppen entwickeln sich einerseits solidarische Gruppenbeziehungen auf der Grundlage ähnlicher Erfahrungen und Bedürfnisse, die eine Ablösung von der Herkunftsfamilie erleichtern. Andererseits stellen sie Jugendliche vor die Aufgabe, Beziehungen zu bislang unbekannten Personen einzugehen und in Zusammenhängen zu handeln, in denen auch funktional spezifische Rollenerwartungen bedeutsam sind. Eisenstadt geht deshalb davon aus, dass die *peers* eine „interlinking sphere" zwischen primärem (familialem) und sekundärem (außerfamilialem) Sozialisationsbereich sind.

Diese Grundannahme von Eisenstadt ist kritisiert worden (zusammenfassend bei Griese 1987: 118ff.), aber sie hat ihren bleibenden Wert darin, zum ersten Mal systematisch herausgearbeitet zu haben, unter welchen sozialstrukturellen Bedingungen – dem Auseinandertreten von familialen und verwandtschaftlichen Netzwerken einerseits, Kooperation und Kommunikation in davon abgegrenzten gesellschaftlichen Zusammenhängen andererseits – altershomogene Gruppen in der modernen Gesellschaft entstehen.

Gleichaltrigengruppen sind für Eisenstadt jedoch keineswegs zwangsläufig das Medium der Integration Jugendlicher in eine bestehende gesellschaftliche Ordnung; es gäbe auch „desintegrative Altersgruppen" (1966: 318ff.). In ihnen „besteht eine völlige Diskrepanz zwischen den Erwartungen und Bestrebungen der Jugendgruppe und ihren Mitgliedern einerseits und den Erwartungen, die an sie von Erwachsenen gerichtet werden andererseits." Auch bei den desintegrativen Altersgruppen versucht Eisenstadt nachzuweisen, dass es „unterschiedliche strukturelle Bedingungen (sind), die unterschiedliche Typen und Strukturen der Abweichung erklären können" (1966: 333).

Der strukturell-funktionale Ansatz ist vor allem im Hinblick auf die Deutung von Entwicklung, Struktur und Funktion der altershomogenen Gruppen in der jugendsoziologischen Forschung einflussreich geworden. Dessen Schwierigkeiten, sozialen Wandel zu erklären, betrifft auch Eisenstadts Analyse der „desintegrativen Altersgruppen": Abweichungen Jugendlicher von den gesellschaftlich vorherrschenden Normen, Werten und Handlungsmustern werden nicht als ein innovatives Element des sozialen Wandels begriffen, sondern primär als störende und bedrohliche Ausdrucksformen misslingender Integration.

In Zeiten eines beschleunigten sozialen und kulturellen Wandels ist es zudem generell problematisch, einzelne Erscheinungen der Jugendkultur als integrativ bzw. desintegrativ zu interpretieren.

## 1.4 Ungleichheitstheoretische und neomarxistische Ansätze

Erst zu Beginn der 1970er Jahre wurde – in kritischer Auseinandersetzung mit dem Strukturfunktionalismus und vor dem zeitgeschichtlichen Hintergrund der Studentenbewegung – eine theoretische Position in der Jugendsoziologie formuliert, deren Grundlage die von Karl Marx (1818-1883) und Friedrich Engels (1820-1995) geschaffene Gesellschafts- und Kapitalismustheorie ist. In der sog. „Mannheimer Diskussion" im Jahr 1972 wurde dezidiert eine an der Marx'schen Gesellschaftstheorie ausgerichtete Neuorientierung eingefordert, die jedoch zunächst nicht zur Entwicklung einer marxistischen Jugendtheorie führte (vgl. dazu Griese 1987: 141ff.). Grundlagen hierfür wurden erst durch die Studien des britischen Center for Contemporary Cultural Studies (s.u.) gelegt.

Jugend als relativ eigenständige Alters- und Sozialgruppe kam in den klassischen Texten des Marxismus nicht vor: Sofern von Jugend die Rede war, wurden alters- und sozial-gruppenspezifische Phänomene als Sekundärphänomene gegenüber der letztlich bestimmenden Klassenlage angesehen.

Hintergrund dessen ist die Annahme, dass die Lebenschancen jedes Einzelnen primär durch seine Klassenlage bestimmt sind. Klassen sind soziale Großgruppen, die durch eine gemeinsame Position im ökonomischen Prozess gekennzeichnet sind (vgl. als Einführung in die marxistische Klassentheorie Ritsert 1998).

Für die vom Marxismus inspirierte Jugendforschung ist eine klassentheoretische Kritik des Jugendbegriffs grundlegend. Gegen die Vorstellung, Jugend sei eine eigenständige soziale Gruppe und es gebe eine autonome Jugendkultur, wird eingewandt, dass die soziale Lage der Herkunftsfamilie (Arbeitserfahrungen, Wohnverhältnisse, verfügbares Einkommen) und der Jugendlichen selbst (Position im Bildungssystem bzw. auf dem Arbeitsmarkt) von starkem Einfluss auf die Lebenssituation Jugendlicher und ihr Selbstverständnis ist.

So untersuchte Paul Willis in seiner inzwischen klassischen Studie „Learning to labour. How working class kids get working class jobs" (1977, deutsche Übersetzung 1982) das Scheitern von Arbeiterkindern in der Schule. Er zeigte, dass dieses Scheitern u.a. darin begründet ist, dass die männlichen Arbeiterjugendlichen allein körperliche Arbeit als erstrebenswert betrachten und u.a. deshalb die Chance zurückweisen, sich durch schulisches Lernen auf Angestellten- und Büroberufe vorzubereiten.

Dem einflussreichen britischen *Centre for Contemporary Cultural Studies* (CCCS) zuzurechnende Autoren wie John Clarke, Dick Hebdige und Paul Willis haben in ihren Studien und Analyen nachzuweisen versucht, dass jugendkulturelle Praktiken und Stile nur vor dem Hintergrund der Position verständlich sind, in der sich Jugendliche als „Arbeiter-" oder „Mittelklassenjugendliche" befinden. Jugendkulturen werden daher als Versuche interpretiert, sich im Spannungsverhältnis zwischen klassenspezifischen Erfahrungen einerseits, der medialen und konsumgesellschaftlichen Kultur andererseits zu verorten (s. Clarke et al. 1979; Hebdige 1983). So analysierte Clarke (1979a: 191ff.) die Entstehung der Skinhead-Subkultur in England vor dem Hintergrund des Strukturwandels der industriellen Produktion als Versuch von Arbeiterjugendlichen, „die traditionelle Arbeiter-Gemeinschaft als Ersatz für ihren tatsächlichen Niedergang wiederzubeleben".

Die damit konturierte Perspektive einer Jugendforschung, die die ökonomische Entwicklung, Veränderungen des Arbeitsmarktes und Klassenlagen ins Zentrum stellt, hat vielfältige qualitativ angelegte empirische Studien auch in der deutschsprachigen Soziologie inspiriert, die sich mehr oder weniger eng an die Begrifflichkeiten der marxistischen Klassentheorie anlehnen.

Cornelia Helfferich (1994) ging der Frage nach, welche unterschiedlichen Umgangsweisen mit Sexualität und Drogen weibliche und männliche Arbeiter- und Mittelschichtsjugendliche realisieren. Albert Scherr (1995) zeigte, dass sich Auszubildende und Studierende unterschiedliche Konzepte ihrer sozialen Identität zu eigen machen, die folgenreich u.a. für ihre politische Orientierung sind. Ralf Bohnsack u.a. (1995) haben detailliert beschrieben, dass und wie Jugendcliquen die Erfahrung des Übergangs von der Schule zur betrieblichen Ausbildung erleben und in einer Weise verarbeiten, die sie von Gymnasiasten unterscheidet. Roland Eckert, Christa Reis und Thomas A. Wetzstein (2000) wiesen nach, dass Gruppenbildungen und -abgrenzungen bei Jugendlichen nur vor dem Hintergrund der sozialen Ungleichheiten verständlich sind, die gegenwärtige Jugendliche „nicht als Schicksal ihres Standes, sondern als Prozess (erfahren), der sich vor ihren Augen, im ‚Klassenzimmer', in Erfolg oder Misserfolg einzelner vollzieht" (ebd.: 15). In einer Untersuchung zu den „Erfahrungen junger Arbeiter im Prozess der

Qualifizierungen" kam Martina Panke (2005) zu dem Ergebnis, dass die gesellschaftliche Entwertung körperlicher Arbeit von Auszubildenden in traditionellen Handwerksberufen als „dramatische Entwertung ihres Berufsprestiges" (ebd.: 194) erlebt wird.

Auch in quantitativ angelegten Jugendstudien wird immer wieder deutlich, dass die soziale Herkunft und die aktuelle Position im Gefüge der sozialen Ungleichheiten von erheblichem Einfluss auf das Selbstverständnis und die Praktiken Jugendlicher in Schule, Ausbildung, Beruf und Freizeit sind (vgl. auch Silbereisen/Vaskovics/Zinnecker 1996).

## 1.5 Jugend in der „Risikogesellschaft" – das Individualisierungstheorem

Gegen Beschreibungen der Gegenwartsgesellschaft auf der Grundlage von klassischen Theorien sozialer Ungleichheit, von Klassen- und Schichtungstheorien, wird seit Mitte der 1980er eingewandt, dass sie die Konsequenzen des sog. „zweiten Individualisierungsschubs" in den post-industriellen Gesellschaften zu wenig beachten. In seiner programmatischen und einflussreichen Studie „Risikogesellschaft. Auf dem Weg in eine andere Moderne" hat Ulrich Beck (1986) argumentiert, dass soziale Ungleichheiten zwar keineswegs bedeutungslos werden, die individuelle Lebensführung sich aber zunehmend weniger an klassenspezifischen Lebenslaufmustern ausrichten kann. Denn in „der individualisierten Gesellschaft" sei jeder Einzelne gezwungen, „bei Strafe seiner permanenten Benachteiligung (zu) lernen, sich als Handlungszentrum, als Planungsbüro in bezug auf seinen eigenen Lebenslauf, seine Fähigkeiten, Orientierungen, Partnerschaften usw. zu begreifen" (Beck 1986: 217).

Hintergrund ist die Überzeugung, dass die Zunahme an wirtschaftlichem Wohlstand in der zweiten Hälfte des 20. Jahrhunderts, der umfassende technisch-ökonomische Wandel sowie Prozesse der kulturellen Liberalisierung dazu geführt haben, dass tradierte Normen obsolet wurden, tradierte Muster der Lebensführung keineswegs mehr alternativlos sind sowie an bestimmte Berufszweige und Industrie gebundene Berufsorientierungen und Lebensentwürfe nicht mehr realisiert werden können.

Vor diesem Hintergrund wurde in der jugendsoziologischen Theorie die These formuliert, dass die Lebenssituation von Jugendlichen nicht mehr angemessen allein mit ungleichheitstheoretischen Begriffen beschrieben werden kann (s. etwa Heitmeyer/Olk 1990; Eccarius 1996). Vielmehr sei es erforderlich, theoretisch und empirisch einen Prozess „der Diversifizierung von Lebenslagen und der Pluralisierung von Lebensstilen" zu berücksichtigen, der „das Hierarchiemodell der sozialen Klassen" in Frage stellt und dazu führt, „dass die Individuen sich selbst (...) zum Zentrum ihrer eigenen Lebensplanung und Lebensführung machen müssen" (Arbeitsgruppe Bielefelder Jugendforschung 1990: 11). In der Folge sei für gegenwärtige Jugendliche die ‚riskante Chance' charakteristisch, biografisch bedeutsame Entscheidungen eigenverantwortlich treffen zu können und zu müssen. Auch für *Jugendszenen\** und Jugendkulturen wird angenommen, dass sie keineswegs mehr eindeutige klassenspezifische Merkmale und Zuordnungen aufweisen.

Wir haben bereits im Abschnitt zum Strukturwandel der Jugendphase (vgl. Kapitel I) auf die Problematik dieser Sichtweise hingewiesen. Zwar gibt es Individualisierungstendenzen bei Jugendlichen, diese sind jedoch keineswegs „jenseits von Klasse und Schicht" (Beck) angesiedelt. Denn welche Entscheidungsmöglichkeiten und Entscheidungszwänge für bestimmte Jugendliche bedeutsam sind, ist auch gegenwärtig noch abhängig von ihrer sozialen Herkunft sowie ihrer Position im Bildungssystem (s. dazu Scherr 1998).

Eine mit der Individualisierungsthese durchaus vergleichbare, aber anders akzentuierte Sichtweise der Jugendsituation in der Gegenwartsgesellschaft schlägt der australische Jugendsoziologe Kevin McDonald (1999) vor. Auch er geht davon von aus, dass klassenspezifische Erfahrungen und Bedingungen nicht mehr als umfassender Rahmen für die Praktiken und die Identitätssuche Jugendlicher verstanden werden können. Gleichwohl befanden sich die von ihm untersuchten Jugendlichen nicht in einer Situation von Entscheidungsmöglichkeiten und Wahlfreiheiten. Vielmehr führen krisenhafte soziale Umbrüche und hohe Arbeitslosigkeit dazu, dass sie sich nicht mehr an Werten und Normen der industriellen Arbeitsgesellschaft orientieren können. Ein „Modell der Würde auf der Grundlage einer Ethik der Arbeit" (ebd.: 203) ist für sie zwar attraktiv, aber nicht erreichbar. Dies führe erstens zu Versuchen der jugendkulturellen Gemeinschaftsbildung auf der Grundlage von spezifischen Normen und Traditionen; zu berücksichtigen seien zweitens Bemühungen, durch strategisches Handeln und unter Bedingungen der Konkurrenz Zugang zu knappen Ressourcen (etwa: qualifizierte Bildungsabschlüsse) zu finden. Drittens seien „struggles for subjectivation" (ebd. 205ff.) charakteristisch, d.h. Bemühungen, der eigenen Erfahrung Sinn zu verleihen und sich selbst als Akteur einer Lebenspraxis, die nicht mehr durch berufliche Karrieren und eine Ethik der Arbeit gestützt wird, begreifen zu können.


## 1.6 Geschlechtsdifferenzierende Ansätze

Die Frauenforschung und die feministische Kritik der klassischen Soziologie (vgl. dazu Brück et al. 1992) haben seit den 1980er Jahren zu einer anhaltenden Diskussion der Frage geführt, welche Bedeutung der Kategorie ‚soziales

*Geschlecht\** (*Gender\**) im Rahmen einer soziologischen Theorie der Gegenwartsgesellschaft zuzuweisen ist. Hintergrund ist die Tatsache, dass moderne Gesellschaften zwar von der grundlegenden Annahme einer Gleichberechtigung von Frauen und Männern ausgehen, dass es aber nach wie vor erhebliche Ungleichheiten und Unterschiede gibt, die keineswegs als Folge vermeintlich natürlicher geschlechtstypischer Eigenschaften erklärt werden können. Inzwischen stellt die sozialwissenschaftliche Genderforschung ein etabliertes und in sich differenziertes Feld der Forschung und Theoriebildung dar. Sie befasst sich mit der Struktur und Dynamik der gesellschaftlichen Geschlechterverhältnisse und deren Auswirkungen auf die Lebensbedingungen und die Lebenspraxis von Männern und Frauen sowie der geschlechtsspezifischen Sozialisation von Jungen und Mädchen (s. als Überblick Becker/Kortendiek 2004). Grundlegend ist die Annahme, dass die moderne Gesellschaft zwar durch eine „Kultur der Zweigeschlechtlichkeit" gekennzeichnet ist, jedoch keineswegs von einer einheitlichen und umfassenden Geschlechterordnung ausgegangen werden kann. Vielmehr sind komplexe Gemengelagen von heterogenen geschlechtsbezogenen Erwartungen, Typisierungen und Normen, massenmedialen Geschlechterbildern, politischen und rechtlichen Festlegungen sowie vielfältige geschlechtsbezogene Praktiken im Alltag zu berücksichtigen.

Seit den 1980er Jahren ist die Geschlechterblindheit der klassischen Jugendforschung und ihre implizite Gleichsetzung von männlicher Jugend mit Jugend wiederholt kritisiert worden. Dies hat zunächst zur Etablierung einer eigenständigen Mädchenforschung, inzwischen auch zu einer eigenständigen Jungenforschung geführt (s. als Überblick Keddi 2004; Kelle 2004; Meuser 2004; Winter 2004). Inzwischen ist die Notwendigkeit einer differenzierten Betrachtung von männlicher und weiblicher Jugend in der jugendsoziologischen und jugendpädagogischen Diskussion prinzipiell anerkannt. Für die Jugendpädagogik sind zudem die politisch-rechtlichen Vorgaben des Gender-Mainstreaming, d.h. der umfassenden Berücksichtung geschlechtsbezogener Unterschiede im Interesse der Herstellung von Geschlechtergerechtigkeit, relevant (Rose 2004).

In ihrer grundlegenden Studie „Sozialisation: Weiblich – männlich?" hat Carol Hagemann-White nachgewiesen, dass Unterschiede zwischen Jungen und Mädchen vielfach auch in der wissenschaftlichen Forschung überschätzt und Gemeinsamkeiten übersehen werden. Gegen die Idee fundamentaler Geschlechterunterschiede wandte sie ein: „Selbst die größten Unterschiede, die zwischen den Geschlechtern berichtet werden, sind ohne Zweifel weit geringer als die Variationen innerhalb eines Geschlechts" (Hagemann-White 2000: 13).

Eine theoretisch reflektierte jugendsoziologische Geschlechterforschung ist folglich darauf verwiesen, gesellschaftlich einflussreiche Annahmen über das vermeintlich typisch Männliche und typisch Weibliche selbst zu hinterfragen und zu untersuchen, was diese Annahmen – nicht zuletzt in der familialen Sozialisation sowie der schulischen und außerschulischen Pädagogik – bewirken, wie sie also etwa zu Einschränkungen individueller Entwicklungspotentiale führen.

## 1.7 Mikrosoziologische Ansätze in der Jugendforschung

Während die vorstehend skizzierten Ansätze dem Makrobereich der soziologischen Theoriebildung und Forschung zuzuordnen sind, sollen nunmehr einige mikrosoziologische Ansätze skizziert werden. Das sind Ansätze, die die Struktur individueller Handlungen und Handlungssituationen untersuchen.

Zu den soziologischen Handlungstheorien (s. als Überblick Abels 2001) sind zu rechnen:

* Die „klassischen" soziologischen Handlungstheorien, die vor allem von Max Weber, Alfred Schütz (1899-1959) und George Herbert Mead (1963-1931) entwickelt wurden und an die unterschiedliche Schulen soziologischer Handlungs- und Interaktionstheorie wie *Symbolischer Interaktionismus** und *Ethnomethodologie** in spezifischer Weise anknüpfen;
* die rollentheoretischen Ansätze, die im Zusammenhang mit der klassischen Handlungstheorie und der interaktionistischen Theorie entwickelt wurden;
* die gruppentheoretischen Ansätze (vgl. Schäfcrs 1999a), die davon ausgehen, dass soziales Handeln überwiegend in kleinen Gruppen stattfindet und die soziale Wirklichkeit des Einzelnen vor allem eine Gruppenwirklichkeit ist.

Gemeinsamer Ausgangspunkt der handlungs- und interaktionstheoretischen Ansätze ist die Zielsetzung, „das Soziale", „das Gesellschaftliche", auf subjektiv-sinnhafte, d.h. mit Absichten, Motiven, Zwecksetzungen usw. verbundene Handlungen zurückzuführen. Eine zentrale Aufgabe der Soziologie als Wissenschaft vom Sozialen wird entsprechend darin gesehen, soziales Handeln sinnverstehend zu erforschen.

Soziologisch interessant sind nicht die isolierten Einzelhandlungen, sondern die aufeinander bezogenen Handlungen (Interaktionen) von zwei oder mehreren Individuen. Diese Interaktionen spielen sich in bestimmten, zumeist typischen Situationen ab, die durch spezifische Regeln und Erwartungen das individuelle Handeln beeinflussen. Ein Großteil des sozialen Handelns besteht aus durch institutionelle Vorgaben „strukturierten" Interaktionen und Handlungen in Gruppenzusammenhängen (Familie, Arbeitsplatz, Spiel- und Freundschaftsgruppe, Sport- und Freizeitgruppe, Clique usw.).

Für soziales Handeln gilt allgemein, dass es an sozialen Vorgaben, also an Erwartungen, Regeln, Normen und Werten orientiert ist. Sind diese an bestimmte soziale Positionen (etwa: Berufe) gebunden, sprechen wir von sozialen Rollen. Die handelnden Individuen, ihre Handlungskompetenzen, Motivationen, Interessen usw. sind – soziologisch betrachtet – Teil sozialer Situationen. Damit ist ihr aktuelles Selbstverständnis und sind die mit dem Handeln verknüpften Absichten und Erwartungen an andere nicht unabhängig von der jeweiligen situativen Rahmung.

Der symbolische Interaktionismus und die Sozialphänomenologie haben hervorgehoben, dass Handeln auf der Grundlage von Bedeutungen (Interpretationen der Situation, Typisierungen von Dingen und Personen, Bewertungen von Handlungsweisen usw.) erfolgt, die durch Sprache und Kultur vorgegeben sind, aber in den Interaktionen kreativ verwendet und modifiziert werden.

Diese theoretischen Grundannahmen sind für die soziologische Jugendforschung in mehrerer Hinsicht bedeutsam:

- Sie haben zu einer sinnverstehenden Jugendforschung geführt, zu ethnografischen Beschreibungen von jugendtypischen Praktiken sowie jugendkulturellen Symbolsystemen (Kleidungsstile, Musikstile, Jugendsprachen usw. ) und darauf aufbauenden Interpretationen jeweiliger Ästhetiken, Lebensstile, politischer Orientierungen.

- Die quantitativ orientierte Jugendforschung wird inzwischen durch intensive qualitative Befragungen von Gruppen sowie durch biografisch angelegte Einzelfallstudien ergänzt, die detailliert darüber Aufschluss geben, wie Jugendliche ihre Lebensgeschichte und ihre aktuelle Lebenssituation erleben und bewältigen (vgl. Fischer et al. 2000; Popp 1994; Zoll 1989).

# IV. Kurze Sozialgeschichte der Jugend

## 1. Jugend in der Antike und im Mittelalter

### 1.1 Aristoteles' Kritik der Jugend

Bei historischen Kulturen und Gesellschaften wie bei gegenwärtig noch existierenden Stammesgesellschaften findet sich in der überwiegenden Mehrzahl der Fälle keine Lebensphase, die man als Jugend bezeichnen könnte. Zumeist gibt es eine sozial und kulturell überformte Dreiteilung der Lebensphasen in Kindheit, Erwachsensein und Alter.

Eine frühe Ausnahme von der Regel der Dreiteilung der Lebensphasen machten die Griechen. Bei ihnen findet sich seit dem 8. Jahrhundert v. Chr. eine differenzierte Lebensphasenlehre, auch wenn – wie bei Hesiod (8. Jh. v. Chr.) oder Solon (ca. 640-560 v. Chr.) – die Einteilung noch mehr an astrologischen Vorbildern oder der Zahl sieben als an tatsächlich beobachteten Entwicklungsverläufen orientiert war (vgl. Levi/Schmitt 1996).

Mit weitreichender Wirkung hat Aristoteles (384-322) in seiner „Rhetorik" eine Lebensphasenbeschreibung und Charakteristik der Jugend vorgenommen. Die wichtigsten auf die Jugend bezogenen Aussagen (Aristoteles 1980: 120f.) klingen zum Teil wie der Auftakt zu einer bis heute üblichen kulturkritischen Sicht auf die Jugend.

*„Die Lebensalter aber sind Jugend, Mannesalter und Greisenalter (...) Die Jugendlichen sind ihrem Charakter nach zu Begierde disponiert und geneigt, das zu tun, wonach ihre Begierde tendiert. Und sie sind so disponiert, dass sie von den leiblichen Begierden am ehesten der Geschlechtslust anhängen und darin unbeherrscht sind (...) Aber hinsichtlich ihrer Begierden sind sie leicht wandelbar und zum Überdruss geneigt. Sie begehren heftig, lassen aber schnell nach; denn ihre Wünsche sind heftig aber nicht stark wie das Durst- und Hungergefühl der Kranken (...).*

*Ferner sind sie hitzig und jähzornig und bereit, ihrem Zorn zu folgen. Auch sind sie Sklaven ihres Zorns; denn aufgrund ihres Ehrgeizes können sie es nicht ertragen, gering geachtet zu werden, sondern sie geraten in Empörung, wenn sie sich ungerecht behandelt glauben (...) Auch sind sie ehrgeizig oder mehr noch siegessüchtig; denn die Jugend trachtet nach Überlegen-Sein; der Sieg aber ist eine Art Überlegen-Sein. Auf dieses beides sind sie mehr aus als auf Geld (...)*

*Ferner sind sie nicht schlecht gesinnt, sondern gutmütig, weil sie noch nicht viel Schlechtigkeit gesehen haben. Auch sind sie leichtgläubig, weil sie noch nicht häufig getäuscht worden sind (...) Sie leben meistens in der Hoffnung; denn die Hoffnung* bezieht sich auf die Zukunft, die Erinnerung aber auf das Vergangene. Für die Jugend aber ist die Zukunft lang, die Vergangenheit dagegen kurz; denn am Morgen des Lebens glaubt man, sich an nichts zu erinnern, dagegen alles zu erhoffen.

Aufgrund des Gesagten ist sie auch leicht zu täuschen; denn sie ist leicht zur Hoffnung geneigt (...) Auch sind sie (die Jugendlichen) besonders tapfer; denn sie sind hitzig und voll guter Hoffnung, wovon das eine sie furchtlos, das andere aber zuversichtlich macht (...) Ferner lieben sie mehr als die anderen Lebensalter ihre Freunde und Genossen, weil das Zusammenleben ihnen Freude bereitet und sie noch nichts nach dem Nutzen beurteilen, demnach auch nicht ihre Freunde (...)

Alle ihre Fehler aber liegen (...) im Bereich des Übermaßes und der übertriebenen Heftigkeit; denn alles tun sie im Übermaß: sie lieben nämlich im Übermaß, sie hassen im Übermaß und so alles andere in gleicher Weise. Auch glauben sie, alles zu wissen, und nehmen die Haltung des Beteuerns ein; denn das ist auch die Ursache der Übertreibung in allem (...) Ihre Beleidigungen tendieren zu übermütigem Verhalten, nicht aber zur Bosheit.

Auch sind sie zum Mitleid disponiert, weil sie alle für besser und rechtschaffener halten, als sie es wirklich sind; denn sie messen ihre Mitmenschen nach der eigenen Unschuld. Daher nehmen sie an, dass sie unverdientermaßen leiden. Ferner lieben sie das Lachen, und daher sind sie auch disponiert für den Spaß; denn Spaß ist gebildeter Übermut. So beschaffen ist also der Charakter der Jugend."

## 1.2 Stadt und Bürgertum als Voraussetzung zur Ausbildung einer Jugendphase

Sozialgeschichtlich konnte sich eine Jugendphase erst in einer städtischen Kultur ausbilden, d.h. unter Bedingungen, die die Freisetzung eines Bevölkerungsteils von körperlicher Arbeit ermöglichten und unter denen die „freien Künste" als eine sinnvolle und auch anerkannte Beschäftigung angesehen wurden. Wie noch zu zeigen ist, steht auch am Beginn der Ausbildung der Jugendphase in der Neuzeit die Absicht und Notwendigkeit, die Bildungsphasen zu verlängern.

In den griechischen Stadtstaaten wurde von den künftigen Eliten verlangt, dass sie mit Wissen, Logik und rhetorischer Begabung die Führungspositionen einnehmen und verwalten. Dies bedeutete eine längere Einübung in den Akademien, Rednerschulen, Gymnasien usw. Hier liegt auch die Wurzel, Jugend mit Bildung und gesellschaftlicher Zukunft in eine enge Beziehung zu setzen.

Nimmt man diese Zusammenhänge als Definitionskriterium, wird man bestimmte Altersgruppen im griechischen Stadtstaat Sparta nicht als Kindheit und Jugend im heutigen Sinn bezeichnen können. Im Alter von 7 bis 21 Jahren – entsprechend der auf der Zahl 7 basierenden griechischen Lebensphasenlehre – nahm sich der Staat der Erziehung der Kinder und Jugendlichen an. Diese erfolgte in strikter Trennung von der Familie und nach sehr harten ("spartanischen") Grundsätzen. Die Jungen waren nie ohne Aufsicht und jeder Vollbürger konnte anweisen und strafen (Hornstein 1966: 42).

Jugend in unserem Verständnis bildet sich im demokratischen, kunstliebenden Stadtstaat Athen heraus. Erst die athenischen Grundlagen des Staats- und Gesellschaftslebens öffnen Verhaltensspielräume, die für die Herausbildung von relativ eigenständigen Sozialgruppen unabdingbar sind. Von besonderer Bedeutung wurde die athenische Ephebie (Jünglingsalter), die Aristoteles in seiner Schrift über den Staat beschrieben und als Institution der Wehrerziehung (vom 18.-20. Lebensjahr) gefordert hat (Ephebie leitet sich her von griech.-lat. *Ephebe*, Jüngling. Die Wortbedeutung von Ephebe und Ephebie im antiken Griechenland ist regional und zeitlich sehr verschieden; vgl. dtv-Lexikon der Antike, V/1, 1971: 132. Über die „attische Ephebie" vgl. auch Schnapp 1996).

Die Auffassungen der Griechen über Jugend kommen durch ihre Aufnahme und Abwandlungen in der römischen Welt zu historisch und geographisch weitreichender Wirkung. Es ist vor allem die römische Auffassung, die seit Renaissance und Humanismus wieder wachgerufen und erneuert wurde und auch die Erwartungen an die Jugendkultur und Jugendbewegung seit Ende des 18. Jahrhunderts beeinflusste.

Wie das römische Recht allgemein in der abendländischen und vor allem deutschen Rechtsgeschichte einen hervorragenden Platz einnimmt, so auch das römische Familienrecht im Hinblick auf eine bestimmte Auffassung von Jugend. Die stark familien-zentrierte Einstellung der Römer konnte in der nach-antiken Welt umso wirksamer sein, als das Christentum keine eigenständige Lebensphasenlehre hervorbrachte. Höchst überraschend ist, dass ein bedeutender Gelehrter des alten Rom, Marcus Terentius Varro (116-27 v. Chr.), die Zeit von 15 bis 30 Jahren als Jünglingszeit ansah. Aber der griechische oder römische Jüngling ist wohl weniger eine Altersstufe als eine Seinsform, eine idealisierte Gestalt (wie später in der deutschen Klassik z.B. bei Friedrich Hölderlin).

Jugend war nicht nur in der Antike, sondern auch in der Neuzeit bis zur Jugendbewegung des Wandervogel eine Angelegenheit der oberen Schichten und der männlichen Jugend. Nur hier waren entsprechende Freisetzungen von daseinserhaltender Arbeit möglich, verbunden mit der Pflicht, sich in den freien Künsten zu üben. Beim griechischen Jüngling (Epheben) verbindet sich diese Schulung mit der Kultivierung von Schönheitsidealen, oft auch mit homoerotischer Freundschaft (auch dies sollte in Teilen der deutschen Jugendbewegung, namentlich in den Schriften Hans Blühers, wieder zum Ideal erhoben werden; vgl. Blüher 1911/1913).

Zwischen Antike und Neuzeit liegt nach der unruhigen Übergangsphase der Völkerwanderung und der sich anschließenden Christianisierung ganz Europas das Mittelalter. Auch für die Frage nach der Herausbildung einer relativ eigenständigen Jugendphase nimmt es eine Zwischenstellung ein. Wie in der Antike sind auch im Mittelalter die Entstehung einer eigenen Stadtkultur und neue Bildungsstätten, wie die seit Ende des 13. Jahrhunderts in ganz Europa expandierenden Universitäten, die entscheidende sozialgeschichtliche Voraussetzung für die Entstehung frühbürgerlicher Jugendgruppen.

Auch das aufblühende Wirtschaftsleben und die Spezialisierung der Künste und Handwerke verursachen längere Ausbildungsphasen und Wanderschaften und erzeugen schon dadurch bestimmte „jugendliche" Verhaltensweisen. Neben den Zünften der Handwerker und dem zeitlich zum Teil sehr ausgedehnten Gesellenstand, den Universitäten (mit Bakkalaureus und Magister als typischen Studierenden) ist es das Rittertum, das in den Knappen einen oft langwährenden „Wartestand" mit viel Übung und Vorbereitung begründet.

## 2.    Formierung der Jugend im 18. und 19. Jahrhundert

Der Übergang zur Neuzeit ist durch zwei wesentliche Prozesse bestimmt, die für immer breitere soziale Schichten die Kindheits- und Jugendphase prägen sollten:

- die zunehmende Familiarisierung und Verhäuslichung im Zuge der Entstehung der bürgerlichen Gesellschaft und der bürgerlichen Familie;
- die zunehmende Pädagogisierung der Lebensphasen Kindheit und Jugend seit der Durchsetzung der allgemeinen Schulpflicht im 18. und 19. Jahrhundert.

Schulpflicht und längere Schulzeit für immer breitere soziale Schichten und zunehmende Familiarisierung und Verhäuslichung – verstärkt seit Pietismus und Biedermeier – bedeuten, dass die Kinder und Jugendlichen längere Zeiten in der Herkunftsfamilie verbrachten. Die Schulpflicht und die allmähliche Durchsetzung der Jahrgangsklassen, zumal in den Gymnasien, verstärkten den Trend zur Bildung von altershomogenen Gruppen.

### 2.1  Herausbildung eines Jünglingsideals bei Rousseau

Seit Ende des 18. Jahrhunderts kommt es zur Herausbildung eines „modernen", bis in die Gegenwart fortwirkenden Jünglings- und Jugendideals (Hornstein 1965 hat die Entwicklung vom „jungen Herrn" zum „hoffnungsvollen Jüngling" detailliert nachgezeichnet). Wesentlichen Anteil hieran hatte der in seinem Einfluss kaum zu überschätzende Jean-Jacques Rousseau und in Deutschland vor allem die auf Rousseau zurückgehende Reformpädagogik an der Wende vom 18. zum 19. Jahrhundert. So wird Rousseau zu Recht der „Erfinder" der Jugendphase genannt. Aber alle Erfindungen brauchen, um wirksam zu werden, einen fruchtbaren Boden zu ihrer Verwurzelung und Verbreitung. Rousseau stand am Beginn der Pädagogisierung der Erziehung, der Emanzipation des Individuums aus Unmündigkeit und Abhängigkeit, der Durchsetzung der allgemeinen Schulpflicht und der Demokratisierung.

Rousseau war gleichermaßen von der Nicht-Wiederherstellbarkeit des Naturzustandes wie der Problematik des gegebenen Kulturzustandes überzeugt. Besserung sei allein von den Kindern und Jugendlichen zu erwarten. Darum heißt eine seiner wichtigsten Erziehungsmaximen: „alles so lange wie möglich hinauszuzögern" (im „Emile", dem 1762 zuerst veröffentlichten Erziehungsroman). Kindheit und Jugend sind bei Rousseau Stadien der Nicht-Entfremdung des Menschen; je länger sie dauern, umso besser (über „das Jugendleben im Banne von Rousseaus Emile" vgl. Hornstein 1965: 102-207). Nach Rousseau ist die Jugend als eigenständige Lebensphase durch ausgedehnte Bildungsprozesse sicherzustellen; diese garantieren wiederum eine Erneuerung der Gesellschaft.

Über ca. 150 Jahre, von der Bewegung des „Sturm und Drang" (ca. 1765-1785) bis in die Spätphase der Jugendbewegung nach dem Ersten Weltkrieg, hatten diese Überzeugung und dieses Pathos Gültigkeit, auch im Selbstverständnis der sich entwickelnden Industriegesellschaft. In der Kunst wurde seit den Jünglingshymnen Friedrich Hölderlins (1770-1843) die Erneuerung von Geist, Kultur und Gesellschaft durch die Jugend zu einem wichtigen Thema. Nach dem Zweiten Weltkrieg wich dieses Pathos aus noch zu nennenden Gründen einer nüchternen Einstellung in der Jugend und zur Jugend.

## 2.2 Studentische Jugend und Burschenschaften

Die studentische Jugend, die sich nach 1800 in verschiedenen deutschen Universitätsstädten (am wichtigsten zunächst in Jena durch das Wirken von Friedrich von Schiller und Johann G. Fichte) mit neuem Selbstbewusstsein und Korporationsgeist herausbildete, war für den sich entwickelnden nationalen und demokratischen Staat ein wichtiger „Bündnispartner", vor allem für das aufstrebende nationalliberale Bürgertum. Das gilt ebenso für die Zeit der Freiheitskriege gegen die napoleonische Besatzung (1806-1815) wie für die „heroische" Zeit der deutschen Burschenschaften in der Phase der Restauration und Reaktion nach 1815 (Wiener Kongress, Karlsbader Beschlüsse etc.). In den Kämpfen gegen Zensur und Bespitzelung, Polizeikontrollen und

Polizeieinsätze bildete sich unter der studentischen Jugend jenes intellektuelle und politische Klima heraus, in dem die ersten liberalrevolutionären Ideen entstanden: ob in Frankreich, in Russland oder in Deutschland. Auch die nach der Juli-Revolution 1830 überall in Europa entstehenden Vereinigungen junger Dichter und Schriftsteller, des „Jungen Deutschland", „Jungen Italien" usw. gehören in diesen Zusammenhang.

Das Jahr 1848 brachte eine entscheidende Wende: Wie das Bündnis von liberalem Bürgertum, fortschrittlichen Intellektuellen und selbstbewusster werdenden Arbeitern zerfiel, so auch das von studentischem „Freischargeist" und damit der politisch aktiven Jugend und den Fortschrittskräften. Nach 1848 machten die meisten Burschenschaften den nationalpathetischen, christlich-romantisierenden und deutschtümelnden Schwenk mit. Die Jugend – ohnehin bis dahin ein „Privileg" der Kinder aus dem Adel, der aufstrebenden Bourgeoisie und dem Bildungsbürgertum der höheren Beamten und des evangelischen Pfarrhauses – wurde „akademisch" und standesbewusst. Die „Bildungspatente" (Max Weber) der im 19. Jahrhundert zu weltweiter Bedeutung aufsteigenden deutschen Universitäten wurden eine immer wichtigere Voraussetzung, im sich schnell industrialisierenden Deutschland eine günstige Aufstiegsposition zu besetzen. Man schaue sich Bilder der philisterhaften akademischen Jugend zwischen 1870 und dem Ersten Weltkrieg an, um zu verstehen, dass die um 1900 sich entwickelnde Jugendbewegung etwas Befreiendes haben musste.

Die nicht-akademischen Jungen und Mädchen waren auch weiterhin ohne Chancen einer eigenständigen Jugendphase; sie wurden früh an Arbeit und Mitverdienen gewöhnt. Auch die Lehrzeit war kein Vergnügen – und sollte es nach dem Willen der Lehrherren ja auch nicht sein („Lehrjahre sind keine Herrenjahre").


## 3.    Die Jugendbewegung

### 3.1  Der Wandervogel

Am Beginn des später für die ganze deutsche Jugendbewegung namengebenden *Wandervogel* stand die Begeisterung eines Einzelnen für das Wandern und damit verbundene Ideale: Hermann Hoffmann (1875-1955), der sich später Hoffmann-Völkersamb nannte. Seit 1896 leitete er als Student der Berliner Universität am Gymnasium im nahen, später eingemeindeten Steglitz einen Studienkreis für Kurzschrift, bei dem sich die Schüler auch für die Wanderideale ihres Lehrers begeisterten und mit ihm immer weitere und besser organisierte Fahrten unternahmen. Eine „Bewegung" wurde hieraus erst durch die

Tatkraft und das Organisationstalent von Karl Fischer (1881-1941). 1901 gab sich die Gruppe den Namen „Wandervogel. Ausschuss für Schülerfahrten" (vgl. Laqueur 1978: 29; dort auch Herleitung des Ausdrucks „Wandervogel"). Die sich herausbildende und schnell verbreitende Jugendbewegung des Wandervogel sowie anderer Gruppen steht im Zusammenhang mit den lebens- und kulturreformerischen Bewegungen der Jahrhundertwende (vgl. die Dokumentation von Linse 1983).

Ulrich Aufmuth (1979) hat in seiner Untersuchung der schichtspezifischen Zusammensetzung der Wandervogelbewegung zeigen können, dass es sich um eine Bewegung der Besitz- und Bildungsbürgerschicht handelte: Ungefähr 40% der „Wandervögel" hatten Väter aus der mittleren und höheren Beamtenschicht, 20% waren selbstständige Gewerbetreibende, 10% freiberufliche Akademiker und 20% stammten aus der Schicht der höheren und mittleren Angestellten.

Keiner der genannten Initiatoren ahnte damals, dass damit die wohl bedeutendste Jugendbewegung überhaupt ins Leben gerufen wurde. So heißt es bei Walter Laqueur (1978: 1), dass eine gründliche Kenntnis der Geschichte der deutschen Jugendbewegung Vorbedingung ist, „will man das Deutschland des zwanzigsten Jahrhunderts verstehen (...) Es gibt nur wenige führende Politiker und noch weniger führende Intellektuelle der Jahrgänge von 1890 bis 1920, die nicht irgendwann einmal der Jugendbewegung angehört haben oder in ihren empfänglichsten Jahren von ihr beeinflusst worden sind" (Personenübersichten der „Jugendbewegten" bei Pross 1964: 500f.).

Der „Wandervogel" ist nur ein – wenn auch bedeutender – Teil der gesamten Jugendbewegung (über die einzelnen Gruppierungen/Richtungen vgl. Hofstätter 1975: 118-153). Die Literatur zur Jugendbewegung ist kaum zu überschauen; genannt seien nur die folgenden Dokumentationen: Kindt 1963; ders. 1968; ders. 1974; vgl. auch die Beiträge im „Jahrbuch des Archivs der deutschen Jugendbewegung", Burg Ludwigstein/Witzenhausen (auf Burg Ludwigstein ist auch das „Archiv der deutschen Jugendbewegung").

## 3.2 Soziokulturelle Einordnung und Bedeutung

Die Jugendbewegung war auch eine Reaktion auf die Erstarrungen, Einengungen und Konventionen der bürgerlichen Gesellschaft, zumal in ihrer wilhelminischen, preußisch-deutschen und vom Militär mitgeprägten Spielart. Die rasche Industrialisierung und Verstädterung Deutschlands hatte in den industriellen Ballungszentren und Großstädten die Natur verdrängt und diese – auch ideologisch – in ein ausbeutbares Reservoir verwandelt. Rousseaus „Zurück zur Natur" wurde nun nicht in einem überwiegend moralischen Sinn

verstanden, sondern als Aufforderung, „aus grauer Städte Mauern" zu ent-
fliehen.

Aber auch psychologisch war der Boden für eine partielle Ausstiegs-
bewegung aus Familie, Schule, Arbeit und Beruf bereitet: Die Lebens- und
Existenzphilosophie, vor allem Friedrich Nietzsche (1844-1900) mit seinem
nach 1890 einsetzenden Einfluss und die sonstigen „Überwinder" des Kul-
turpessimismus wie Paul de Lagarde und Julius Langbehn, forderten zu Taten, zur Überwindung des Gegebenen, zur „Schaffung des neuen Menschen"
heraus.

In Langbehns zuerst 1890 erschienenen, einflussreichen Schrift „Rembrandt als Erzieher" fanden sich die markigen Sätze: „Das neue geistige Leben der Deutschen ist keine Sache für Professoren, es ist (...) eine Sache der
deutschen Jugend, und zwar der unverdorbenen, unverbildeten, unbefange-
nen deutschen Jugend. Sie hat das Recht". Die fast „gebeteten" Schriften
Nietzsches (v.a. der Zarathustra), die geschliffenen Verse eines Stefan George (1868-1933) gaben den intellektuellen Führern der Jugendbewegung das
Bewusstsein, Elite zu sein und eine neue geistig-kulturelle Elite anzuführen.

Die Jugendbewegung war nicht zuletzt geprägt von einem neuen Ge-
meinschaftsbedürfnis und -erlebnis, das der sich verstädternden und bürokra-
tisierenden, immer anonymeren Gesellschaft entgegengesetzt wurde. 1887
hatte Ferdinand Tönnies (1855-1936) die Erstauflage seines später auch in
intellektuellen Kreisen der Jugendbewegung beachteten Werkes „Gemeinschaft und Gesellschaft" herausgebracht und damit – bis auf den heutigen
Tag – Stichworte der Analyse und Kritik dieser sozialen Grundgebilde gelie-
fert. Das Gemeinschaftserlebnis artikulierte sich als Gruppenerlebnis (vgl.
hierzu und anderen Innovationen dieses frühen Jugendgruppenlebens Schäfers 1983).

Die Jugendbewegung war auch aus anderen Gründen ein epochales Ereignis: Erstmalig kommt die weibliche Jugend in den Blick. In Antike und
Mittelalter ist sie allenfalls ein Thema für die auf Haus und Familie konzentrierten Sitten- und Morallehren. Erst die Jugendbewegung seit Beginn des
20. Jahrhunderts mit ihren häufig zwei-geschlechtlichen Gruppen und be-
tonter Gleichheit der Geschlechter brachte eine Abkehr von der bisher eindeutig im Vordergrund stehenden männlichen Jugend.

Die Jugendbewegung führte schließlich zur „Widerspiegelung" der gesellschaftlichen Differenzierungen auf der Ebene partiell sich verselbststän-
digender Jugendgruppen. Neben der „eigentlichen" Jugendbewegung gym-
nasialer Oberschüler sind zu nennen: sozialistische, nationale, jüdische, ka-
tholische, evangelische und andere jugendbewegte Gruppen.

Die Jugendbewegung entwickelte sich schnell und verzweigte sich in
immer weitere weltanschauliche und politische Richtungen. Gleichwohl hat
nach verschiedenen Schätzungen die Zahl der „eigentlich" Jugendbewegten

nur ein bis zwei Prozent der jeweiligen Altersklassen umfasst und zu keinem Zeitpunkt ca. 60 Tsd. Jugendliche überschritten.

Das „Jugendgemäße" wird – wie im Manifest des Hohen Meißner von 1913 (siehe w.u.) – als eine Art Freiraum gefordert. Anders als bei der Studentenbewegung der 1960er Jahre ist das Ideal der Jugendbewegung nicht eine grundlegende Reform der Gesellschaft und ihrer Institutionen aus radikal-demokratischem oder sozialistischem Geist, sondern eine neue Lebensanschauung, ein naturverbundenes Körperbewusstsein, ein neuer Geist der Gemeinschaft und des „Bundes".

Im *Bund* wurde – was auch politik- und sozialgeschichtlich interessant ist – neben den von Ferdinand Tönnies herausgearbeiteten Grundformen des sozialen Lebens, „Gemeinschaft und Gesellschaft", eine weitere, eigenständige Kategorie des Sozialen gesehen. Der „Bund" war das korporative Element der Jugendbewegung. Hier lagen auch Anknüpfungspunkte zum Korporativismus von Freischar und Burschenschaften der Jugend von 1848 (über „Bund und Gruppe als Lebensformen deutscher Jugend" vgl. Seidelmann 1955).

Die bekannteste Zusammenkunft und Manifestation der Jugendbewegung fand unmittelbar vor dem Ersten Weltkrieg im Oktober 1913 auf dem Hohen Meißner (ca. 35 km südöstlich von Kassel) statt, im Erinnerungsjahr an die Völkerschlacht bei Leipzig 1813 und als demonstrative Gegenveranstaltung zu den offiziellen Feiern (Dokumente, Deutungen und Bilder dieses Treffens bei Mogge/Reulecke 1988). In immer wieder zitierten Sätzen aus dem „Manifest" heißt es unter anderem: „Die Jugend, bisher nur ein Anhängsel der alten Generation, aus dem öffentlichen Leben ausgeschaltet, angewiesen auf eine passive Rolle des Lernens, auf eine spielerisch nichtige Geselligkeit, beginnt sich auf sich selber zu besinnen (...) Sie strebt nach einer Lebensführung, die jugendlichem Wesen entspricht (...)".

Der Konflikt zwischen Vater und Sohn – von Sigmund Freud um 1900 als ein Kernstück seiner psychoanalytischen Forschungen herausgestellt – und der Konflikt zwischen den Generationen überhaupt mussten sich durch solche Manifestationen verschärfen. Dahinter standen jedoch bedeutsame sozialstrukturelle Wandlungen, die von einem der bekanntesten Führer des Wandervogel in seiner frühen Geschichte dieser Bewegung (Blüher 1911/1913) wie folgt beschrieben wurden: „Wo Väter und Söhne ganz und gar einig lebten, der Vater seinen Charakter dem Sohne widerstandslos zu übertragen vermochte und dieser stolz war auf das Erbe der Väter, gab es keinen Boden für den Wandervogel".

## 3.3 Verwissenschaftlichung und Institutionalisierung der Jugend

Beeinflusst durch die Jugendbewegung beschäftigten sich auch die Psychologie und die Medizin, die um 1900 aufkommende Soziologie und die Rechtswissenschaft immer intensiver mit den Bedingungen und Notwendigkeiten der Jugend als ein „psychosoziales Moratorium", wie dies der Entwicklungspsychologe Erik H. Erikson (1902-1994) nannte, und trugen zur Verselbstständigung und Anerkennung dieser Lebensphase bei (über die Verwissenschaftlichung der Jugend seit ca. 1890 vgl. Dudek 1990).

Die Aktualisierung und Verwissenschaftlichung des „psychosozialen Moratoriums" Jugend führten zweifellos zur rechtlichen und sozialen Besserstellung der Jugendlichen nach dem Ersten Weltkrieg. Jugendschutz und Jugendfürsorge, Jugendwohlfahrt und Jugendrecht wurden ausgebaut. Ministerien, Behörden und Ämter zum Schutz und zur Förderung der Jugendlichen wurden eingerichtet. Die organisierte Jugendarbeit der Kirchen, Gewerkschaften, der Parteien, Schulen und Vereine gewann einen immer breiteren Boden. Der Organisationsgrad der Jugend als Sozialgruppe wuchs.

Die Sozial- und Humanwissenschaften, das Jugendrecht und die organisierte Jugendarbeit verstärkten einen Trend, der seit der Entwicklung der bürgerlichen Gesellschaft immer deutlicher wurde: die Separierung der sozialen Schichten und der Altersgruppen. Ob im Wohnbereich, im Arbeitsbereich, in der Ausbildung, in der Freizeit: Kinder, Jugendliche und Ältere sind mehr und mehr unter sich. Kinderheime, Jugendheime, Altersheime usw. besorgen ein Übriges, die Altersgruppen räumlich und zeitlich zu trennen.

Diese Entwicklungen trugen auch dazu bei, dass die Eigenständigkeit der Jugendphase zu einer Forderung für *alle* Jugendlichen wurde und nicht länger ein Privileg der Gymnasiasten blieb. Natürlich sind diese Unterschiede nicht beseitigt, aber seit der Jahrhundertwende hat eine Angleichung der Altersphasen auch unter schichtspezifischen Gesichtspunkten stattgefunden.

## 4.   Politisierung und Jugendwiderstand im Nationalsozialismus

Die Herausbildung einer wissenschaftlich, gesellschaftlich und schließlich staatlich anerkannten Jugend seit dem Ende des Ersten Weltkrieges zeigte schon bald Gefahren ganz neuer Art: die der Ideologisierung und Politisierung, der parteiamtlichen und weltanschaulichen Vereinnahmung der Jugend durch totalitäre Gesellschaftssysteme. Diesen Weg von der Jugendbewegung zur politisch missbrauchten Weltjugendbewegung hat der Wiener Kulturphilosoph Friedrich Heer (1973) aufgezeigt. Vor allem der Nationalsozialismus und der verstaatlichte Marxismus sollten „vor-exerzieren", wie die

Ideale und die Begeisterungsfähigkeit der Jugend benutzt werden konnten (über die Hitlerjugend vgl. Klönne 1999; Laqueur 1978).

Die Hitlerjugend hatte paradoxerweise die Jugendbewegung zur Voraussetzung, denn „die Freisetzung des Jugendalters ermöglicht seine Vergesellschaftung und tendenziell seine Abschaffung, das heißt seine volle gesellschaftliche Integration außerhalb der jeweiligen Familienzugehörigkeit, wie das der Nationalsozialismus zum ersten Mal praktiziert hat" (Giesecke 1981: 213).

Auch auf das Männerbündlerische als Element der politischen Kultur in Deutschland, das in der „Soldatenkultur" des Nationalsozialismus staatstragend wird, muss bei der Frage nach der Bedeutung der Jugendbewegung für den Nationalsozialismus hingewiesen werden (Reulecke 1985). Zusammenhänge zwischen Jugendbewegung und deutscher Erneuerung fanden ihre zeittypischen Ausprägungen auch in den heilserhoffenden Verbindungslinien von „Jugendreich – Gottesreich – Deutsches Reich" (v. Olenhusen 1987).

Der Widerstand Jugendlicher im Nationalsozialismus gegen das Hitlerregime darf nicht unerwähnt bleiben. Am bekanntesten ist wohl die Studentengruppe der „Weißen Rose" in München. Nach ihren Aufsehen erregenden Flugblattaktionen gegen die unmenschliche Nazi-Herrschaft wurden mehrere Mitglieder am 18. Februar 1943 verhaftet und hingerichtet: die Geschwister Sophie und Hans Scholl sowie Christoph Probst bereits am 22. Februar; Professor Kurt Huber und Alexander Schmorell am 13. Juli und Willi Graf am 12. Oktober (zu Willi Graf vgl. die „Briefe und Aufzeichnungen" und Dokumente zum Gerichts- und Hinrichtungsverfahren, hrg. von Anneliese Knoop-Graf und Inge Jens, 1994).

Aber nicht nur einzelne Studentengruppen leisteten Widerstand, sondern auch verbotene Gruppen der bündischen Jugend, der jüdischen Jugendorganisationen, der Arbeiterjugend, der katholischen Jugend (vgl. hierzu Bd. 14/1982 des „Archivs der deutschen Jugendbewegung", der dieser Thematik des Jugendwiderstandes im Nationalsozialismus gewidmet ist). Zum jugendlichen Widerstand im Nationalsozialismus sind auch die „Piraten, Swings und junge Garde" zu rechnen (vgl. Breyvogel 1991).

## 5. Von der „Skeptischen Generation" zum Studentenprotest

### 5.1 Von der Skepsis und Distanz zu neuen Vereinnahmungen

Die Reaktion auf den Missbrauch der Jugend durch Staat und Gesellschaft im Nationalsozialismus war nach Auffassung des Soziologen Helmut Schelsky (1913-1984) „Die skeptische Generation": eine Nachkriegsjugend, die den

Ideologien und Phrasen misstraute und zur Wirklichkeit ein relativ nüchternes Verhältnis einnahm. Es ist gerechtfertigt, etwas näher auf dieses Werk einzugehen: Franz-Werner Kersting (2002) konnte in einer historischen Arbeit belegen, dass die Aufnahme dieses Werkes in der deutschsprachigen Presse ungewöhnlich breit war, ebenso in den Rundfunkanstalten. Selbst der DDR-Rundfunk nahm Stellung (zur Wirkung und Schelskys Nachbetrachtungen zusammenfassend Schäfers 2003).

Im Vorwort sagte Schelsky, das Werk wolle „den westdeutschen Jugendlichen des Nachkriegsjahrzehnts von 1945 bis etwa 1955" schildern. Das Besondere gegenüber bisherigen jugendsoziologischen und -psychologischen Arbeiten sah Schelsky in der Konzentration auf den berufstätigen Jugendlichen zwischen 14 und 25 Jahren. Der junge Arbeiter und Angestellte und nicht der Oberschüler und Hochschüler sei „zur strukturleitenden und verhaltensprägenden Figur dieser Jugendgeneration" geworden. Schelsky ordnete diesen neuen Verhaltenstyp ein in eine Verhaltensgestalt der deutschen Jugend im 20. Jahrhundert. Die Skeptische Generation löse die vorhergehenden Phasen der „Generation der Jugendbewegung" und der „Generation der politischen Jugend" (also der bündischen Jugend der 1920er Jahre und der Hitlerjugend) ab. Die Skeptische Generation müsse verstanden werden als „Auflösung und ein Abstoßen der politischen Jugendgestalt", in der die „Entpolitisierung und Entideologisierung des jugendlichen Bewusstseins" zentral sei. Durch die Erschütterungen der sozialen und politischen, der materiellen und rechtlichen Grundlagen in der Kriegs- und Nachkriegszeit sei „das typische jugendliche Suchen nach Verhaltenssicherheit in dieser Generation" auf jene Bereiche zurückgewendet, deren Anliegen einst als unjugendlich abgelehnt wurden: „die eigene Familie, die Berufsbildung, das berufliche Fortkommen wie die Meisterung des Alltags". Die Skeptische Generation habe einen „geschärften Wirklichkeitssinn und ein unerbittliches Realitätsverlangen."

Um diesen Verhaltenstyp der „skeptischen Generation" hat es viel Streit gegeben, binnenwissenschaftlich und in der Öffentlichkeit. Es bleibt schwer entscheidbar, für welche Altersgruppen der Nachkriegsjugend dieser Typ repräsentativ war. Der Begriff bekam durch seine Popularisierung ein gewisses Eigenleben und führte sicher auch dazu, dass die gemeinten Altersgruppen sich vor allem im Nachhinein mit dem Verhaltenstyp identifizierten.

Doch es kam auch zu neuen Formen der Anpassung, zu der eine kommerziell immer stärker genutzte und jugendlich manipulierte Konsumwelt beitrug. Allerdings war dies nicht neu und ist bereits für den Wandervogel nachweisbar. Seit der Wende vom 19. zum 20. Jahrhundert und dem beginnenden „Zeitalter des Massenkonsums" wird der Jugendliche als Käufer und Konsument mit eigenen Teilmärkten entdeckt: Zeitschriften und Bücher, Kleidung und die Jugendmusikkultur bekamen einen zentralen Stellenwert im Produktions- und Marktgeschehen. Der bereits erwähnte Trend zur Spezialisierung und damit verbunden zur Separierung der Altersgruppen wird auch hier wirksam; die altersspezifische Differenzierung der Konsum- und Warenwelt bietet eine willkommene Möglichkeit zur Strukturierung von jugendspezifischen Teilmärkten.

Je mehr sich diese Konsum- und Warenwelt auch für Jugendliche entwickelte, desto stärker wurden bestimmte Mechanismen der Integration in das bestehende Gesellschaftssystem und seinen auch an Markt, Leistung, Ware und Konsum orientierten Grundlagen wirksam. Doch erneut zeigte sich seit Mitte der 1960er Jahre, seit dem Beginn manifester Jugendproteste und Studentenunruhen, dass alle summarischen Aussagen über „die" Jugend problematisch sind.

## 5.2 Jugendprotest und Studentenunruhen

In den Jahren 1967 und 1968 gehörten die Studentenunruhen, Jugendproteste und die Entwicklung einer jugendlichen Subkultur als Gegenkultur in der westlichen Welt gesellschafts- und kulturpolitisch zu den wichtigsten „Tagesthemen". Anders als in der lebensreformerisch und -philosophisch inspirierten Jugendbewegung des Wandervogel standen bei der *Studentenbewegung* der späten 1960er Jahre von vornherein gesamtgesellschaftliche und institutionelle Reformziele im Vordergrund: mehr Mitbestimmung, Chancengleichheit, v.a. über eine breitere Verteilung von Bildungszertifikaten, Umverteilung von Einkommen und Vermögen; „Fundamentaldemokratisierung" (Karl Mannheim); Anti-Kapitalismus und Anti-Imperialismus (deutlich v.a. in der Kritik an der amerikanischen Kriegsführung in Vietnam).

Die Studentenunruhen waren also keine Jugendbewegung in dem Sinne, dass Interessen und Belange der Jugendlichen im Vordergrund standen. Nicht Distanz von der Welt der Erwachsenen war das Ziel, sondern deren Änderung durch einen „langen Marsch durch die Institutionen" – so forderte es Rudi Dutschke (1940-1979), in der Bundesrepublik der bekannteste Aktivist und Sprecher der Studentenbewegung.

Obwohl es in den Universitäten von Berkeley (Kalifornien), (West-)Berlin und Frankfurt/M. bereits vor 1967 einzelne Unruhen gegeben hatte, lässt sich erst in der Rückschau sagen, dass diese der Keim einer dann die Mehrzahl der Universitäten in den USA, in Westeuropa und in Südamerika umfassenden Bewegung waren. Immer mehr soziale protestbereite Gruppen, zumal unter den Gymnasiasten und Lehrlingen, beteiligten sich. Die Bewegung erfasste auch zahlreiche Zeitungsredaktionen, viele Schriftsteller, Künstler und Theater und auch die für die politische Entwicklung so wichtigen Akademien und Bildungsstätten der Kirchen.

Seit Beginn der 1970er Jahre sprach man von der „68er-Bewegung" oder kurz von den „68ern". Diese Bezeichnung wurde üblich für alle, die „den langen Marsch durch die Institutionen" angetreten hatten: als Lehrende in den Schulen und Hochschulen, in den Redaktionsstuben usw. Aber das Initialdatum für massenhaften Protest war der 2. Juni 1967, als – nach Protesten gegen den Schah von Persien vor der Berliner Oper – der Student Benno Ohnesorg von einem Polizisten erschossen wurde. Zwei Tage später kam es in Hannover zu einer zentralen Protestkundgebung. Aufrufe von Rudi Dutschke zur Aktion kommentierte Jürgen Habermas (geb. 1929) mit dem Vorwurf des „linken Faschismus" (vgl. Vesper 67: 101) weil er für eine Revolution keine entsprechende Basis sah, weder materiell noch bewusstseinsmäßig (insofern sich an den von Marx und Engels definierten Kriterien orientierend). Diese Reaktion von Habermas, der in Frankfurt Soziologie lehrte und von dem die Studierenden hofften, dass er sich wie der Deutsch-Amerikaner Herbert Marcuse (1898-1980), der ebenfalls zur sozialkritischen „Frankfurter Schule der Soziologie" gehörte, an die Spitze der Bewegung stellen würde, führte zu einer ersten Spaltung innerhalb der Studentenbewegung. Grob vereinfachend lassen sich nunmehr zwei Gruppierungen nennen: die Mehrheit der linksliberalen, reformwilligen Kräfte und die sich radikalisierenden Gruppen, die sich theoretisch zwischen Marx und Mao, Trotzki, Lenin und ihren aktuellen „Schülern" formierten.

Sit-ins und teach-ins in überfüllten Auditorien gehörten seit Juni 1967 zum Alltag vieler Universitäten, ebenso deren zeitweise Schließung. „Gewalt gegen Sachen", gegen Kaufhäuser als Symbol des Konsumterrors, gegen Erzeugnisse und Einrichtungen des Springer-Konzerns (v.a. wegen der Berichterstattung über die Protestbewegung in dessen „Bild"-Zeitung), gegen Straßenbahnen bei Fahrpreiserhöhungen (Bremen) und Hausbesetzungen (Frankfurt, Berlin etc.) leiteten eine weitere Phase der Auseinandersetzungen ein. Proteste gegen den Vietnamkrieg brachten in vielen Städten der Bundesrepublik jeweils mehrere tausend Studenten und Schüler auf die Beine. Das rhythmische Skandieren des „Ho-ho-ho-Chi-Minh" (des von den protestierenden Studierenden bejubelten Führers des kommunistischen Nordvietnam) wie Plakate mit dem Bild des argentinisch-kubanischen Revolutionärs Ernesto Che Guevara waren wichtige Symbole dieses Jugendprotestes. Das auch an Christus erinnernde, ikonengleiche Bild von Che Guerara, der im Oktober 1967 vom bolivianischen Militär bei seinem Versuch, die kubanische Revolution über Bolivien nach ganz Südamerika zu bringen, erschossen wurde, war – wie das von Ho Chi Minh – Teil der Protestmärsche; es fand sich auch in vielen Zimmern von Studierenden und Oberschülern.

Die Höhepunkte der Protestaktion fallen in das Jahr 1968, in dem u.a. die heftig kritisierten Notstandgesetze vom Deutschen Bundestag am 30. Mai verabschiedet wurden (mit 384 zu 100 Stimmen; vgl. Kraushaar 1998: 171) und landesweite Proteststürme hervorriefen.

Die größten gesellschaftlichen Erschütterungen durch die Studenten- und Jugendproteste erlebte Frankreich. Ein Bericht des französisch-deutschen Politologen Alfred Grosser vom „Pariser Mai 1968" soll die Dramatik der Studenten- und Jugendunruhen auf ihrem Höhepunkt in Erinnerung rufen: „Es ist vermessen, nüchtern berichten zu wollen, wenn man selbst an der Tragödie teilnimmt, als Bürger eines Landes, das zugleich lahmgelegt und in voller Gärung ist. Ein Land ohne Post, ohne Eisenbahn, ohne Benzin, ohne Schulen. Ein Land, wo es blutige Zusammenstöße gegeben hat und noch jede Minute geben kann. Ein Land, für das plötzlich jede Zukunft – von der totalen Anarchie bis zur wiederhergestellten Ordnung – möglich scheint (...) Was sich in Frankreich vollzieht, ist eine romantische Tragödie. Romantisch, weil sie von Jugendlichen geschaffen und getragen wird, deren Absichten edel sind, deren Begeisterung groß und deren Ziele verschwommen, widersprüchlich und unerreichbar sind (...)" (in: Die Zeit, 31.5.1968).

Doch der „Rausch der revolutionären Tage" war bald verflogen, in Frankreich und anderswo. Die Bürger zeigten sich mehr erschrocken als politisch im Sinn der Protestler motiviert. Das beabsichtigte „Bündnis von Studenten und Schülern, Lehrlingen und jungen Arbeitern" zeigte sehr bald Brüche und Unvereinbarkeiten, denn weder konnte die „proletarische Existenz des Studenten" glaubhaft gemacht werden, noch die Situation des Lehrlings und jungen Proletariers sich kurzfristig ändern. Die „Eindimensionalität des Menschen" unter den Zwängen von Produktion und Konsum, Technologie und Anpassung sah der wohl bedeutendste „geistige Führer" des Studentenprotestes in den westlichen Industrienationen, Herbert Marcuse, so weit fortgeschritten, dass kurzfristig auch keine Änderungen erwartet werden konnten (vgl. sein Werk: „Der eindimensionale Mensch", dt. zuerst 1967).

Gleichwohl gilt bis heute: „1968. Das Jahr, das alles verändert hat" (so der Titel einer Auflistung und Kommentierung aller wichtigen Ereignisse und Orte dieses Jahres bei Kraushaar 1998). Die Wirkungen der 68er-Bewegung sind weit reichend. Das wird vor allem dann deutlich, wenn man sie nicht auf die Studentenproteste beschränkt, sondern als Teil sozialer und kultureller Bewegungen sieht, die letztlich zu einem umfassenden Wertwandel führten. Ronald Inglehart sprach schon 1971 in einem breit rezipierten Aufsatz von der „‚Silent' Revolution", der stillen Revolution, die das überkommene System der „Pflicht- und Akzeptanzwerte" (Disziplin, Gehorsam, Fleiß usw.) radikal in Frage stellte und dagegen die Werte der Selbstverwirklichung und Emanzipation, der Autonomie und des Hedonismus setzte (vgl. Klages 2001).

## 5.3  Studentenunruhen und neue Jugendkultur

Gleichzeitig mit den Studentenunruhen entwickelte sich eine buntscheckige *Jugendkultur* – ebenfalls in der ganzen westlichen Welt (Walter Hornstein gab bereits 1966 für beide „Bewegungen", die der politischen Jugendproteste wie der jugendlichen Subkulturen, einen ersten zusammenfassenden Überblick). So sollen im Sommer 1967 nach Schätzungen amerikanischer Journalisten bereits mehr als 50 Tsd. Hippies die Zentren und Schauplätze der Hippie-Bewegung in Kalifornien bevölkert haben.

Das Jahr 1969 wurde zum Höhepunkt in der Entwicklung der neuen Jugendkultur und anti-bürgerlichen Protestbewegung: Im Juli versammelten sich im Londoner Hyde-Park 200 Tsd. Jugendliche zu einem Gedächtniskonzert der Rolling Stones für Brian Jones; im August fand das berühmt gewordene Konzert in Woodstock statt, bei dem ebenso wie auf dem mehrtägigen Beat- und Pop-Festival in Altamont auf der Insel Wight etwa 300 Tsd. Jugendliche ein Heerlager neuer Art bildeten. Der Beat wurde zu einer „sprachlosen Opposition" (Baacke 1970). In Deutschland gab es nach 1968 zahlreiche Veranstaltungen der Beat- und Pop-Kultur mit einigen Zehntausend Jugendlichen. Eine Flut neuer Zeitschriften, hochschulpolitischer Aktivitäten, neuer anti-familialer Lebensgemeinschaften (die sogenannten „Kommunen") erweiterten zusammen mit der APO (Außerparlamentarische Opposition) das Spektrum des Protestes und der jugendlichen Subkultur.

Mehr und mehr ersetzten und überlagerten kulturrevolutionäre Vorstellungen und Aktivitäten die klassenkämpferischen Parolen und „Strategien" der Studentenbewegung. Man glaubte, durch eine Änderung des Bewusstseins, der Interessen, der Aufhebung des typischen Dualismus der bürgerlichen und industriellen Gesellschaft in Arbeit und Freizeit, Privatheit und Öffentlichkeit etc. die alte Klassengesellschaft zu überwinden. Dass sich die „Kommunarde"-Bewegung der späten 1960er Jahre und andere „Bewegungen" vor allem an der kulturzerstörerischen, damals mit Mao-Bildern und Mao-"Bibeln" auch im Westen hoch-stilisierten chinesischen *Kulturrevolution* orientierten, hat heute – nachdem das Ausmaß der Kulturzerstörung bekannt ist – einen bösen Nachgeschmack von Nicht-Informiertheit und naiver Imitation.


## 6.  Folgeentwicklungen der Jugendprotestbewegung

Was die Studenten- und die Alternativbewegung qualitativ an Änderungen des Wertsystems bewirkt haben, geht – vergleichbar dem Einfluss der Jugendbewegung – über erhebbare Prozentsätze von Protestlern und „Alterna-

70

tiven" weit hinaus. Die damit angesprochenen Probleme des Wertwandels, des kulturellen und sozialen Wandels bzw. die gesamte kulturelle Dynamik der Gegenwartsgesellschaft sind zu komplex, um sie sinnvoll quantifizieren zu können. Die Frage nach der Bedeutung und Eigenständigkeit der Jugendkultur in dieser kulturellen Dynamik lässt sich nicht als Kausalverhältnis bestimmen, sondern nur als vielschichtiges Netzwerk sich wechselseitig beeinflussender Strukturelemente und Zusammenhänge.

In der Bundesrepublik zeigten sich zwei Folgeentwicklungen der Jugendprotestbewegung seit Beginn der 1970er Jahre überdeutlich: die Herausbildung eines links-radikalen, bald in den *Terrorismus* abgleitenden „harten Kerns" („Rote Armee Fraktion"; „Bewegung 2. Juni" – zur Erinnerung an die Erschießung des Studenten Benno Ohnesorg und die Herausbildung einer *Alternativkultur*). Der Begriff „Folgeentwicklung" wird hier nicht als notwendige oder gar zwangsläufige Entwicklung verstanden. In den 1970er Jahren verzweigte sich die Alternativkultur über sogenannte „Netzwerke" und erreichte für kurze Zeit eine gewisse Konsolodierung. Sie war insgesamt zu vielfältig und alters-heterogen, um als einheitliche Jugendkultur bezeichnet werden zu können. Sie reichte von einzelnen Jugendlichen und Gruppen, die lediglich „alternativ" wohnten oder sich alternativ ernährten, bis zu Jugendlichen und Erwachsenen, die in ökologisch orientierten Alternativgruppen den Kern für eine fundamentale Umgestaltung der Gesellschaft sahen – und hiermit an Bewegungen und Landkommunen um das Jahr 1900 und nach dem Ersten Weltkrieg anknüpfen konnten (vgl. Linse 1983).


## 7.    Bündische Jugend als Staatsjugend: Jugend in der DDR

### 7.1  Nach dem Zweiten Weltkrieg: Hoffnung auf die Jugend

Die DDR als Staat existierte vom 7. Oktober 1949 bis zum 3. Oktober 1990, als die neu gegründeten Länder der ehemaligen Sowjetischen Besatzungszone (SBZ) und spätere DDR nach Art. 23 GG dem Bundesgebiet beitraten. Der größte Teil der jetzt lebenden Bevölkerung in den neuen Bundesländern hat eine bestimmte Lebensphase in den staatlich gelenkten Kinder- und Jugendorganisationen der SBZ/DDR zugebracht.

Auch in den westlichen Besatzungszonen (der „Bi"- bzw. der „Tri-Zone") hatte es zunächst Bestrebungen gegeben, die Jugend zu einem tragenden Pfeiler des neuen Staats- und Gesellschaftsaufbaus zu machen, bis hin zu dem öffentlich diskutierten Vorschlag, die neue deutsche Hauptstadt am Fuße des Hohen Meißner zu errichten, um derart auf die Bedeutung der Jugend beim Neuanfang hinzuweisen.

Es war der spätere Generalsekretär der SED und Staatsratsvorsitzende der DDR von 1971 bis Ende 1989, Erich Honecker, der seit seiner Wahl zum Vorsitzenden der Freien Deutschen Jugend, FDJ (1946), an vielen Konferenzen in den westlichen Besatzungszonen teilnahm, um auch über den Zusammenschluss der neu entstehenden Jugendbünde (die im Nationalsozialismus entweder verboten oder gleichgeschaltet waren) die Einheit der Nation zu retten (über das buntscheckige Bild der Jugendarbeit nach 1945 vgl. Albertin 1992 und den reich bebilderten und gut dokumentierten Band von Gröschel/Schmidt 1990).

Im Westen zeigte sich jedoch sehr deutlich, dass für eine formierte Staatsjugend die Voraussetzungen fehlten. Die „doppelte Staatsgründung" tat ein Übriges, die Gemeinsamkeiten der Nachkriegs-Jugendbewegung zu zersplittern. Die Versuche der SPD, ihre vor 1933 bestehenden Arbeiter-Jugendorganisationen wieder zu beleben und zu einem tragenden Element des Neuaufbaus zu machen, schlugen ebenso fehl wie Versuche aus dem Exil zurückgekehrter ehemaliger bekannter Führer der (sozialistischen) bündischen Jugend, die Arbeit dort fortzusetzen, wo man 1933 aufhören musste.

Nur in der SBZ/DDR glaubte man, auf die Formierung der Jugend und ihre Funktion als Speerspitze für den Aufbau des Sozialismus und im Kampf gegen den Faschismus und Imperialismus nicht verzichten zu können.

## 7.2 FDJ und Pionierverband. Jugendweihe

Der Organisationsgrad der DDR-Jugend in der FDJ betrug im Jahr 1959 42,2%, stieg bis zum 24.6.1989 auf 76% und sank dann bis Anfang Dezember 1989 auf nur noch 46% (vgl. Zilch 1992). Nach den Befragungen für die Shell-Studie „Jugend '92" gaben 1991 ostdeutsche Jugendliche als Gründe für den Beitritt in die FDJ an (Mehrfachnennungen möglich):

- „weil das für die schulische und berufliche Entwicklung nötig war" (75%);
- „weil ich keinen Ärger wollte" (59,9%);
- „weil ich gern unter Gleichaltrigen war" (44,9%).

1948 wurde als Unterorganisation der *FDJ* der *Pionierverband* der DDR gegründet. Er umfasste die Kinder und Jugendlichen im (damals) schulpflichtigen Alter von 6 bis 14 Jahren. Die Schülerinnen und Schüler des 1.-3. Schuljahres waren bei den „Jungpionieren", die vom 4.-7. Schuljahr bei den „Thälmann-Pionieren" (benannt nach Ernst Thälmann, dem Führer der KPD in der Weimarer Republik). Seit 1952 hieß die Gesamtorganisation „Pionierverband Ernst Thälmann" (vgl. Maerker 1969: 36). Damit war eine Organisationsstruktur geschaffen, die – rein organisationssoziologisch betrachtet –

der Hitlerjugend sehr ähnlich war. Der Pionierverband hatte immer einen größeren Organisationsgrad als die FDJ; er lag bei nahezu einhundert Prozent (vgl. z.B. Statistisches Jahrbuch der DDR 1985).

Am Ende der „Pionierzeit" stand die *Jugendweihe*. Offiziell wurde sie 1954 eingeführt; sie erfasste, nicht zuletzt wegen des nachlassenden Widerstandes der Kirchen, seit Ende der 1960er Jahre fast alle Jugendlichen. Im Mittelpunkt stand ein Gelöbnis, „sich für die große und edle Sache des Sozialismus" zu engagieren.

Auch die Jugendweihe hatte Vorbilder; ursprünglich wurde sie 1859 vom „Bund freireligiöser Gemeinden" eingeführt und u.a. 1905 vom „Deutschen Freidenkerverband" übernommen.

1964 wurde die Jugendweihe in der DDR durch das „Jugendgesetz" sanktioniert (ein Gesetz, das in dieser Form in der Bundesrepublik undenkbar gewesen wäre, weil es die Jugend als Staatsjugend vereinnahmte und verpflichtete). Für die Vorbereitung und Durchführung gab es eine eigene Bürokratie.

Der Widerstand der Kirchen war zunächst sehr groß, da es offenkundig war, dass eine staatlich-atheistische Veranstaltung die Konfirmation bzw. die Firmung ersetzen sollte; er ließ jedoch in dem Maße nach, wie die Kirchen erkannten, dass er zu nichts führte und sich Übereinkünfte für Firmung und Konfirmation finden ließen.

War die Jugendweihe für alle nicht überzeugten Kommunisten zunächst eine Zwangsveranstaltung, so wandelte sie sich – nicht zuletzt wegen der wachsenden Gleichgültigkeit gegenüber der christlichen Religion und Kirchlichkeit – mehr und mehr zu einem willkommenen Familienfest, das den Übergang zum Erwachsenenstatus symbolisieren sollte. Da dies nach der Wiedervereinigung und dem Wegfall der staatlich sanktionierten Jugendweihe nicht einfach ersetzt werden kann, ist die Jugendweihe nach wie vor Bestandteil des jugendlichen und familiären Lebens in Ostdeutschland (vgl. Chowanski/Dreier 2000). Laut „Jugendweihe Deutschland e.V." (http://www.jugendweihe.de) haben im Jahr 2004 etwa 78 Tsd. Jugendliche an Jugendweihen teilgenommen).

# V. Psychodynamische und körperliche Entwicklungsprozesse im Jugendalter

## 1. Entwicklungspsychologie des Jugendalters

Jugend wird gewöhnlich als eine hoch dynamische und in besonderer Weise schwierige, durch eine Häufung von inneren Krisen und problematischen Verhaltensweisen gekennzeichnete Phase der individuellen Entwicklung verstanden. Mit dem Eintritt der Pubertät, so eine auch durch ältere wissenschaftliche Theorien gestützte These, kommt ein umfassender Umbruchprozess in Gang, in der Erotik und Sexualität an Bedeutung gewinnen, sich das eigene Selbstverständnis wandelt, die Identität zum Problem und Thema der Kommunikation unter Gleichaltrigen wird sowie emotional aufgeladene Ablösungsprozesse bzw. -konflikte von der Herkunftsfamilie einsetzen.

Die lebensgeschichtlichen, die die körperliche, emotionale und kognitive Entwicklung betreffenden Veränderungen des Individuums sind Gegenstand der *Entwicklungspsychologie*. Die Entwicklungspsychologie des Jugendalters umfasst unterschiedliche Theorien über die altersspezifische Entwicklungsdynamik sowie eine Fülle empirischer Studien, insbesondere über krisenhafte Entwicklungsverläufe (vgl. Übersicht Fend 2003).

Das entwicklungspsychologische Wissen kann in einer soziologischen Perspektive keineswegs einfach als Ergänzung und Erweiterung des jugendsoziologischen Wissens verstanden werden. Denn es gibt kein abschließend gesichertes Wissen der Entwicklungspsychologie, auf das sich die Jugendsoziologie als fraglos gültigen Erkenntnisstand beziehen könnte. Vielmehr sind Theorien und Forschungsergebnisse auch innerhalb der Entwicklungspsychologie kontrovers und umstritten.

So wird gegen eine verbreitete Sichtweise, die Jugend generell als eine krisenhafte Entwicklungsphase begreift, eingewandt, dass es sich eher um eine Phase „der konstruktiven Anpassung" an körperliche und seelische Veränderungen einerseits, soziale Veränderungen andererseits handelt, die keineswegs immer als krisenhaft erlebt wird (Olbrich 1985). Anders als in gängigen Stufentheorien, die von aufeinander abfolgenden Entwicklungsschritten im Jugendalter ausgehen, werden „Probleme (...) nicht notwendigerweise mit einem bestimmten Alter bzw. Entwicklungsniveau" identifiziert und „die

Abfolge der Probleme entlang der Alterszunahme (...) nicht (als) unabänderbar" angesehen (Stiksrud 1994: 91).

Körperliche und psychische Entwicklungsverläufe im Jugendalter sind nicht unabhängig von den sozialen Bedingungen des Heranwachsens verständlich. So ist das individuelle Erleben der Pubertät entscheidend davon bestimmt, ob jugendliche Sexualität gesellschaftlich tabuisiert und sanktioniert oder aber toleriert und akzeptiert wird.

Entsprechend wird in aktuellen Darstellungen der Entwicklungspsychologie des Jugendalters auch darauf hingewiesen, dass die psychische und körperliche Entwicklung in hohem Maß von den jeweiligen gesellschaftlichen Bedingungen beeinflusst ist. „Über die unübersehbare Vielgestaltigkeit jugendlichen Verhaltens in verschiedenen Kulturen (...), bis zu der Erkenntnis, wie unterschiedlich sich Menschen in verschiedenen sozialen Schichten verhalten (...) und wie unterschiedlich Kinder in verschiedenen historischen Epochen aufgewachsen sind (...) wurde sichtbar, wie bedeutsam der jeweilige Lebensraum für die Humanentwicklung ist" (Fend 2000: 129).

Auch das wissenschaftliche Wissen der Entwicklungspsychologie selbst steht im Zusammenhang mit der gesellschaftlichen Entwicklung: Jeweils einflussreiche entwicklungspsychologische Jugendtheorien bilden nicht einfach nur den Stand eines zeitlos und objektiv gültigen Wissens ab. Sie sind vielmehr nicht unabhängig davon, was in einer bestimmten gesellschaftlichen Situation jeweils als typisch jugendliches Verhalten wahrgenommen wird, was also das zu erklärende Problem ist. So finden Varianten von Theorien, die einen konflikthaften Ablösungsprozess ins Zentrum stellen, am ehesten dann Aufmerksamkeit, wenn sich Jugendbewegungen und Generationenkonflikte abzeichnen.

Für die Jugendsoziologie ist die Entwicklungspsychologie des Jugendalters gleichwohl aus zwei Gründen relevant: Sie rückt Aspekte der Persönlichkeitsentwicklung im Jugendalter in einer Weise in den Blick, die einer rein soziologischen Betrachtung nicht zugänglich sind. Außerdem sind entwicklungspsychologische Annahmen sozial folgenreich, da sie in der Ausbildung für pädagogische Berufe, über populärwissenschaftliche Zeitschriften, Ratgeberliteratur und die Massenmedien die gesellschaftlichen Vorstellungen über Jugendliche und den Umgang mit ihnen beeinflussen.

Bisher ist es nicht gelungen, die für Wachstum und Reifung wichtigsten Erkenntnisse der Anthropologie und Medizin, der Psychologie und Soziologie in einer integrierenden *Sozialisationstheorie* zu vereinen. Ein Grund hierfür liegt in den kontroversen Auffassungen innerhalb der beteiligten Wissenschaften sowie in unterschiedlichen Einschätzungen hinsichtlich des Stellenwerts biologischer, innerpsychischer und sozialer Faktoren im Entwicklungs- bzw. Sozialisationsprozess.

# 2. Entwicklungspsychologische Aspekte

Für ein Verständnis des Zusammenwirkens von sozialen, psychischen und körperlichen Faktoren im Jugendalter ist es unerlässlich, relativ sichere Erkenntnisse über die einzelnen Prozesse und ihr „Zusammenspiel" zu haben. Nur dann können Fragen beantwortet werden wie: Gibt es biologisch bestimmte Abfolgen in der Entwicklung einzelner Anlagen und Fähigkeiten; in welchem Alter bzw. körperlichen Entwicklungsstadium ist der schnelle und sichere Erwerb welcher Fähigkeiten am günstigsten; wie verteilen sich die Phasen der kognitiven Entwicklung altersspezifisch? Antworten auf diese und ähnliche Fragen sind insbesondere für die Pädagogik folgenreich.

## 2.1 Dimensionen der Persönlichkeitsveränderung

Die Entwicklungspsychologie unterscheidet zwischen der emotionalen bzw. psychosexuellen Entwicklung, der kognitiven Entwicklung (Denkstrukturen, Wissenserwerb) und der Entwicklung des Moralbewusstseins bzw. der moralischen Urteilsfähigkeit. Für alle diese Dimensionen werden in entwicklungspsychologischen Theorien grundlegende Veränderungen der Persönlichkeitsstruktur im Jugendalter beschrieben.

Die komplexen psycho-sozialen Prozesse und Veränderungen im Jugendalter hielt Peter Blos (1977) für so bedeutsam, dass er die Adoleszenz einen *„zweiten Individuierungsprozess"* nannte.

In Anschluss an Fend (2000: 414) können folgende grundlegende Veränderungen gegenüber der Kindheit benannt werden:

*Übersicht 2:* Differenzen von Kindheit und Jugend

|  | Kindheit | Jugend |
|---|---|---|
| **Ich-Welt-Bezug** | Direkt (naives Vertrauen in die eigene Weltsicht; fraglose Identität) | Reflexiv (bewusste Auseinandersetzung mit dem eigenen Selbstverständnis; Abgleich der eigenen Weltsicht mit konkurrierenden Sichtweisen) |
| **Triebstruktur** | Bedürfnis nach körperlicher Nähe und emotionaler Zuwendung; körperliche Nähe zu den eigenen Eltern | Hinzutreten sexueller Bedürfnisse; Emotionale und körperliche Distanzierung von den Eltern |
| **Soziale Beziehungen** | Sozial vorgegebene Beziehungen zu Eltern, Geschwistern usw.; Einordnung und Unterordnung | Aufbau selbstgewählter Beziehungen; Streben nach Autonomie |

Angestoßen werden diese Veränderungen durch „altersphasenspezifische Entwicklungsökologien" (Fend 2000: 221), d.h. typische Konstellationen von körperlichen, seelischen und sozialen Bedingungen.

Die soziologisch in besonderer Weise interessierende Seite dieser Entwicklungsökologien werden in der Theorie altersphasenspezifischer Entwicklungsaufgaben analysiert. Entwicklungsaufgaben sind sozial veränderliche Anforderungen, deren Bewältigung als Bestandteil eines normalen Entwicklungsverlaufs gilt.

Dabei ist in einer soziologischen Perspektive zu berücksichtigen, dass die konkrete Ausprägung dieser Entwicklungsaufgaben nicht unabhängig von sozialer Klasse bzw. sozialer Schicht und sozialem Milieu einerseits, dem sozialen Geschlecht andererseits ist. Die für das Jugendalter gegenwärtig zentralen Entwicklungsaufgaben können wie folgt zusammengefasst werden (vgl. Dreher/Dreher 1985; Fend 2000: 205-418).

*Übersicht 3:* Entwicklungsaufgaben und sozialer Kontext

| Entwicklungsaufgaben im Jugendalter | Sozialer Kontext |
|---|---|
| Verhältnis zu körperlichen Veränderungen finden | Schönheitsideale und Leistungsnormen |
| Umgang mit Sexualität lernen | Tabus, Sanktionen und Anreize |
| Identitätssuche | Soziale Identitätsmodelle und Identifikationsangebote |
| Erweiterung und Differenzierung des Selbst- und Weltverständnisses | Bildungsangebote, politische und religiöse Weltbilder bzw. Ideologien, medial verbreitetes Wissen |
| Umbau der sozialen Beziehungen | Familienstrukturen, jugendliche Gleichaltrigengruppen, Idealvorstellungen über gelingende Liebesbeziehungen usw. |
| Planung der Ausbildungs- und Berufsbiographie | Strukturen des Arbeitsmarktes und des Bildungssystems: Leitbilder schulischen und beruflichen Erfolgs |

## 2.2 Sprangers Psychologie des Jugendalters

Für den deutschen Sprach- und Kulturkreis hat wohl niemand mit größerer Wirkung die Eigenständigkeit des Jugendalters thematisiert als Eduard Spranger (1882-1963), ein einflussreicher Pädagoge, Kulturphilosoph und Kulturpolitiker. 1924 veröffentlichte er das Werk „Psychologie des Jugendalters"; 1979 erlebte es die 29. Auflage (vgl. auch die Darstellung des Spranger'schen Ansatzes bei Abels 1993: 97-114). Einige seiner Aussagen treffen nicht mehr den heutigen Stand der Entwicklungspsychologie; sie werden aber gleichwohl kurz referiert, weil sie zum Bestandteil der gesellschaftlich gängigen Vorstellungswelt über das Jugendalter gehören:

- „An die Stelle kindlicher Offenheit und Vertraulichkeit tritt selbst den nächsten Menschen gegenüber schweigende Zurückhaltung, scheues Ausweichen, seelische Berührungsfurcht" (Spranger 1979: 17); dieser Einstellungswandel sei begleitet von „trotziger Selbständigkeit";
- zentral für die „neue seelische Organisation" (ebd.: 46) sei die Entdeckung des Ich als ein „Fürsichsein"; dieser Entdeckung folge die „Selbstreflexion in allen möglichen Formen";
- stark wechselnde Stimmungslagen (zwischen Überenergie und „unsäglicher Faulheit", ausgelassenem Frohsinn und tiefer Schwermut, „göttlicher Frechheit und unüberwindlicher Schüchternheit", Kraftgefühl und Melancholie) geben dem Jugendlichen das Gefühl, dass „eigentlich Stoff zu *allem* in der Seele sei" (ebd.: 48);
- eine „strenge Sonderung der erotischen und der sexuellen Erlebnissphäre" (S. 84) sei Merkmal des frühen Jugendalters (unter *Erotik* verstand Spranger „eine ästhetische Form der Liebe, die ohne Begehren – mit innerem Wohlgefallen – sich der Schönheit des menschlichen Leibes und der Seele zuwendet"; ebd.: 85);
- die Entdeckung des Jugendlichen, „dass ein großer Unterschied ist zwischen dem, was die Gesellschaft fordert, und dem, was sie durchschnittlich ist und tut" (S. 159), führt zur Reflexion sittlicher Forderungen und zum Teil zu rigorosen Standpunkten;
- ähnlich verhalte es sich mit der Entwicklung des jugendlichen Rechts- bzw. Moralbewusstseins. Spranger nimmt an, dass ein Rechtsfanatismus im Sinn von „Gerechtigkeitsfanatismus" jugendtypisch sei (ebd.: 172).

Sein Idealbild des Jugendalters war an der gymnasialen Oberschichtjugend gewonnen und hatte die Jugendbewegung zur Voraussetzung. Er brachte aber als einer der ersten (nach Siegfried Bernfeld 1914, Charlotte Bühler 1922) und äußerst wirkungsvoll auf den Begriff, was sich im 20. Jahrhundert zu einem „Bild" des Jugendalters verdichtete und Teil des sozial verbreiteten und als gültig betrachteten Wissens über Jugendliche wurde.

## 3. Weitere Besonderheiten der emotionalen und kognitiven Entwicklung im Jugendalter

Über die bisher genannten Aspekte der psycho-sozialen Entwicklungen im Jugendalter hinausgehend sind einige weitere Merkmale hervorzuheben, die in der entwicklungspsychologischen Literatur beschrieben, aber auch kontrovers diskutiert werden:

- Im Jugendalter werden bestimmte „Techniken" erworben, die das Repertoire erweitern, mit denen die zunehmend sich differenzierenden sozialen Situationen gemeistert werden können. Hierzu rechnen: Distanzierung („Drüberstehen"); Aufschub von Bedürfnissen; Entwicklung von *Frustrationstoleranz** und *Ambiguitätstoleranz**; Aufnahme und Wechsel von Einstellungen und Verhaltensweisen als Teil des „Probehandelns";
- psycho-soziale Entwicklungsprozesse werden dadurch beschleunigt, dass der Jugendliche nun aktiver und selbstständiger als im Kindesalter am Erwerb eines eigenen Status „arbeitet";
- über das zunehmende Interesse am Körper, an Sexualität, an Musik und Sport kommt es zur Manifestierung jener Elemente und Verhaltensweisen, die zur Entwicklung einer spezifischen Jugendkultur geführt haben (vgl. Kap. IX.).

Im Jugendalter kommt es zu bedeutenden Veränderungen des emotionalen Ausdrucksvermögens. Einerseits erfährt es eine erhebliche soziale, häufig geschlechtsspezifisch ausgeprägte Normierung; andererseits lernt der Jugendliche, seine emotionale Reaktionsfähigkeit zu erweitern und zu differenzieren. Sind hierfür keine günstigen personalen und sonstigen „Umwelt"-Bedingungen gegeben, kann es jedoch zu Regressionen, zu destruktiven Aggressionen, zu Kontaktscheu und zu übergroßer Introvertiertheit kommen.

Die Erreichung und Demonstration eines unabhängigen Willens, selbstständiger Entscheidungen und eigener Wertvorstellungen sind weitere Faktoren, die wesentlich die psycho-soziale Entwicklung im Jugendalter bestimmen. Hinter Begriffen wie: „selbstständiger Wille"; „eigene Wertvorstellungen" etc. stehen höchst komplexe „Leistungen" des sich verselbstständigenden Ich.

Neben diesen entwicklungspsychologischen Deutungsversuchen des Jugendalters, die eine relative Unabhängigkeit von zeit- und gesellschaftstypischen Prozessen und Strukturen unterstellen, gibt es Deutungen der Psyche des Jugendlichen, die Änderungen der Sozialisationsbedingungen in die Betrachtung einbeziehen. Bekannt wurde u.a. Thomas Ziehes Analyse des Zusammenhangs von *Narzissmus**, Pubertät und Entpolitisierung der Jugendlichen, die er zuerst 1975 vorlegte. Ziehe ging von einem Wandel in der Selbstwahrnehmung und Selbstdefinition der Jugendlichen aus; diese wiederum seien eine Reaktion auf Wandlungen in der frühen Sozialisation. Hieraus wiederum ergäben sich eine sehr starke Gegenwartsbezogenheit der Jugendlichen, Formen des Vermeidungsverhaltens und der Lustgewinnung, eine empfindsame Selbstbezogenheit und ein verstärkter Rückzug auf innere Erlebnisse.

In einer kritischen Betrachtung hierzu weist Roland Eckert (2003) darauf hin, dass solche Diagnosen empirisch nicht zureichend gesichert seien; er

80

wendet sich gegen Typologien, die grundlegende Veränderungen von Persönlichkeitsstrukturen aus Annahmen über gesellschaftliche Veränderungen ableiten.

## 4. Sexualität im Jugendalter

Man muss nicht Anhänger Sigmund Freuds (1856-1939) und seiner Lehre von den psycho-sexuellen Entwicklungsstufen sein, um zu sehen, dass die *Geschlechtsreife* ein auslösendes Moment für das Jugendalter ist. So überrascht nicht, dass sowohl in der Jugendpsychologie als auch in der Jugendsoziologie, aber auch in den Einstellungen und Verhaltensweisen Erwachsener gegenüber Jugendlichen Fragen der sexuellen Reifung und ihrer „Verarbeitung" zentral sind. Auf einige besonders wichtige Merkmale der sexuellen Entwicklung im Jugendalter wird im Folgenden etwas näher eingegangen.

### 4.1 Pubertät als Ausgangspunkt

Wie bereits ausgeführt, bedeutet das Einsetzen der *Pubertät* eine körperlich mitbedingte Veränderung der eigenen Gefühls- und Erlebniswelt. Da die sexuelle Reife heute sehr viel früher beginnt als noch vor einigen Jahrzehnten und zugleich länger dauert, verfrühen und verlängern sich auch beim Jugendlichen die damit vielfach verbundenen Spannungszustände.

Das frühe Einsetzen der körperlichen Geschlechtsreife bedeutet keineswegs, dass sich damit auch die psychische und soziale Entwicklung gleichermaßen beschleunigt haben. Eltern kommentieren das Einsetzen der Geschlechtsreife daher gelegentlich mit der entwicklungspsychologisch nicht ganz falschen Bemerkung: „Er/sie ist ja noch ein Kind".

Was in soziologischer Perspektive am sexuellen Erleben und Verhalten Jugendlicher besonders interessiert, sind darauf bezogene Veränderungen der sozialen Beziehungen (dazu ausführlich, in Anschluss an Sigmund Freud, Blos 1977).

Nach der Abwendung von infantilen, inzestuösen Vorstellungen wird die Libido freier in der Personenwahl. Es folgt eine Phase, in der für den Jungen und das Mädchen oft der gleichgeschlechtliche Freund/die Freundin eine bedeutende Rolle als diejenige Person spielt, der man zugeneigt ist und vertraut. Bei Jungen wie Mädchen ist dies häufig auch eine Zeit des Schwärmens für unerreichbare Partner oder Partnerinnen (z.B. Stars). Es ist die Zeit, in der typischerweise „Freundschaften, schwärmende Verliebtheit und intellektuelle Interessen vor einem sexuellen Agieren schützen" (Schacht 1987:

149). „Schützen" ist dabei in dem Sinn gemeint, dass vor der Aufnahme sexueller Erfahrungen bestimmte psychische Reifungsprozesse durchlaufen sein müssen, um nicht durch Vorzeitigkeit Schock oder Traumata, Angst oder Abwehr zu erzeugen. In dieser Phase ist die Herausbildung der *sexuellen Identität* das Ziel der Triebdifferenzierung, das in dieser relativ kurzen Phase aber nicht erreicht werden kann. Es kann zu neuen starken Elternbindungen kommen, auch zu „homosexuellen Episoden" (mit sehr unterschiedlichen Gründen bei ansonsten heterosexuell orientierten Jungen und Mädchen; Schacht 1987: 150) oder zur Entwicklung von Abwehrmechanismen, die zu Askese oder Intellektualismus führen können (als mögliche Formen der *Sublimierung\**).

Alle Schriften, die das sexuelle Verhalten der Jugend in der Gegenwartsgesellschaft thematisieren, betonen einen Wandel der Einstellungen und Verhaltensweisen der Jugend im Vergleich zur Elterngeneration. Als Gründe für die Änderungen werden unter anderem die Auswirkungen der Studentenbewegung der späten 1960er Jahre genannt, in deren Folge Enttabuisierungen auf sexuellem Gebiet gesellschaftlich an Einfluss gewannen.

Dies hat auch zu einer geänderten Einstellung zum eigenen Körper bzw. zur Leiblichkeit beitragen. Diesen Wandel als Vehikel und Element einer völlig veränderten Jugendkultur beschreibt ausführlich Klein 1999: Die Verdrängungs- und Wartehaltung früherer Generationen ist einer leibbetonten, diesseitsbezogenen Ethik und Sexual-Auffassung gewichen. Die seit Mitte der 1960er Jahre rasche Verbreitung kontrazeptiver Mittel und die Änderung entsprechender Auffassungen und Verhaltensweisen bei Jugendlichen und Erwachsenen scheinen sich wechselseitig zu beeinflussen (sie können jedenfalls nicht im Sinne eines Ursache-Wirkungs-Verhältnisses interpretiert werden).

## 4.2  Ausgrenzung von Sexualität

Wenn an anderer Stelle hervorgehoben wurde, dass die „moderne Welt" zur Trennung der Lebenssphären geführt hat, dann gilt dies in besonderem Maße für den sexuellen Verhaltensbereich.

Norbert Elias (1897-1990) hat in seinem Werk „Über den Prozess der Zivilisation" (1938/2001) analysiert, wie der Zivilisationsprozess seit dem ausgehenden Mittelalter das sexuelle Handeln hinter eine immer höhere Peinlichkeits- und Schamgrenze verdrängt hat, an deren Schlusspunkt die asexuell erscheinende bürgerliche Familie steht. Man muss sich klar machen, was dies für Kinder und Jugendliche bedeutet: Sie leben und bewegen sich überwiegend in Institutionen, in denen die Ausklammerung von Sexualität und Erotik das Normale (sozial Erwünschte) ist: Elternhaus, Schule, Betrieb.

Bereits in der Familie „lernen" sie, ihre sexuellen Bedürfnisse nicht zu thematisieren. Der familiale Bereich befindet sich nach wie vor in einem Spannungsverhältnis zur Sexualität des Jugendlichen.

Es muss davor gewarnt werden, bestimmte, als Liberalisierung beschreibbare Trends der Entwicklung jugendlichen Sexualverhaltens gleichzusetzen mit einer generellen Befreiung von Ängsten und Nöten, Zweifeln und Schuldgefühlen, Versagungen und Abwehrmechanismen, die immer noch mit der Herausbildung einer sexuellen Identität (als kaum isolierbarer Teil der allgemeinen Identität) verknüpft sind. Man könnte sicher eine Reihe von Materialien aus der Psychoanalyse, der Familien- und Jugendforschung anführen, um zu zeigen, dass die Oberflächenerscheinung der „Liberalisierung" keineswegs eine Entproblematisierung der Sexualentwicklung bei Jugendlichen bedeutet (vgl. Kluge 1998).

## 4.3 Geschlechtsrollen und Geschlechtsidentität

Ein weiterer Punkt im Zusammenhang mit der sexuellen Entwicklung des Jugendlichen betrifft die Herausbildung einer spezifischen *Geschlechtsrolle bzw. Geschlechtsidentität*. Diese beginnt zwar mit der Geburt eines Kindes, verstärkt sich aber in der Pubertät, weil nun die Unterschiede des Körpers und Geschlechts voll bewusst werden.

Die grundlegenden Erwartungen an Mädchen und Jungen, Töchter und Söhne, Mütter und Väter, ja selbst noch Verwandte zweiten Grades sind in allen Kulturen und Gesellschaften mehr oder weniger deutlich geschlechtsbezogen ausgeprägt. Jeweilige Vorstellungen über das typisch Männliche bzw. typisch Weibliche unterscheiden sich jedoch erheblich und verändern sich im Zuge der historischen Entwicklung (Harris 1989: 332ff.). Gleichwohl waren und sind Formen der männlichen Dominanz und Vorherrschaft gesellschaftsgeschichtlich der am häufigsten anzutreffende Fall (Dux 1997).

Zwar zeichnet sich diesbezüglich seit den 1970er Jahren ein weit reichender Wandel ab und ist inzwischen Geschlechtergerechtigkeit politisches Leitbild in den Staaten der Europäischen Union – die Folgen einer jahrtausendealten Kriegerkultur, der Heroisierung soldatischer Männlichkeit, der christlichen Hausvaterlehre, der Mindereinschätzung der Frau (auch im Christentum) und die damit verbundenen Ideologien des Paternalismus und Patriarchalismus sind jedoch nicht überwunden.

Das seit 1900 gültige BGB hatte bis in die 1970er Jahre für bestimmte Fixierungen der Frauen- und Mutterrolle gesorgt; erst seit der Reform des Ehe- und Familienrechts 1977 und 1980 zeichnete sich hier ein Wandel ab und wird mit dem Gleichheitsgrundsatz des Grundgesetzes (Art. 3 GG) Ernst gemacht.

Der Wandel der Geschlechtsrollen ist also ein langfristiger Prozess. Er wird zusätzlich erschwert dadurch, dass traditionelle Vorstellungen und gelegentlich auch ein „Männlichkeitswahn" (Betty Friedan) in der Vorstellungswelt mancher Mädchen und Frauen ebenso verankert sind wie im Selbstbild zahlreicher Jungen und Männer.

## 5. Anthropologie und Biologie des Jugendalters

Fragen nach dem typisch menschlichen Wachstum, seinen Merkmalen und Phasen stehen mit am Beginn der ersten Überlegungen zu den Besonderheiten der Natur des Menschen als Gattungswesen. Für unseren Kulturkreis lassen sich in der griechischen Antike hierzu sowohl bei Medizinern wie bei Philosophen Hinweise finden. Entsprechende Erkenntnisse wurden zum Fundament der Altersstufenlehren.

In der Gegenwart sind es vor allem die biologische Anthropologie und die Medizin, die die spezifischen Erscheinungsformen und Entwicklungsverläufe menschlicher Wachstumsprozesse erforschen.

### 5.1 Entwicklung der Geschlechtsreife

Ein entscheidender Einschnitt im menschlichen Wachstum ist der Beginn und der Verlauf der Pubertät, die Zeit der eintretenden Geschlechtsreife (der Begriff *Pubertät* wurde seit dem Ende des 16. Jahrhundert aus lat. *pubertas*, Geschlechtsreife, Mannbarkeit, entlehnt). Unter *Geschlechtsreife* versteht man das Einsetzen der Zeugungs- bzw. Gebärfähigkeit. Pubertät ist gleichwohl kein punktuelles Ereignis, sondern ein ca. fünf bis acht Jahre währender Prozess.

Bevor hierauf eingegangen wird, ist die Bedeutung des Beginns der Pubertät aus psychologischer und soziologischer Perspektive hervorzuheben. Der Eintritt der Geschlechtsreife und die Veränderungen, die vorher und vor allem nachher mit dem eigenen Körper vor sich gehen, greifen tief in die Seelenstruktur und das Verhalten des Jugendlichen ein.

Die Pubertät kann in ihrer Wirkung auf den Einzelnen als eine biologisch verursachte Verunsicherung des Körper-Bewusstseins und schließlich des Welt-Bewusstseins überhaupt interpretiert werden. Sie ist der „Auslöser" für eine Reihe von Verhaltensänderungen des Kindes, die als Beginn der Jugendphase interpretiert werden (bei der Darstellung einiger entwicklungspsychologischer Besonderheiten in dieser Phase werden hierzu weitere Ausführungen gemacht).

In der Pubertät kommt es zu einer Reihe bedeutender leiblicher (physiologischer) Veränderungen; am auffallendsten sind die Ausbildung der primären und sekundären Geschlechtsmerkmale, ein beschleunigtes Längenwachstum und beim Jungen der Stimmbruch, d.h. ein deutliches Absinken der Stimmlage.

## 5.2 Akzeleration und Retardation als Besonderheiten

Der Verlauf der Pubertät ist bei Jungen und Mädchen zeitlich unterschiedlich und natürlich verschieden in der Entwicklung der primären und sekundären *Geschlechtsmerkmale.*

Typisch für die Pubertät in modernen Gesellschaften scheint eine *Akzeleration* (Beschleunigung) und damit eine zeitliche Vorverlegung des Beginns der Geschlechtsreife zu sein. Der Kultursoziologe Mohammed Rassem (1975: 98) gab hierfür ein anschauliches Beispiel: In den letzten 200 Jahren mussten wegen Stimmbruchs ihre Mitwirkung bei den Wiener Sängerknaben einstellen: Haydn (1732-1809) mit 18 Jahren, Schubert (1797-1828) mit 16, Bruckner (1824-1896) mit 15 und „einige prominente Mitglieder des Chors in unserem Jahrhundert mit 14 und 13 Jahren" (vgl. zum Wandel des Beginns der Geschlechtsreife in Europa H.Ch. Ehalt 1985; M. Mitterauer 1986).

Neben der Akzeleration scheint die Pubertät in industriellen Gesellschaften aber zugleich durch eine *Retardation,* eine Verzögerung und Streckung ihres Verlaufs, gekennzeichnet zu sein. Zu dieser Retardation gehört auch, dass Jugendliche ihrem Erscheinungsbild nach später erwachsen werden als in früheren Zeiten. Bis heute konnte nicht geklärt werden, worauf diese großen Differenzen im Verlauf des Gesamtprozesses der Pubertät zurückzuführen sind. Einige Forscher nennen die geänderten Ernährungsgewohnheiten, andere die städtisch-industrielle Umwelt, wieder andere die geänderten Arbeits- und Lebensbedingungen von Kindern. Man wird alle Bedingungen zugleich nennen müssen, ohne den Anteil einzelner Faktoren genau angeben zu können (vgl. w.u.).

## 5.3 Größenwachstum. Chronologie und Abfolge der Geschlechtsreife

Diese Aussage gilt auch für das erstaunliche Größenwachstum der heutigen Jugendlichen: Sie sind im Durchschnitt ca. 10 cm größer als Jugendliche bzw. Erwachsene vor ca. 30 Jahren. Dieses Größenwachstum lässt sich in Deutschland wie vergleichbaren Ländern seit Beginn der Industrialisierungs- und Verstädterungsphase im 19. Jahrhundert beobachten; es hat sich nach dem Zweiten

Weltkrieg nochmals beschleunigt, ist räumlich nun „flächendeckend" im gesamten Bundesgebiet und auch in den ländlichen Regionen aufweisbar.

Mit Ausubel (1979: 104) lässt sich zwischen einer Chronologie und einer Abfolge der *Geschlechtsreife* unterscheiden. *Chronologie* meint den Altersspielraum, in dem die Geschlechtsreife eintritt und abläuft, *Abfolge* meint die „Reihenfolge, in der die physiologischen Teilveränderungen der Pubertät vor sich gehen". Die Chronologie variiert individuell; die Abfolge ist phylogenetisch (also stammesgeschichtlich) festgelegt. Einige Teilprozesse und Besonderheiten bei Jungen und Mädchen seien zusammengefasst:

*Jungen.* Der Beginn der Geschlechtsreife liegt um das 13. Lebensjahr; er kann durch die erste (nicht immer als solche bewusst wahrgenommene) *Pollution* (Samenerguss) bestimmt werden. Bereits zuvor zeigt sich erste Schambehaarung, entwickeln sich Hoden und Penis. Diese Entwicklung erstreckt sich über einen Zeitraum von ca. fünf bis acht Jahren. Abweichungen vom durchschnittlichen Eintritt der Geschlechtsreife um das vollendete 13. Lebensjahr nach unten sind seltener als häufige Verschiebungen nach oben, die bis ins 16. und 17. Lebensjahr reichen können.

Ausubel weist darauf hin, dass „das Wachstum der hauptsächlichen Sexualorgane des Jungen ein Problem von erheblicher psychologischer Bedeutung ist, weil sie außen am Körper liegen" (1979: 94). Verbreitete, zumeist völlig falsche Vorstellungen über „Männlichkeit" haben hier ihren Ansatzpunkt.

*Mädchen.* Vergleichbare Entwicklungen, also Schambehaarung, Geschlechtsreife, Entwicklung sekundärer Geschlechtsmerkmale, liegen beim Mädchen etwa acht Monate früher als beim Jungen. Die *Menarche* (Erst-Menstruation) kann um das vollendete 12.-13. Lebensjahr angesetzt werden; sie ist nicht nur auffälliger als die (Erst-)Pollution beim Jungen, sondern auch psychologisch von anderer Bedeutung. Menarche und tatsächliche Gebärfähigkeit können jedoch um etwa ein Jahr differieren. Bei Mädchen geht deutlicher als bei Jungen ein sogenannter Fettschub dem eigentlichen Wachstumsschub voraus. Die Ausbildung der Brüste und die sehr deutliche Veränderung des Körperbaus ziehen sich über Jahre hin.

Ausubel nennt die Vergrößerung der Brüste das „früheste und wichtigste soziale Kriterium für die sexuelle Reife bei Mädchen". Weil sie „so auffallend sind und auch durch die Kleidung nur wenig verhüllt werden, sind sie in dieser Hinsicht sogar noch wichtiger als die männlichen Genitalien" (1979: 99). Hier mag auch der Grund liegen, dass das Heranreifen des Mädchens häufiger und unverblümter zum Anlass von kritischen, besorgten oder auch nur spöttischen Anmerkungen genommen wird, sowohl unter Gleichaltrigen wie auch bei Geschwistern, Eltern, Verwandten usw.

# 6.  Entwicklung der Motorik

Unter *Motorik* sind die Bewegungsabläufe und Bewegungsfähigkeiten des Körpers zu verstehen. Die Anpassung an räumliche und zeitliche Bedingungen von Bewegungsabläufen, die Leichtigkeit, Koordinierungsfähigkeit, Geschicklichkeit und schließlich die Anmut der Bewegungen eines Menschen sind ein wichtiger Teil seiner Verhaltensmöglichkeiten und seiner Persönlichkeitsstruktur. Bezeichnend für unsere Kultur und Gesellschaft ist, dass ausgedehnte Bewegungsstudien zunächst im Bereich der Arbeit vorgenommen wurden (*Taylorismus; Refa-System*). Erst in den letzten Jahren sind im Sport systematische Bewegungsstudien üblich, aber auch hier eng an Leistungsprinzipien orientiert. Im Jugendalter spielt die Entwicklung einer neuen, erweiterten, nicht-kindlichen Motorik eine überragende Rolle. „Die motorische Geschicklichkeit eines Individuums ist in der Adoleszenz (...) eine wichtige Komponente des Gefühls, mit der Umwelt mehr oder weniger fertig werden zu können" (Ausubel 1979: 128).

## 6.1  Geringe Bedeutung von Motorik und Bewegung

Bevor auf Einzelheiten eingegangen wird, bleibt zu fragen, ob unsere Gesellschaft und Kultur genügend Anreiz und Unterstützung zum Aufbau einer differenzierten Motorik geben. Kulturvergleichend müsste man die Frage wohl verneinen. Es ist noch auszuführen, dass die *Identitätsentwicklung* in der gegebenen Gesellschaft deshalb schwierig ist, weil der Jugendliche sehr spät und nur selektiv an Prozesse des Arbeitens und Herstellens herangeführt wird. Die Möglichkeiten einer „vita activa" (Hannah Arendt) schwinden im familialen wie im öffentlichen Bereich. Erschwerend kommt hinzu, dass Wohnung und Wohnumwelt dem Spiel und Bewegungsdrang von Jugendlichen enge Grenzen setzen. Der *Sport* als Ausgleich und Aktivitätsfeld zur Erprobung von Kraft, Schnelligkeit, Ausdauer und Geschicklichkeit und der Motorik ganz allgemein hat in den Schulen keinen adäquaten Stellenwert. Auch andere Möglichkeiten zur Entwicklung der Motorik, z.B. Basteln, Musizieren, Theaterspielen etc. haben kein sehr breites Fundament in der Jugend. Diese Aktivitäten findet man eher konzentriert bei einzelnen Jugendlichen als „normal-verteilt".

Es sind aber noch einige weitere Gründe zu nennen, warum in unserer Kultur und Gesellschaft der Ausbildung einer differenzierten Motorik Hemmnisse entgegenstehen:

- Anmutige Bewegung, Körperhaltung, Gangart usw. haben im Normen- und Wertsystem unserer Kultur nur einen geringen Stellenwert;
- das Fernsehen und der PC verdrängen zum Teil den Bewegungsdrang von Kindern und Jugendlichen;

- Eltern und Schulen akzeptieren oder dulden gesundheitsschädigende Verhaltensweisen von Jugendlichen (Rauchen in sehr jungen Jahren; Raucherzimmer in Schulen);
- die „Verurteilung zur Immobilität" von Kindern und Jugendlichen durch den organisierten Schülertransport in Bussen wie die stark einge-schränkten Möglichkeiten des Fahrradgebrauchs besorgen ein Übriges, den Bewegungsdrang von Kindern und Jugendlichen einzuschläfern.

Die insgesamt negative Bilanz im Hinblick auf Anreiz und Unterstützung zur Entwicklung einer differenzierten Motorik in unserer Kultur und Gesellschaft muss umso mehr überraschen, als unter Jugendlichen körperliche Kraft und Geschicklichkeit in der Wertschätzung bei Gleichaltrigen und als Fundament der Selbstachtung einen bedeutenden Stellenwert haben. Diese Bedeutung erkennt man auch am Gegenteil: „dass Behinderungen der Motorik in der Adoleszenz der Selbstachtung des Individuums schweren Schaden zufügen", weil „offen zutage tretende körperliche Unzulänglichkeiten und Unbeholfen-heit (...) zur Ursache von Befangenheit, Verlegenheit und Verspottung durch die Umwelt" werden (Ausubel 1979: 129).

## 6.2 Einteilung der Motorik

Die Motorik lässt sich in grobmotorische und in feinmotorische Fähigkeiten unterteilen. Zu den *grobmotorischen* Fähigkeiten gehört die Entwicklung der dynamischen Kräfte: Laufen, Springen, Werfen usw. Diese Kräfte sind, wie die manuellen Kräfte (z.B. Greif- und Hebekraft), im Allgemeinen beim Jun-gen stärker ausgeprägt als beim Mädchen. Bei Mädchen nimmt die dynami-sche Kraft in vielen Fällen vom 14. Lebensjahr (ohne Training) wieder ab. Nach Eintritt in die Pubertät kommt es – im Durchschnitt – zu einem sich „ständig vergrößernden Abstand zwischen Jungen und Mädchen bei sportli-chen Leistungen" (Ausubel 1979: 130). Hierfür sind natürlich nicht nur bio-logische Faktoren zu nennen, sondern kulturell bedingte Einstellungen und Erwartungen.

Zu diesen kulturspezifischen Einstellungen gehört auch ein Nachlassen des Bewegungsdranges beim Jugendlichen, ein Verlangsamen der Bewegung bis hin zum betont Lässigen. Ausubel geht so weit, von einer in der Adoleszenz plötzlich einsetzenden Neigung zu sprechen, „mehr und mehr zu einer sit-zenden Lebensweise" zu wechseln. Dieser Aussage wird nicht dadurch wi-dersprochen, dass viele Jugendliche aktiv Sport treiben; stark wechselnde Stimmungslagen beim Jugendlichen, von denen noch zu sprechen sein wird, zeigen sich auch im Wechsel der motorischen Dynamik.

Die Entwicklung der *Feinmotorik* ist weitgehend unabhängig von Kör-perkraft; hier kommt es auf bestimmte Koordinierungsfähigkeiten an, an wichtigster Stelle natürlich die der Hände und ihr „Zusammenspiel" mit allen anderen Fähigkeiten des Sehens, Begreifens und Handelns. Neben allgemein erforderlichen Fähigkeiten erlaubt die Ausbildung der Feinmotorik hochgradige Spezialisierungen, sei es beim Tanz, beim Sport, bei Arbeiten, die außergewöhnliche Geschicklichkeit verlangen, beim Violinspiel oder in der Körpersprache allgemein.

# VI. Identitätsbildung und Orientierung in einer sich wandelnden Gesellschaft

Seit dem Entstehen der modernen Gesellschaft wird Jugend als eine Phase der intensiven Identitätssuche betrachtet, als eine Lebensphase, in der sich die Fragen „Wer bin ich?", „Wer möchte ich sein?", „Mit wem stimme ich überein?", „Von wem unterscheide ich mich?" mit besonderer Dringlichkeit stellen.

Diese Fragen nach der eigenen Identität, die in der Soziologie und Pädagogik seit G.H. Mead, E.H. Erikson und E. Goffman Bedeutung erlangten, haben zwei Seiten: Die der *individuellen Identität*, der besonderen Erfahrungen, Eigenschaften, Überzeugungen eines bestimmten, von allen anderen unterschiedenen Individuums und die der *sozialen Identität*; damit gemeint sind Aspekte der Persönlichkeit, die aus der Zugehörigkeit zu Bezugsgruppen bzw. der Einordnung in soziale Kategorien hervorgehen (berufliche Identität, Geschlechtsidentität usw.).

Dass die eigene Identität in der Lebensphase Jugend mit hoher Wahrscheinlichkeit zum Thema und Problem wird, wurde bereits entwicklungspsychologisch erklärt: Die mit der Pubertät verbundene Entdeckung der Sexualität und die Veränderungen sozialer Beziehungen entziehen der naiven kindlichen Identität ihre Grundlage. Im Ablösungsprozess von der Herkunftsfamilie stellt sich die Frage nach der Übereinstimmung des eigenen Selbstverständnisses und Lebensentwurfs mit den Eltern und ihren Erwartungen. Zudem befinden sich Jugendliche in einer Phase des Lernens und sind damit aufgefordert, auch zukunftsbezogen zu planen.

## 1. Formen und Aspekte der Identitätsbildung

Identitätssuche erfolgt in Auseinandersetzung mit sozialen Vorgaben, Normen und Erwartungen und darauf bezogen als mehr oder weniger geradlinige Übernahme oder aber als Distanzierung und Kritik gegenüber Identifikationsangeboten. Solche Auseinandersetzungen, etwa mit realen oder medialen Vorbildern, können als gezieltes Nachdenken über das eigene Selbstverständnis erfolgen. In diesem Fall gilt: „Identität gewinnt, wer die Frage nach der eigenen Identität autonom stellt und beantwortet" (Nunner-Winkler 1990: 27).

Identitätssuche nimmt im Jugendalter nicht notwendig die Form der bewussten Reflexion an. Bedeutsam sind auch experimentelle Suchbewegungen, das Ausprobieren von Identifikationsangeboten und Modellen, etwa das Nachahmen von Vorbildern, das Sich-Verorten in eine Jugendkultur sowie Formen des situativ-spielerischen Inszenierens von Identitäten.

Erik K. Erikson hatte in seiner klassischen Studie „Identität und Lebenszyklus" (1959) als „Kernproblem der Identität" die „Fähigkeit des Ichs, angesichts des wechselnden Schicksal Gleichheit und Kontinuität aufrechtzuerhalten" angenommen (ebd.: 87).

Als anzustrebendes Ziel der Identitätsbildung wird seither in der Jugendforschung von manchen Autoren das Idealbild des „autonomen, mit sich selbst identischen Individuums" gezeichnet, dem es gelingt, seine vielfältigen lebensgeschichtlichen und aktuellen Erfahrungen zu einem in sich stimmigen Verständnis der eigenen Person zusammenzufügen (vgl. Hurrelmann 2004). Neuere Identitätstheorien nehmen eine andere Akzentuierung vor. Obwohl nicht grundsätzlich in Frage gestellt wird, dass Individuen darum bemüht sind, Erlebnisse und Erfahrungen in ein subjektiv kohärentes Selbstverständnis zu integrieren, wird eine umfassende Integration aller Aspekte der Persönlichkeit in eine in sich geschlossene Identität als ein letztlich unerreichbares und durchaus auch problematisches Idealbild verstanden. Unter Bedingungen der Gegenwartsgesellschaft sei es eher normal, „dass unsere Identitäten und Lebensentwürfe (...) etwas unheilbar Bruchstück-, Flickenhaftes oder Fragmentarisches haben" (Keupp 2005: 869). Zudem werde Identität auch nicht in einer abschließbaren Phase der Persönlichkeitsentwicklung erworben, sondern sei Gegenstand der auch im Erwachsenenalter auftretenden „alltäglichen Identitätsarbeit" (ebd.).

In einer identitätskritischen Perspektive, die insbesondere in der Frauen- und Geschlechterforschung entwickelt wurde, wird darüber hinaus problematisiert, dass die individuelle Identitätsbildung im Kontext sozialer Zuschreibungen und Festlegungen einer normalen (weiblichen oder männlichen) Identität erfolgt, die die Spielräume der individuellen Entwicklung begrenzen (vgl. Butler 1991; zu den Aspekten „Geschlecht als soziale Konstruktion und Dekonstruktion" vgl. Treibel 2004: 101-128).

## 2. Identitätsbildung und Gesellschaftsstruktur

Identitätsbildung ist eng mit der gesellschaftlichen Struktur und Dynamik verwoben. Dies wird daran deutlich, dass erst in der modernen Gesellschaft Identität zu einem zentralen Thema der Literatur sowie philosophischer, soziologischer, psychologischer und pädagogischer Theorien wird. Die Aufforderung, sich selbst als besonderes und eigenverantwortliches, von allen anderen unterschiedenes Individuum zu begreifen, ist in der Kultur der Gesellschaften seit der Aufklärung entwickelt worden. Die Idee des autonomen und einzigartigen Individuums ist seit der Aufklärungsphilosophie und -pädagogik ein Schlüsselbegriff der *Moderne\**.

Hierzu kommt: Soziologische und sozialphilosophische Theorien haben aufgezeigt, dass und wie Individualität unter Bedingungen der kapitalistischen Ökonomie (Marx) bzw. der Bedingungen der Geldwirtschaft (Simmel) durch die Struktur der Gesellschaft ermöglicht und erzwungen wird. Marx akzentuierte die Zerstörung persönlicher Beziehungen und Bindungen durch die anonymen Strukturen des kapitalistischen Wirtschaftssystems und die Konkurrenz der „vereinzelten Einzelnen" um knappe Güter. Simmel zeigte, dass ein Großteil der sozialen Beziehungen in der modernen Gesellschaft durch das „neutrale" Medium Geld vermittelt ist, so dass sich solche Beziehungen entwickeln, für die die sozialen Kontexte und persönlichen Bindungen derjenigen unbedeutsam sind, die sich begegnen.

Identitätsbildung steht somit unter der Vorgabe, eine solche Persönlichkeitsentwicklung zu ermöglichen, die es erlaubt, sowohl soziale Anforderungen und Zwänge zu bewältigen, als auch sich selbst zugleich als ein besonderes, eigenverantwortliches, urteils- und handlungsfähiges Individuum zu begreifen.

In seiner grundlegenden soziologischen Identitätstheorie bestimmte George Herbert Mead (1963-1931) Identität als Ergebnis eines Prozesses, in dem Individuen soziale Eigenschaftszuschreibungen, Erwartungen sowie sozial zugemutete und ermöglichte Erfahrungen reflexiv verarbeiten: „Identität entwickelt sich; sie ist bei der Geburt anfänglich nicht vorhanden, entsteht aber innerhalb des gesellschaftlichen Erfahrungs- und Tätigkeitsprozesses (…) Für die Identität ist es notwendig, dass die Person auf sich selbst reagiert" (Mead 1995: 177ff.). Ausgangspunkt hierfür ist nicht die einsame Selbsterfahrung, sondern soziale Kommunikation und Kooperation, denn, so Mead, der „Einzelne erfährt sich – nicht direkt, sondern indirekt – aus der besonderen Sicht der Gruppe (...), zu der er gehört" (ebd.: 180).

Der Soziologe und Philosoph Helmuth Plessner (1892-1985) ging ebenfalls von einer anthropologischen Grundlage der Identitätsbildung aus. Menschen sind Plessner zufolge durch eine „exzentrische Positionalität" (1976: 56f., 194f.) charakterisierbar. Mit anderen Worten: Individuen verfügen über die Fähigkeit, sich selbst „gegenüberzutreten" und in kritischer Distanz zu sehen.

Die von der Soziologie zu behandelnden Dimensionen der Persönlichkeits- und Identitätsbildung haben ihren Kern also dort, wo nach den gesellschaftlichen Voraussetzungen bzw. Einflüssen im Hinblick auf den Aufbau der Persönlichkeitsstruktur gefragt wird. Soziologie kann dabei zur Einsicht beitragen, dass Identitätsbildung grundlegend von der Teilnahme an sozialen Beziehungen abhängig ist. Gegen ein gängiges Missverständnis lässt sich so zeigen, dass eigenständige und eigenverantwortliche Individuen nicht trotz sozialer Einflussnahmen und Abhängigkeiten, sondern gerade in sozialen Beziehungen entstehen (s. dazu grundlegend Habermas 1995; vgl. Scherr 2000).

## 3.  Probleme der Identitätsbildung

### 3.1  Strukturbedingte Ursachen

Identitätsbildung wird durch gesellschaftliche Bedingungen in spezifischer Weise ermöglicht und beeinflusst, erleichtert bzw. erschwert. Es kann hier kein Überblick über die Theorien gegeben werden, die sich mit dieser Thematik auseinandersetzen (zu den sozialphilosophischen, sozialpsychologischen, soziologischen und gesellschaftspolitischen Aspekten der Thematik vgl. die Studien von Taylor 1994, Keupp 1999, Niethammer 2000 und Castells 2003).

Einige der für die Jugend bedeutsamen Schwierigkeiten der Identitätsbildung lassen sich in Anlehnung an Luckmann/Döring/Zulehner (1981: 9ff.) wie folgt benennen:

- Im Gegensatz zu archaischen Gesellschaften ist die Einheitlichkeit von Sozialstruktur und Weltauffassung in der Gegenwartsgesellschaft vielfach gebrochen; Identität kann sich nicht über eine vorgegebene Einheitlichkeit von Arbeits- und Lebensprozess und eine noch vorhandene Geschlossenheit religiöser oder magischer Weltauslegungen herstellen, sondern nur in der Auseinandersetzung mit heterogenen Entwürfen einer guten Gesellschaft und eines gelingenden Lebens.
- Anders als in archaischen oder ständischen Gesellschaften wird in der Gegenwartsgesellschaft nicht mehr umfassend und eindeutig vorgeschrieben, wer man ist oder zu sein hat; erst in einer solchen Gesellschaft wird Identität als typisches Problem der individuellen Entwicklung verstanden.
- Familien- und Verwandtschaftsbeziehungen reichen mit ihren Normen und Verhaltensweisen nicht sehr weit in das komplexe System der Ge-

sellschaft hinein, da deren Funktionsbereiche (öffentliche Erziehung, Arbeitsmarkt, Politik usw.) nach anderen Prinzipien als denen der unmittelbaren gemeinschaftlichen Beziehungen aufgebaut sind; in der Familie erworbene Orientierungen bieten deshalb keine ausreichende Grundlage für die Bestimmung des eigenen Selbstverständnisses.

- Ein Merkmal moderner Gesellschaften, sich durch ein kompliziertes Zusammenspiel relativ autonomer Teilbereiche (Familie und Arbeit, Bürokratie und Kirche, Politik und Freizeit usw.) zu konstituieren, wiederholt sich auf der individuellen Ebene als Schwierigkeit der Integration von verschiedenen Verhaltenserwartungen und *Rollen\*-*Anforderungen.

- Jugendliche und Erwachsene sind in der Gegenwartsgesellschaft mit vielfältigen und heterogenen Sinnstiftungs- und Identitätsangeboten konfrontiert, die medial inszeniert werden und einen Schwerpunkt der einschlägigen Sendeformate des Fernsehens sowie in den Zeitschriften bilden, die sich an Jungen und Mädchen richten.

In dem Maß, wie sich die Ethik des Alltags nicht mehr aus verpflichtenden Formen des Arbeitens, aus Familientraditionen und bestimmten milieuspezifischen Traditionen („Bürgerkultur"; „Arbeiterkultur" usw.) ergibt, ist nichts mehr selbstverständlich. Dies ermöglicht und erzwingt Such- und Klärungsprozesse, die als Chance zu Eigenständigkeit und Selbstbestimmung, aber auch als Belastung erlebt werden können.

David Riesman (1909-2002), ein amerikanischer Soziologe, hat als erster den Verhaltenstyp des „außengeleiteten Menschen" beschrieben (1950); Luckmann et al. (1981) sprach von der Möglichkeit einer „anpassungsfähigen, zumindest oberflächlich gut ,funktionierenden' persönlichen Identität". Gesellschaftlich wird die Fähigkeit erwartet, sich flexibel an wechselnde Vorgaben anzupassen. Angesichts dieser Entwicklungstendenzen, keine langfristigen Bindungen an Kollegen, Nachbarn, Orte und Tätigkeiten einzugehen, warf Richard Sennett (1998: 31) die Frage auf: „Wie kann ein Mensch in einer Gesellschaft, die aus Episoden und Fragmenten besteht, seine Identität und Lebensgeschichte zu einer Erzählung bündeln?"

## 3.2 Sozialisationsbedingungen als Grundlage

Probleme der Identitätsbildung bei Jugendlichen resultieren neben diesen strukturbedingten Schwierigkeiten vor allem aus der „Unverbundenheit von Primär- und Sekundärsozialisation" (Luckmann). Im günstigsten Fall bilden hier die *Gleichaltrigengruppen* eine „Brücke". Unter ungünstigsten Bedingungen kommt es weder zu einer Integration heterogener Erfahrungen noch zu einer sozial abgestützten Entwicklung von Selbstwertgefühl, Selbstbewusstsein und Selbstbestimmungsfähigkeit.

Je nachdem, wie der bisherige Sozialisationsprozess verlaufen ist und welche Beratungs- und Bildungsangebote verfügbar sind, sind Jugendliche mehr oder weniger in der Lage, sich die vielfältigen sozialen Erfahrungen und Einflussnahmen bewusst und eigensinnig anzueignen bzw. Distanz zu diesen einzunehmen.

Eine bedeutsame Voraussetzung für das prüfende Sich-Einlassen auf die Umwelt ist eine oft stark ausgeprägte Sensibilität Jugendlicher für alles, was sie umgibt: Personen und Sachen, Kultur und Tradition, Gruppen und Institutionen, Meinungen und Verhaltensweisen. Freunde und Freundesgruppen haben häufig intensiver als Eltern und Lehrer Anteil an der Entwicklung und Prüfung der Urteile und Einstellungen, der Meinungen und Verhaltensweisen des einzelnen Jugendlichen.

Die Identitätssuche Jugendlicher geht vielfach mit widersprüchlichen Verhaltensweisen und Einstellungen einher: Ein und derselbe Jugendliche ist introvertiert und extrovertiert; kritisch, selbstkritisch und naiv; empfindlich im Hinblick auf seine Akzeptanz bei anderen, insbesondere bei Gleichaltrigen, und oft, so scheint es, aber zugleich unempfindlich in Hinblick auf die Wirkung der eigenen Verhaltensweisen. Bereits Sigmund Freud hatte die Tatsache ambivalenter emotionaler Einstellungen hervorgehoben: In jeder Zuneigung steckt auch Abneigung und in der Abneigung noch ein bestimmtes Maß an Bindung. Im Anschluss an Freud wurde von der Psychologie eine besondere „Akzentuierung der Ambivalenz" im Jugendalter hervorgehoben (Rosenmayr 1976: 116).

Diese scheinbar widersprüchlichen Einstellungen und Verhaltensweisen gehören bei Jugendlichen ebenso zusammen wie ihre Selbst- und Gruppenorientierung, ihr *Narzissmus** und ihre Sozialorientierung. Die Widersprüchlichkeit und Ambivalenz des sozialen Lebens überhaupt spiegeln sich im Verhalten Jugendlicher: Sie haben vielfach noch keine stabilen Überzeugungen entwickelt; die Glättungen und Kompromisse der Erwachsenen werden (noch) nicht akzeptiert.

Hinsichtlich der Sozialisationsbedingungen ist auch die Frage zu stellen, welche sozial ungleich verteilten Chancen die gebaute Umwelt für die Aneignung differenzierter Umwelterfahrungen einerseits, für den Erwerb von Raumnutzungsmustern andererseits bietet (vgl. hierzu aus der sozialpädagogischen Jugendforschung Deinet/Reutlinger 2004). Je nach der Struktur der Umwelt hat diese einen mehr oder weniger deutlichen Aufforderungscharakter für Handlungen und Interaktionen. Obwohl ähnliche Umwelten vergleichbare Verhaltensweisen bei Individuen nahe legen können, hängt es wesentlich vom Sozialisationshintergrund und vom Bildungsstatus ab, wie sich jemand in einer konkreten Umwelt verhält. Die jeweiligen Raumnutzungsmuster sind kulturell und sozial überformt.

## 3.3 Ich-Stabilisierung durch Ideologie

Im Zusammenhang mit den genannten Ambivalenzen steht die Neigung mancher Jugendlicher, aus der Vieldeutigkeit und Komplexität von Einstellungen und Meinungen herauszukommen und Eindeutigkeit und Bestimmtheit, ein festes Auftreten und Selbstsicherheit an deren Stelle zu setzen. Ein in der Jugendzeit gelegentlich auftretender Rigorismus kann zu einer *manichäischen** Aufteilung der Welt in gut und böse führen. Erik H. Erikson fasste diese Disposition als Anfälligkeit Jugendlicher für *Ideologien** zusammen (1977: 187ff.).

Nach Eriksons Definition ist „ein ideologisches System ein in sich geschlossenes Gebilde aus gemeinsamen Symbolen, Ideen und Idealen, das seinen Anhängern eine zusammenhängende, wenn auch systematisch vereinfachte Orientierung in Raum und Zeit, Mitteln und Zielen anbietet" (ebd.). Diese Definition macht einsichtig, wo die Bedeutung und auch „Verführungskraft" relativ konsistenter Ideologien für Jugendliche liegt: Ideologien haben unter anderem die Funktion, eine vereinfachte Zukunftsperspektive zu bieten, verbunden mit der Möglichkeit, „sich einer gewissen Uniformität des Auftretens und Handelns anzuschließen, die seiner Befangenheit und Selbstbeobachtung entgegenwirkt" (ebd.), aus der Enge der Eltern-Kind-Beziehung herauszuführen und eine (scheinbare) Harmonie herzustellen „zwischen der inneren Welt von guten und bösen Kräften einerseits und der äußeren Welt mit ihren realen Zielen und Gefahren andererseits" (ebd.).

## 3.4 Identitätsbildung und das Individualisierungstheorem

Seit Mitte der 1980er Jahre – ausgelöst durch Ulrich Becks Thesen zur Individualisierung von Soziallagen und Biographien im Zusammenhang einer Entstandardisierung der Klassen und Schichten (1986: 113ff.) – ist eine breite Diskussion zum sog. Individualisierungstheorem in der Jugendforschung entstanden.

Das Individualisierungstheorem lässt sich u.a. in folgende Teilthesen untergliedern (vgl. Scherr 1994):

- Die struktur- und kulturtheoretische These: Demnach wird es zunehmend schwieriger, für die gesellschaftlichen Differenzierungen und Pluralisierungen kollektive Deutungsmuster und eine damit verbundene, übergreifende Sinnstiftung zu entwickeln, so dass Individuen immer mehr zu eigenverantwortlichen Gestaltern und Sinnstiftern ihrer Biographie werden;
- die subjekttheoretische These: Handeln und Erleben des Einzelnen sind immer weniger durch kollektive Vorgaben (Klassen, Schichten, Nachbarschaften etc.) bestimmt.

Sucht man in neueren jugendsoziologischen Untersuchungen nach empirischen Befunden, welche die These von der Individualisierung, z.b. im Sinn einer zunehmenden Bedeutung von Selbstständigkeit und Schichtunabhängigkeit in der Berufswahl, von eigenverantwortlicher und selbstgewählter Form der Lebensführung oder im Hinblick auf eine autonome Persönlichkeit stützen, so sind Zweifel berechtigt, ob der Begriff „Individualisierung" angemessen ist. Die tatsächlichen Zusammenhänge zwischen gesellschaftlichen Strukturumbrüchen und individuellen Bewältigungsformen sind, zumal im Jugendalter, mit diesem Begriff nicht hinreichend zu erfassen.

Es soll jedoch nicht bestritten werden, dass die dem Individualisierungstheorem zugrunde liegenden „sozialen Basisprozesse" aufweisbar sind: Erosion traditioneller Milieus, Pluralisierung (z.B. der Familienformen sowie von Teil- und Subkulturen), Ausdifferenzierung vielfältiger Lebenslagen und die Differenzierung gesellschaftlicher Teilbereiche. Aber diese Strukturmerkmale vermittels des Individualisierungstheorems auf die individuelle Ebene zu transferieren, ist problematisch. Insbesondere die subjektive Seite der Individualisierung, also die Frage nach den Unterschieden, die mit den zur Verfügung stehenden Ressourcen und den tatsächlich gegebenen Wahlmöglichkeiten zusammenhängen, wird mit dem Individualisierungstheorem nicht angemessen thematisiert.

## 3.5 Alternative Sinnsuche und Identitätsbildung: Jugendsekten

Der Begriff *Sekte* stammt aus dem Lat. (von sequi = folgen) und heißt frei übersetzt „befolgte Lehre".

Wie Kirchen sind auch Sekten eine Form der Institutionalisierung des Religiösen. Ihrem Selbstverständnis nach sind sie ursprünglicher, gemeinschaftsbezogener, aktiver, opferbereiter usw. als die etablierten Kirchen. Was als „ideologische Formation des Ich" beschrieben wurde, gilt auch hier: Die Eindeutigkeit der Lehre, klare Handlungsanweisungen, strenge Forderungen an das Ich, Halt und Rückhalt in der Gruppe und ein Ziel, für das der volle Einsatz lohnt, sind nur einige der Grundlagen, auf denen sich religiöse Gefolgschaft, ggf. Fanatismus, gründen lässt.

Als gesellschaftlich relevantes Phänomen traten Jugendsekten Anfang der 1970er Jahre in Erscheinung. Was als Kritik am Rationalismus, an der Gefühlskälte und „Geschäftemacherei" der westlichen Kultur begann, mündete vielfach in einen neuen Irrationalismus. Die einzelnen Gruppierungen unterscheiden sich zum Teil erheblich in ihrer Organisationsstruktur und der Verbindlichkeit des Verhaltenskodex, in ihrer „Öffnung" zur Welt und nicht zuletzt in ihrer religiösen Leitidee.

Der Bekanntheitsgrad dieser verschiedenen Bewegungen in der Bevölkerung ist höchst unterschiedlich und im hohen Maß abhängig von der aktuellen Aufmerksamkeit, die ihnen die Medien widmen.

Als größte Gefährdung wird von betroffenen Eltern und ehemaligen „Jüngern" verschiedener Bewegungen der zunehmende Realitätsverlust und gleichzeitig die ins Extrem wachsende Abhängigkeit von der religiösen Gruppe genannt. Zu Recht sprach Dieter Baacke (1999) von der „Selbstausbürgerung durch religiöse Fanatisierung".

Erklärungen der Entstehung der Jugendsekten laufen oft darauf hinaus, die „seelenlose" Kultur kapitalistischer, leistungsorientierter Industriegesellschaften verantwortlich zu machen. Als Gründe könnte man ebenso nennen: die Freiheitsspielräume, sich überhaupt den – die Jugendlichen z.T. voll vereinnahmenden – Jugendsekten anschließen zu können; die hochgradige kulturelle Pluralität, die – eine bestimmte Medienstruktur vorausgesetzt – die räumlich und zeitlich entferntesten Kulte präsent und nachahmbar macht.

Möglicherweise fördern Gefühle der Entfremdung, verbunden mit Ich-Schwäche, möglicherweise aber auch autoritäre Fixierungen eine Vereinnahmung durch Sekten. Zudem offerieren Sekten das Versprechen innerer und äußerer Geborgenheit. Dieses Versprechen sei allen Sekten gemeinsam, wie bereits der bedeutende Religionshistoriker und Religionssoziologe Ernst Troeltsch (1865-1923) feststellte.

# VII.  Jugendliche in gesellschaftlichen Grundgebilden

Die soziale Existenz der Jugend bzw. des einzelnen Jugendlichen ist ganz allgemein abhängig von der Gesellschaftsstruktur; sie wird in besonderer Weise durch folgende gesellschaftliche Grundgebilde beeinflusst:

- die Familie, zumeist die Herkunftsfamilie; bei Heranwachsenden und jungen Erwachsenen auch die Eigenfamilie, nicht-eheliche Lebensgemeinschaften, Wohngemeinschaften;
- die Schule (incl. Hochschulen und Universitäten);
- die beruflichen Ausbildungsstätten;
- die Gleichaltrigengruppen (*peer-groups*) und damit das breite Spektrum von Jugendgruppen in der Jugendkultur;
- Kirche und religiös gebundene Institutionen.

## 1.   Die Familie als Bezugsgruppe des Jugendlichen

*Bezugsgruppen* sind dadurch charakterisiert, dass an ihnen Handeln und Vorstellen, Motive und Einstellungen, Urteile und Vorurteile der Individuen orientiert sind (vgl. Gukenbiehl 1999). Für Jugendliche stellt die Familie (neben den Gleichaltrigengruppen) in der Regel die bedeutsamste Bezugsgruppe dar. Sie ist bis zum einsetzenden Ablösungsprozess in der Pubertät der soziale Zusammenhang, in dem prinzipiell alle wichtigen Aspekte der Lebensführung Gegenstand von Kommunikation und Entscheidungen sind.

### 1.1   Determinanten elterlichen Einflusses

Der Einfluss des Elternhauses auf die Persönlichkeitsentwicklung Jugendlicher und ihre jetzige wie künftige soziale Position liegt in folgenden Bereichen (vgl. Hopf 2005):

101

- Die Umweltbedingungen bzw. die sozioökonomischen Bedingungen familialer Sozialisation (Wohnsituation, Einkommens- und Vermögensverhältnisse);
- die soziale Zusammensetzung und Struktur der Familie (vollständige und unvollständige Familien, Zahl der Geschwister, Autoritätsverhältnisse, Geschlechterbeziehungen);
- die im Elternhaus vorherrschende Sprache (herkunfts- und milieubedingte Unterschiede), das Bildungsniveau und kulturelle Aspirationsniveau;
- die Erziehungspraktiken, die Einstellung der Eltern zueinander, zu Kindern und zur jungen Generation und das familiale Konfliktverhalten;
- die Einstellung der Eltern zu Kultur und Gesellschaft, Politik und Religion sowie
- die „Ressourcen" der Eltern an Zeit, an ökonomischen Mitteln für Bildung, Förderung, Hobbies usw.

Dies sind Einflüsse und Determinanten, die das Kind und den Jugendlichen „fürs Leben" prägen, jedoch nicht im Sinne eines strengen Kausalverhältnisses, das im Bereich des Sozialen ohnehin kaum auffindbar ist. Trotzdem gelingt nur einem Teil der Jugendlichen, gegenüber dem Elternhaus ein anderes Bildungsniveau und einen höheren sozialen Status zu erreichen. Auch das dreigliedrige Schulwesen, das das Grundmodell der sozialen Differenzierung widerspiegelt, trägt nicht viel dazu bei, die unterschiedlichen Herkunftsmilieus und Erziehungspraktiken zu egalisieren, wie die Ergebnisse der im Juli 2005 veröffentlichten Daten der PISA-Studie erneut zeigen.

Die PISA-Studien prüften auch den Zusammenhang zwischen Schulleistung, Schullaufbahn und sozialer Herkunft. Hier gab es ein überraschendes Ergebnis: In Bayern, dem Bundesland, das in allen Vergleichstests am besten abschnitt, ist die Leistung (nicht aber der besuchte Schultyp!) im Vergleich der deutschen Bundesländer am wenigsten an die soziale Herkunft gekoppelt. Viel spreche dafür, „dass klare Leistungsanordnungen entgegen manchen Vorurteilen gerade die schwächeren Schüler fördern" (DIE ZEIT, Nr. 30, 21. Juli 2005: 68). Doch auch Bayern hat ein Gerechtigkeitsproblem: Im internationalen Vergleich ist in allen deutschen Bundesländern ein überdurchschnittlich hoher Zusammenhang von sozialer Herkunft und Schullaufbahn gegeben. Und die Chancen eines Arbeiterkindes, das Gymnasium zu besuchen, sind im Vergleich zu anderen Bundesländern gering.

Für die Stellung des Jugendlichen in der Familie sind neben den individuellen Merkmalen seiner eigenen Herkunftsfamilie einige allgemeine, in jeder Familie unterschiedlich wirksame gesellschaftliche Faktoren wichtig. Hierzu zählen:

- Der Rückgang des Patriarchalismus in Familie und Gesellschaft (Schule, Betrieb, Politik, Religion usw.);
- die abgenommene Vererbungswahrscheinlichkeit väterlicher Berufspositionen und damit eines bestimmten „Standes" und einer vorgegebenen Tradition (auch die Berufswünsche der Eltern haben für die Jugendlichen an Verbindlichkeit abgenommen, weil sie kaum die sich schnell wandelnden ökonomischen und technologischen Bedingungen berücksichtigen können);
- das „Abdanken überkommener Autoritäten". Die elterliche Position und elterliche Erziehungsmaßnahmen unterliegen stärker als früher einem Rechtfertigungs- und „diskursiven Begründungszusammenhang";
- die „Konkurrenz" zu anderen Sozialisationsinstanzen offizieller und inoffizieller Art: Schule, Ausbildung, *peer-groups*, Medien. Gerade im Hinblick auf diese „Instanzen" kommt es sehr darauf an, wie glaubhaft eine Familie „ihre" Werte und Verhaltensweisen machen kann, um mehr zu sein und zu bleiben als eine „Stätte der wirtschaftlichen Erhaltung".

## 1.2    Integrationsleistung der Familie

Eine Familie hat unterschiedliche Individuen, soziale Positionen, Lebens- und Tagesverläufe zu integrieren: so bei traditionellen „vollständigen" Familien den berufstätigen und zumeist tagsüber abwesenden Vater, die nicht oder nur halbtags berufstätige Mutter und Hausfrau, die sich am intensivsten auf die Tagesverläufe der übrigen Familienmitglieder einstellen muss; die Kinder und Jugendlichen im unterschiedlichen Alter und mit ihren verschiedenen Verpflichtungen wie Kindergarten, Schule, Ausbildung, Beruf und Vereine.

Die Integration dieser verschiedenen Lebens- und Tagesverläufe ist zwar ein Spezifikum der altersheterogenen Sozialgruppe Familie, doch sie verfügt über sehr unterschiedliche Ressourcen, sich auf die Situation des Jugendlichen als Schüler oder Auszubildender einzustellen. Familiale Belange und die von Schule und Ausbildung, aber auch von Freizeitinteressen des Jugendlichen herrührenden Aktivitäten, Erfordernisse und Wünsche sind oft nur mühsam miteinander vereinbar. Das gilt insbesondere dann, wenn Vater oder/ und Mutter in Wechselschicht arbeiten müssen oder auf den Wohnraum auch als Arbeitsraum angewiesen sind.

Die Interessen und Bedürfnisse des Jugendlichen und die der „etablierten" Familien- und Erwachsenenkultur sind verschieden – und eben diese vom Jugendlichen mit zunehmendem Alter immer deutlicher wahrgenommene Differenz mag ihn darin bestärken, seine „eigenen Wege" zu gehen und sich in *peer-groups* und in die mehr oder weniger alternative Jugendkultur zu integrieren. Auch die Zeithorizonte der Jugendlichen und der Elterngeneration sind kaum in Übereinstimmung zu bringen, denn der Jugendliche will jetzt und heute leben und sich nicht nur nach der Zukunft und Qualifizierung orientieren.

Die Integrationsleistung wird durch einen weiteren Punkt erschwert: Wie hervorgehoben, ist die familiale Situation, wenn sie von den Kindern/Jugendlichen bewusst wahrgenommen wird, in vielen Fällen nicht mehr jene Zweiergemeinschaft, von der die Partner voraussetzen, dass dies eine Basis für Ehe und Familie als „lebenslange Gemeinschaft" (§ 1352 BGB) sei.

Dies verweist auf eine weitere, kaum behebbare Schwierigkeit der *familialen Sozialisation:* Elterliche Erziehung müsste eigentlich *antizipatorische Sozialisation* sein, d.h. eine an der Zukunft der Jugendlichen orientierte Sozialisation und keine, die auf das Hier und Jetzt der Familienmitglieder allzu eng bezogen ist. Da der Beruf und die Familientradition des Vaters bzw. der Mutter und bestimmte Berufsleitbilder immer weniger den Horizont abgeben für familiale Erziehungsprozesse, fehlen für die antizipatorische Sozialisation die notwendigen „Vorgaben".

## 1.3 Vorherrschender Familientyp und neue Familienformen

Der in der Bundesrepublik vorherrschende Familientyp lässt sich charakterisieren als unabhängige, vom weiteren Verwandtschaftssystem isolierte *Kernfamilie.* Dies ist jener Typus der Kleinfamilie bzw. Kleinstfamilie, in der in der Mehrzahl der Fälle die Eltern mit ihren erziehungs- und unterhaltsabhängigen Kindern zusammen leben.

Als Vorteile der unabhängigen Kernfamilie gegenüber früheren Familienformen werden herausgestellt:

- die notwendige Orientierung an gesamtgesellschaftlichen Prozessen und Strukturen (auch größere oder bäuerliche Familien sind nicht mehr „autark"; die klassen- und schichtspezifischen Unterschiede der Familien werden durch ihre Kleinheit aber keineswegs „egalisiert");
- die durch den Verlust der Produktionsfunktionen und verschiedener Versorgungsleistungen mögliche Konzentration auf „emotionalen Spannungsausgleich", auf Erziehung und Freizeit.

Als Nachteile der Kernfamilie müssen genannt werden:

- die mögliche Überbetonung der Emotionalität und Intimität, die zumal in Familien mit nur einem Kind die Probleme der Ablösung erschweren können;
- die Schwierigkeit, funktionalen Ausgleich bei strukturellen Störungen (z.B. Tod eines Elternteils, Scheidung) herzustellen; entsprechend pro-

blematisch gestaltet sich die Situation für alleinstehende, arbeitende Frauen (und Männer) mit unmündigen Kindern;

• die Gefahr der Isolation, vor allem bei ungünstigen Wohnverhältnissen (wie in manchen Neubaugebieten am Stadtrand).

Seit den 1970er Jahren sind verstärkt u.a. die folgenden Familientypen als Variationen der unabhängigen Kernfamilie hinzugetreten: die gewollte Ein-eltern-Familie; die Pendler-Familie (Commuter-Familie); die binukleare Familie („living apart together"; zu weiteren Differenzierungen im Zusammenhang demographischer und sonstiger Entwicklungen vgl. Peuckert 2004).

Seit der Wende vom 19. zum 20. Jahrhundert ist ein eindeutiger Rückgang der Kinderzahl pro Familie feststellbar. Betrug 1900 die durchschnittliche Zahl der lebendgeborenen Kinder pro Ehe (nach 19 ½ jähriger Dauer) noch 4,1 Kinder, so 1910 3,0, 1930 2,2 und 1960 2,1. Im Jahre 1991 betrug die durchschnittliche Kinderzahl in den Familien mit Kindern unter 18 Jahren, 1,42 (alte Bundesländer), 1996 für Deutschland 1,65 und 2003 1,63.

In 9,1 Mill. Familien lebten 2003 insgesamt 16,4 Mill. Kinder unter 18 Jahren; 3,3 Mill. von ihnen mit einem alleinerziehenden Elternteil (in 79% der Fälle die Mutter).

*Tabelle 9:* Zahl der Familien mit Kindern unter 18 Jahren 2003

| Familie mit ... Kindern | in Tausend | in Prozent |
|---|---|---|
| 1 Kind | 4.726 | 51,9 |
| 2 Kinder | 3.334 | 36,6 |
| 3 Kinder | 820 | 9,0 |
| 4 Kinder u.m. | 230 | 2,5 |

Quelle: Stat. Jb. 2004: 63

Berücksichtigt man, dass Familien, in denen mehr als zwei Generationen zusammen leben, unter 5% aller Familien ausmachen, dann ist deutlich: Die Mehrzahl aller Kinder wächst mit beiden Eltern und einem Bruder bzw. einer Schwester auf, bei einem inzwischen allerdings erheblichen Teil von 1-Kind-Familien.

Hinzu kommt, dass der Anteil der „vollständigen" Familien an allen Haushalten in den letzten drei Jahrzehnten ständig abgenommen hat. Die Familie ist also, statistisch betrachtet, zwar immer noch die Lebensform der Bevölkerungsmehrheit, aber keineswegs mehr der selbstverständliche „Normalfall" des (haushaltsmäßigen) Zusammenlebens der Menschen. In der Bundesrepublik ist die Zahl der Einpersonenhaushalte fast so hoch wie die der Haushalte mit Kindern.

Auch viele andere Indikatoren, wie die zunehmende Scheidungsquote, die steigende Anzahl alleinerziehender Mütter und Väter, die Zahl der Familien, deren Mitglieder in zwei Haushalten leben, deuten darauf hin, dass die traditionelle Ehe und Familie zwar fortbestehen, aber ihr Monopol durch die Individualisierung familialer Positionen und die Pluralisierung von Lebensformen an Dominanz weiter verlieren wird. Für die einzelnen Familien wie für den Jugendlichen in der Familie ergibt sich durch diese Entwicklung ein ganz neues psycho-soziales Umfeld, wenn ein bestimmter Familientyp, wie z.B. die bürgerliche Familie, nicht mehr eine vorauszusetzende „kulturelle Selbstverständlichkeit" (Peter R. Hofstätter) ist.

## 1.4   Auswirkungen von Ehescheidung

Konfliktreiche eheliche und familiäre Verhältnisse kommen in den Scheidungsquoten und den Quoten der mit ihren Kindern alleinlebenden Mütter bzw. Väter nur bruchstückhaft zum Ausdruck. Auch dass mit zunehmender Kinderzahl die Zahl der Scheidungen relativ stark zurückgeht, sagt nichts darüber aus, ob Familien mit mehreren Kindern glücklicher sind als Familien mit weniger Kindern. Der rapide Anstieg der Scheidungsquoten nach 16-20 Ehejahren (vgl. Stat. Jb. 2004: 51) zeigt zudem sehr deutlich, was Kinder/Jugendliche für den ehelichen und familialen Zusammenhalt bedeuten.

Die Auswirkungen der Ehescheidung auf Kinder und Jugendliche sind so unterschiedlich, wie die Situation vor der Ehescheidung die Sozialisation der Kinder und Jugendlichen verschieden beeinflusst hat. Hier wie bei allen sozialen Sachverhalten, die von der Statistik erfasst werden, sind Verallgemeinerungen sehr schwierig. Nur eine große Zahl von Variablen über die familiäre Binnen- und ihre Außensituation würde stichhaltige Aussagen über die tatsächliche Situation erlauben.

Zu diesen Variablen gehören unter anderem: der sozio-ökonomische Status der Familie und damit ihre Klassen- und Schichtzugehörigkeit; die Zeit und Intensität, mit welcher sich der beim Kind/Jugendlichen verbleibende Elternteil diesem zuwendet (wobei die Zuwendungsfähigkeit und -intensität wichtiger sind als Zeit, Geld oder vergleichbare „Ressourcen"); die Situation in Verwandtschaft und Nachbarschaft; die Qualität der „sekundären Sozialisationsinstanzen"; die Geschwister-Konstellation und die der *peer-groups*.

Wie es in den Familien „wirklich" aussieht, lässt sich sozialstatistisch bzw. soziologisch und psychologisch nur schwer verallgemeinern, da Familien zu den schwierigsten, weil am besten gehüteten und „verschleierten" Untersuchungsfeldern im Sozialbereich überhaupt gehören.

## 1.5 Der Ablösungsprozess vom Elternhaus

Die Distanzierungs- und Ablösungsprozesse des Jugendlichen von der Herkunftsfamilie, die nach ihrer Dauer und Bedeutung ein wesentliches Kriterium für Jugend als Lebensphase überhaupt sind, verlaufen verschieden im Hinblick auf die genannten sozio-ökonomischen, psychischen und umfeld- wie umweltbezogenen Faktoren und Ressourcen der Familie bzw. Verwandtschaft.

Der österreichische Jugendforscher Leopold Rosenmayr (1979: 222f.) machte auf ein Problem elterlichen Verhaltens gegenüber ihren Adoleszenten aufmerksam, das direkt oder indirekt auf den Ablösungsprozess einwirkt: das der Verspätung, der Retardation in ihrem Verhalten mit den Kindern. „Gerade in ihrem Bedürfnis, den Kindern ihre Sympathie und ihre Gefühle und die darin enthaltene Zuwendung zu zeigen, tendieren Eltern gegenüber ihren adoleszenten Kindern dazu, diese um zwei bis vier Jahre ‚verspätet‘ zu behandeln". Dass diese Einstellung, die der Familienpsychologe Horst Eberhard Richter als geheime Ausbeutung von Kindern und Jugendlichen zu narzisstischen Zwecken charakterisierte, den Ablösungsvorgang erschweren muss, ist offenkundig.

Um die mehr psychischen Probleme dieses Vorgangs zu verstehen, muss auch auf die besondere Situation der Eltern in dieser Phase des Familienzyklus eingegangen werden.

Im Vergleich zu den Jugendlichen, die sich in einem umfassenden Prozess der Veränderung befinden, ist die Lebenssituation der Eltern eher von Festlegungen gekennzeichnet. Während ihre Kinder anfangen, neue Erfahrungen zu machen (in Lernprozessen, *peer-groups* und in der Jugendkultur, sexuell, beruflich usw.), haben die Eltern die sie prägenden Erfahrungen und Entwicklungen hinter sich. Die Jugendlichen treten aus den Vertrautheitserlebnissen der Kindheit heraus und konfrontieren die Eltern mit ihren „Fremdheitserlebnissen".

Der Entwicklungsprozess der Jugendlichen und die Lebenssituation der Eltern zeigen eine gegenläufige Tendenz. Die Art und Weise, wie mit den hier auftretenden Spannungen und Problemen umgegangen wird, ist von der Beziehungsstruktur zwischen Eltern und Kindern abhängig, also bei aller generellen Typik individuell verschieden.

Helm Stierlin (1980) hat ein Modell entwickelt, mit dessen Hilfe denkbare Beziehungsstrukturen zwischen Eltern und Kindern klassifiziert werden können. Bei den *idealtypisch** unterschiedenen Beziehungsmodi des Bindens, Delegierens und Ausstoßens handelt es sich um folgende Zusammenhänge:

*Der Bindungsmodus*: Herrscht dieser Modus vor, verhalten sich Eltern und Kinder so, als ob die Befriedigung aller wesentlichen Bedürfnisse innerhalb der Familie liegt. In Anlehnung an Sigmund Freud unterscheidet Stierlin drei Ebenen der Bindung: die affektive (Es-Bindung), die kognitive (Ich-Bindung) und die Loyalitätsebene (Über-Ich-Bindung).

Die Bindung auf der affektiven Ebene entsteht durch die Entwicklung infantiler Wünsche beim Jugendlichen, auf die die Eltern mit Verwöhnung reagieren. Diese kann als ein Versuch betrachtet werden, ablehnende Gefühle dem Adoleszenten gegenüber zu kontrollieren – der Heranwachsende wird zum lebenden Beweis für die Liebe seiner Eltern.

Den kognitiven Bindungsmodus nennt Stierlin auch Ich-Bindung, weil hier „der bindende Interaktionspartner den Gebundenen zwingt, sich auf das verzerrte oder verzerrende Ich des Bindenden zu verlassen, statt sein eigenes wahrnehmungsfähiges Ich zu benutzen und zu entwickeln" (ders.: 55). Der bindende Elternteil zerstört die Fähigkeit zu einer differenzierten Selbstwahrnehmung und -bestimmung des Kindes. Die elterliche Definition von Bedürfnissen und Empfindungen des Kindes wird dem Kind als eigene Empfindung aufgezwungen. Der bindende Interaktionspartner kann dabei auch Gewalt ausüben, sich aber gleichzeitig glaubhaft als gutmeinend und behütend darstellen. Versuche des Jugendlichen, Ich-Autonomie zu gewinnen, führen zu Ängsten bei den Eltern; sie werden nun ihrerseits versuchen, den Jugendlichen noch stärker an sich zu binden. Ein höchst konfliktreicher, dramatisch sich zuspitzender Ablösungsvorgang kann die Folge sein.

Der Bindungsmodus auf der Loyalitätsebene ist dann gegeben, wenn Eltern dem Kind vermitteln, nur für sein Wohl zu leben. Jeder Versuch des Jugendlichen, sich zu trennen, ist auf seiner Seite mit Schuldgefühlen behaftet.

*Der Delegationsmodus*: Er findet sich, wo die Eltern von widerstreitenden Gefühlen beherrscht werden: einerseits das jetzt geführte Leben fortzusetzen, andererseits ein „neues Leben" zu beginnen. Die Kinder werden in diesem Fall zu „Objekten" der elterlichen Wünsche, gleichzeitig sie fortschicken und an ihnen festhalten zu wollen.

Stierlin unterscheidet Delegierte „im Dienste" des Es, des Ich und des Über-Ich. Ein Jugendlicher als Delegierter im Dienste des Es müsse die unbefriedigten, frustrierten Es-Anteile eines Elternteils „versorgen", er muss „den Eltern Erfahrungen beschaffen (z.B. ‚emotionale Sensationen'), die sie versäumten, als sie selbst noch Jugendliche waren. Er muss nun die unfertig gebliebene und frustrierte Jugendentwicklung seiner Eltern nachträglich ausgleichen" (ders.: 70f.).

Delegierte im Dienste des Ich haben den „Auftrag", das Ich eines Elternteils zu unterstützen. Das Kind wird zu einem getreuen Gefährten, auf den unbedingter Verlass ist.

*Der Ausstoßungsmodus*: Hier wird der Jugendliche zu einer Behinderung, die den Eltern oder einem Elternteil bei dem Versuch, eigene Konflikte zu bewältigen, im Weg steht. Die Eltern versuchen, den Ablösungsprozess zu beschleunigen. Ist dieser Modus dominant, so trifft man häufig auf Kinder und Jugendliche, die von ihren Eltern vernachlässigt werden.

## 2. Jugendliche im Schulsystem

Für die Mehrzahl der Jugendlichen in der Altersgruppe der 12- bis etwa 18/20-Jährigen ist die Schule neben der Familie bestimmender Eckpfeiler ihrer individuellen und sozialen Existenz. Die an anderen Stellen beschriebenen soziologischen und entwicklungspsychologischen Besonderheiten des Jugendalters und die Teilhabe an der Jugendkultur in ihren verschiedenen Ausprägungen haben immer auch mit dem Schulbesuch der Jugendlichen zu tun: Spannungs- und konfliktreiche Wechselbeziehungen zwischen Schule und Jugendkultur, Schule und dem jeweiligen Entwicklungsstadium des Jugendlichen sind „normal".

### 2.1 Funktionsbestimmung und -bedeutung der Schule

Für die individuelle Entwicklung ist die Schule eine zentrale Institution, weil die *schulische Sozialisation* zur Überwindung der „Kindheitsidentifikationen" (Erikson 1977) und zur „Neustrukturierung des Ich" herausfordert bzw. anleitet; zu den persönlichen Beziehungen zu den Familienmitgliedern kommen in der Schule sachlich zentrierte Beziehungen zu Lehrern und Mitschülern hinzu; entsprechend muss etwa gelernt werden, emotionale Distanz auszuhalten und sich unter Bedingungen der Leistungskonkurrenz zu behaupten (zur schulischen Sozialisation vgl. den Übersichtsartikel von Ulich 2002).

Hinsichtlich der sozialen Entwicklung ist die Schule eine wichtige Instanz für die Zuteilung von Sozialchancen. Unter Bedingungen der sog. Bildungsexpansion, d.h. der Erhöhung des Anteils höherer Bildungsabschlüsse sowie des wirtschaftlichen Wachstums, bot schulische Bildung bis Mitte der 1980er Jahre in zahlreichen Fällen eine Chance des sozialen Aufstiegs. Inzwischen ist eher davon auszugehen, dass die Gleichung „höhere Bildung = bessere berufliche Positionen als die der Eltern" in vielen Fällen nicht mehr aufgeht. Entsprechend wird in der Bildungssoziologie von einer Entwertung und Inflationierung der Bildungstitel gesprochen, denn ein formal höherer Bildungstitel führt nicht mehr automatisch zu einer Verbesserung des sozialen Status' gegenüber der Herkunftsfamilie.

Die *Funktionsbestimmung* der Schule steht seit der Entwicklung der bürgerlichen Gesellschaft unter dem Primat, das allgemeine Bildungsniveau anzuheben und die Integration in die Gesellschaft sicherzustellen. Industrielle und post-industrielle Gesellschaften sind auf Schulen als Institutionen verwiesen, in denen grundlegende Qualifikationen für den Arbeitsmarkt vermittelt werden. Zudem ist Schule ein Instrument nationalstaatlicher Erziehung: In Schulen werden eine gemeinsame nationale Verkehrsprache und ein Selbstverständnis als Staatsbürger vermittelt.

Folgende Aufgaben der Schule werden als besonders wichtig angesehen:

- *Qualifikation.* Mit der Schule schafft sich die moderne Gesellschaft eine Institution, in der grundlegende, für die Ökonomie und die Politik wichtige Kenntnisse und Qualifikationen von allen Heranwachsenden erworben werden sollen.
- *Sozialisation.* Eine Gesellschaft, die die tradierten patriarchalischen, hierarchisch-traditionalen, familiär und religiös fundierten Sozialbeziehungen ablöste, musste zwangsläufig eine „gesellschaftliche" Institution schaffen, in der diese Zusammenhänge auf neuer Basis in „antizipatorischen Lernprozessen" verdeutlicht werden können.
- *Zuteilung gesellschaftlicher Chancen* durch die Tradierung vorhandener sozialer, insbesondere beruflicher Positionen als Grundlage des Tradierens wesentlicher Züge einer Gesellschaft und Kultur. Dadurch wird in der Schule ein Stück weit vorentschieden, wer die begehrtesten sozialen Positionen künftig einnehmen wird.
- *Vermittlung sachbezogener Verhaltensweisen.* Im Gegensatz zu Familie und Spielgruppe werden die Kinder/Jugendlichen in der Schule zum ersten Mal mit Anforderungen und Verhaltensweisen konfrontiert, die überwiegend sachbezogen, funktional und kognitiv sind.

Die Funktionsbestimmungen der Schule sind also von der Gesellschaft her und damit von den Notwendigkeiten der Integration und Entwicklung des gesellschaftlichen Systems gedacht. Das damit verbundene Dilemma für die Jugendlichen lässt sich wie folgt zusammenfassen:

- Die Schule ist in der Regel keine „Schüler-Schule", sondern eine „Lehrer-Schule". Noch extremer als in der Familie stehen sich zwei Generationen gegenüber: Erwachsene und Kinder/Jugendliche; Lehrer/Funktionsträger und Schüler;
- die Organisation des Schulalltags mit seinen starren Zeiteinteilungen, Lernstoffvorgaben, eingespielten Rollenverteilungen und sonstigen Regelungen ist quasi eine Gegenwelt zu den als kindgemäß oder jugendgemäß angesehenen Verhaltensweisen;
- das relativ starre Jahrgangsklassenprinzip verstärkt den mehrfach hervorgehobenen Trend der altersspezifischen „Sortierung" von Sozialgruppen.

Es hat immer wieder Bemühungen gegeben, aus der „Lehrer-Schule" eine „Schüler-Schule", aus der Funktionsbestimmung durch die Schule Selbstbestimmung durch die Schüler, zumindest in Teilbereichen, zu machen. Etwas überspitzt könnte man sagen: Die Geschichte des modernen Schulwesens ist die Geschichte seiner Reformen.

Die staatlich initiierten Reformversuche des Schulwesens in der Bundesrepublik liefen irgendwie alle darauf hinaus, problematische Trends der Gegenwartsgesellschaft (unfreiwillig) zu verstärken: Zentralisierung und Anonymisierung, Bürokratisierung und Verrechtlichung, Einschränkung von Handlungskompetenzen der „vor Ort" Handelnden, also vor allem der Pädagogen, Pseudo-Demokratisierung in Bereichen der Eltern- und Schülermitbestimmung.

Einzelne Reformen, zumal im Gesamtschulbereich, zeigten, dass pädagogische und gesellschaftspolitische Reformideen vielfach durch ihre organisatorischen und baulichen Konzeptualisierungen mehr belastet als gefördert werden.

## 2.2 Expansion des Schulsystems und des Jugendalters

Die „Ausdehnung" des Jugendalters ist zeitlich und in immer breitere soziale Schichten hinein vor allem auf die Expansion des Schulwesens zurückzuführen.

In drei Jahrzehnten bundesrepublikanischer Geschichte ist das Schulwesen merklich expandiert:

Es seien zur Verdeutlichung nur einige Zahlen hervorgehoben: 1960 waren 11,1% der 14-Jährigen auf der Realschule, 2003 25,4%. Im gleichen Zeitraum erhöhte sich bei den 14-Jährigen der Anteil der Gymnasiasten von 14% auf 33,1% (Datenreport 2004: 66). 1960 waren von den 16-Jährigen zwei Drittel auf der Berufsschule, 2003 nur noch knapp ein Fünftel. 2003 besuchten 14,9% der Schüler die Hauptschule, 13,1% die Realschule und 23,4% das Gymnasium (vgl. Tab. 1).

Tab. 1 zeigt auch, dass innerhalb einer Generation das allgemeine Bildungsniveau enorm angehoben wurde; in der Folge erwarb ein Großteil der Jugendlichen einen höheren Bildungsabschluss als die Eltern. Wie sich dieses Faktum auf das Verhältnis zu den Eltern und auf den *Generationszusammenhang* auswirkt, ist zu unterschiedlich, um es typisieren zu können.

Die größten Änderungen im Bildungssystem haben sich für Mädchen im Jugendalter ergeben. Zwischen 1967 und 2002 erhöhte sich der Anteil der weiblichen Schulabgänger mit allgemeiner Hochschulreife an den Schulabgängern mit diesem Abschluss insgesamt von 36,5% auf 56,7% (Stat. Jb. 2004: 125). 1960 betrug der Anteil der weiblichen Studienanfänger an der

Gesamtzahl aller Studienanfänger 27%, im Wintersemester 2004/05 waren es 48,8% (Stat. Bundesamt Deutschland, http://www.destatis.de/presse/deutsch/ pm2004/p5050071.htm)

## 2.3 Bildungschancen und Sozialschicht

Die Verteilung der Schüler auf das Schulsystem ist nach wie vor signifikant schichtspezifisch, das heißt: Je höher der soziale Status der Eltern (nach Beruf, Einkommen, Bildungsniveau), umso wahrscheinlicher ist der Besuch weiterführender Schulen ihrer Kinder und Jugendlichen.

Dies haben bildungssoziologische Studien immer wieder nachgewiesen. So ergab eine repräsentative Untersuchung zur *Bildungsmobilität* in den alten Bundesländern Anfang der 1990er Jahre, dass Jugendliche bzw. junge Erwachsene, die die Hauptschule besuch(t)en, zu 82% Väter und zu 83% Mütter haben, deren höchster Schulabschluss die Hauptschule war. Umgekehrt verfügen nur 6% der Väter und 2% der Mütter, deren Kinder auf der Hauptschule sind, über die Hochschulreife (Apel 1992: 355). Im Datenreport 2004 wird festgestellt: „Kinder aus der oberen Dienstklasse haben eine rund 9-mal bessere Chance, auf das Gymnasium zu gehen, als Arbeiterkinder, und alle Jugendlichen aus anderen Sozialschichten haben eine 4-mal größere Chance für eine Gymnasialbildung als die Arbeiterkinder." (Datenreport 2004: 491). Diesen Zusammenhang von Bildungserfolg und sozialer Herkunft haben auch die PISA-Studien belegt und nachgewiesen, dass er in Deutschland besonders stark ausgeprägt ist (vgl. Deutsches Pisa-Konsortium 2002).

Zu dieser Selektion tragen Besonderheiten des Schulsystems als „typischer Mittelschicht-Institution" nicht unerheblich bei: Sprachniveau, Rekrutierung der Lehrer und Bildungsstreben sind mittelschichtspezifisch. Aber auch Einstellungen in benachteiligten sozialen Schichten zur „höheren Bildung" wirken sich negativ auf die allgemeine Bildungs- und die Begabtenförderung aus. Solche Einstellungen sind aber selbst eine Folge von Erfahrungen der Benachteiligung und des Scheiterns im Bildungssystem. Hinzu kommt das Problem, den Kindern kaum Hilfen bei weiterführenden schulischen Lernprozessen geben zu können. Auch die finanziellen Sorgen wegen der langen Schul- und ggf. Studienzeit wirken wie eine Bildungsbarriere. Die Kosten für Gymnasium und Studium sind schwer kalkulierbar im Hinblick auf evtl. Nachhilfestunden, Klassenwiederholungen, Bücher, Fahrtkosten, Wohn- und Unterhaltsgeld sowie Aufwendungen fürs Studium selbst. Die relativ unsichere soziale Stellung vieler Arbeiter und Angestellten der unteren Lohn- und Gehaltsgruppen mag ein weiterer Grund sein, vor zu langer Schulausbildung zurückzuschrecken. Die gegenüber unteren sozialen Schichten behauptete geringe Zukunftsorientierung und das dort öfter anzu-

treffende fehlende Verhaltensmuster der sogenannten „aufgeschobenen Bedürfnisse" werden durch diesen Tatbestand verständlich.

Die Ausweitung der höheren Bildungsabschlüsse und die Vermehrung
der „Bildungspatente" (Max Weber) hat den einzelnen Bildungsabschluss
relativ abgewertet, weil sich das berufliche Qualifikationsniveau nicht im
gleichen Umfang verbreitert hat beziehungsweise in seinen Bildungshierar-
chien das erworbene Bildungsniveau nicht mehr so eindeutig widerspiegelt
wie in den ersten Jahrzehnten der Bundesrepublik. Obwohl sich die Beziehung zwischen Schulsystem und Beschäftigungssystem gelockert hat, ändert
dies nichts an der Bedeutung der schulischen Qualifikation für den späteren
Berufstatus, den Lebensstil und das kulturelle Aspirationsniveau.

## 2.4  Schulsystem, Jugendkultur und Familie

Die Schule hat bei ihren Reformen zwischen Allgemeinem und Individuel-
lem, Fremd- und Selbstbestimmung, Leistungsanforderung und individuell
notwendiger Qualifizierungsmöglichkeit usw. ein Gleichgewicht herzustellen. Hierbei spielt die *schulische Subkultur* mit ihren Cliquen und ihren Gruppen eine große Rolle. Das kann bis zu dem Extrem gehen, dass Jugendliche
nur noch in die Schule kommen, weil dort die „Basis" ihrer subkulturellen
Tätigkeiten und Verabredungen ist (vgl. Willis 1982). Hierüber lassen sich
keine genauen Angaben machen, weil die Unterschiede von Schultyp zu
Schultyp, von Klasse zu Klasse oder von Stadt zu Stadt zu groß sind.

Abschließend sei als Problemfeld besonderer Art das Verhältnis von *familialer* und *schulischer Sozialisation* hervorgehoben. Gehörte zu den Kern-
aussagen einer funktionsorientierten Familiensoziologie, dass die Familien
auch hinsichtlich der Sozialisation einen erheblichen Funktionsverlust erlitten
hätten, weil vom Kindergarten bis zur beruflichen Sozialisation spezialisierte
Instanzen an die Stelle der Familie getreten seien, so sieht man heute dieses
Verhältnis viel differenzierter: Die allgemeine *Pädagogisierung* der Kind-
heits- und Jugendphase hat den Familien von eben diesen Instanzen her völlig neue Aufgaben zugewiesen. So müssen der „Schulstress" oder der Leis-
tungsdruck oder selbst die einzelne schlechte Note emotional aufgefangen
werden. Hinzu kommt, dass nie zuvor in der deutschen Schulgeschichte die
Elternmitsprache am Schulgeschehen ähnlich breit – wenn auch unterschiedlich in den einzelnen Bundesländern – verankert war wie heute.

In diesen Zusammenhang gehört auch der so häufig, aber für das staatliche
Schulwesen als wirkungslos kritisierte Tatbestand, dass sich die „Diktatur der
Schulnoten" als Antizipation möglicher Studien- und Berufschancen auf das
familiale wie schulische Leben gleichermaßen negativ auswirkt – ganz abgesehen von den Wirkungen auf die Biografie des einzelnen Schülers.

# 3. Jugendliche in Ausbildung und Beruf. Einstellung zur Technik

## 3.1 Berufsausbildung als Übergang in die Postadoleszenz

Die Altersstruktur der Auszubildenden hat sich in den letzten Jahrzehnten so stark nach oben hin verschoben, dass diese Einführung, die vor allem die 12- ca. 18/20-Jährigen im Blick hat, auf eine ausführliche Darstellung verzichten kann. „Berufsausbildung ist zur Erwachsenenbildung geworden" (Tessaring 1993: 135).

Eine Kernaussage der älteren Jugendsoziologie, die in der Nachfolge von Siegfried Bernfeld, Eduard Spranger und Leopold Rosenmayr (letzterer 1976: 223ff.) von *begünstigter Adoleszenz* der Gymnasiasten und Studenten und der *benachteiligten Adoleszenz* der früh ins Berufsleben Eintretenden ausging, ist damit relativiert: Zwar ist es immer noch eine Mehrheit der Jugendlichen, die in ein Ausbildungsverhältnis eintritt, aber dies geschieht unter altersmäßig und ökonomisch veränderten Voraussetzungen. Inzwischen sind Auszubildende nicht mehr von der Teilnahme aus der Jugendkultur ausgeschlossen, weder ökonomisch noch im Hinblick auf ihre Zeitbudgets.

Das Grundgesetz geht prinzipiell von der freien Arbeitsplatz- und Berufswahl aus. Ein anderes Grundprinzip war und ist das der *Dualen Berufsausbildung*. Diese Ausbildung hat in Deutschland eine lange Tradition und geht zurück auf das Erbe der mittelalterlichen Zünfte und Innungen. „Dual" wird das System genannt, weil es auf zwei Säulen ruht: bctrieblicher Ausbildungsstätte und Berufsschule.

Stärker als im allgemeinen Bildungswesen gab es im beruflichen Bildungswesen seit Ende der 1950er Jahre eine Ausdifferenzierung, die hier nur mit ihren wichtigsten Institutionen genannt werden soll: Berufsfachschule; Berufsaufbauschule; Fachschule/Fachakademien; Fachoberschulen; Berufsoberschulen; Berufsakademien.

## 3.2 Veränderungen der Berufsausbildung

Zu den einschneidenden Veränderungen der beruflichen Bildung gehört die Reduktion der anerkannten Ausbildungsberufe von ca. 1000 (um 1950) auf gegenwärtig ca. 360. Einschneidend waren auch die Bestimmungen des Berufsausbildungsgesetzes vom 14.8.1969, dessen in der Öffentlichkeit bekannteste Maßnahme die Abschaffung des in Deutschland, zumal im Handwerk, traditionsreichen Begriffs *Lehrling* brachte und ihn durch die Bezeichnung *Auszubildende* ersetzte (in der DDR gab es den Begriff Lehrling bis zur Wiedervereinigung). Die strukturellen Änderungen im Bereich der Berufs-

114

ausbildung machen deutlich, dass bestimmten Wandlungen auch begrifflich Rechnung getragen werden musste.

1970 kamen nur 26% aller Schulabgänger aus der Realschule; bereits 1993 war der Anteil auf 38% und 2003 auf 40,1% gestiegen. 1960 waren noch 82% der Auszubildenden jünger als 18 Jahre; 1990 war dieser Anteil auf knapp ein Viertel gesunken. Mit anderen Worten: Drei von vier Auszubildenden waren volljährig (Tessaring 1993).

*Tabelle 10:* Vorbildung der Auszubildenden 2002 und Verteilung auf die Ausbildungsbereiche in Prozent

| Ausbildungsbereich | Vorbildung | | |
| --- | --- | --- | --- |
| | Hauptschule incl. BGJ/BVJ | Realschul- oder gleichw. Abschl. | Hoch- oder Fachschulreife |
| Industrie/Handel | 28,9 | 38,6 | 19,2 |
| Handwerk | 58,1 | 29,0 | 3,8 |
| Landwirtschaft | 49,1 | 31,7 | 8,0 |
| öffentl. Dienst | 7,0 | 65,7 | 23,0 |
| insgesamt | 37,6 | 37,4 | 13,9 |

Quelle: Berufsbildungsbericht 2004, Übersicht 21

Nach dem Berufsbildungsbericht 2004 ist die Zahl der vorzeitigen Vertragslösungen von Ausbildungsverhältnissen weiter gestiegen, 2002 betrug sie 24,8%. Die höchste Abbrecherquote findet sich mit 29,3,% im Handwerk, am geringsten ist sie im Öffentlichen Dienst mit 8,6%.

Ein großes Problem des dualen Ausbildungssystems wird darin gesehen, dass die Struktur der Ausbildungsplätze und die Berufsstruktur nur bedingt übereinstimmen. Dies hat zur Folge, dass ein großer Teil der Ausgebildeten nicht im Lehrberuf verbleiben kann.

## 3.3 Wahl des Ausbildungsberufes

Bei der *Berufswahl* des Jugendlichen sind zwei Schwellen zu unterscheiden: die Wahl eines Ausbildungsberufes und die Wahl des Berufes selbst. Beide Schwellen haben zwar eine sehr enge Verbindung, aber sie ist heute geringer als zur Zeit relativer Vollbeschäftigung. Hierfür können folgende Gründe genannt werden:

- Das Ausbildungsverhältnis mündet nicht mehr selbstverständlich in ein sich anschließendes, der Ausbildung entsprechendes Beschäftigungs- bzw. Berufsverhältnis;
- die höhere Flexibilität der Ausbildung eröffnet in vielen Fällen ein breiteres Berufsspektrum als früher;

115

- viele Jugendliche wollen durch die Ausbildung nicht „lebenslänglich" auf eine bestimmte Berufsrolle fixiert werden (zumal dann nicht, wenn es Restriktionen bei der Wahl des Ausbildungsberufes gegeben hat).

Die Wahl des Ausbildungsberufes ist ein längerfristiger Entscheidungsprozess, der zumindest von folgenden Faktoren abhängt:

- von der Verfügbarkeit von Ausbildungsplätzen; denn Wahlmöglichkeiten setzen einen Überschuss des Angebots gegenüber der Nachfrage voraus – dies ist aber seit Mitte der 1990er Jahre nicht mehr der Fall;
- von den Interessen, Neigungen und Fähigkeiten des Jugendlichen. Das Grundgesetz (Art. 12) garantiert ihm „die freie Wahl von Beruf, Arbeitsplatz und Ausbildungsstätte";
- von den Vorstellungen und Wünschen der für den Jugendlichen wichtigsten Bezugspersonen: der Eltern, Verwandten, Lehrer, der *peers*;
- vom regionalspezifischen Angebot und den Empfehlungen des Berufsberaters;
- von Erkenntnissen, die der Jugendliche aus einzelnen Unterrichtsfächern, z.B. dem Fach Wirtschafts- und Arbeitslehre, über die künftige Entwicklung von Berufen und Wirtschaftsbranchen hat.

Die Wahl des Ausbildungsberufes bedeutet in der Regel eine langfristige Festlegung des Lebensplans, sie bedeutet auch die Öffnung oder Verengung von beruflichen und sozialen Chancen.

Wie erwähnt, bewirbt sich die Mehrzahl der Jugendlichen mit Haupt- und Realschulabschluss um einen Ausbildungsplatz im dualen System; ein anderer Teil bewirbt sich um einen Platz in der Berufsfachschule oder der einjährigen beruflichen Grundbildung. Eine bedenklich große Zahl Jugendlicher nimmt eine Erwerbstätigkeit ohne Ausbildung auf, dies sind zumeist Hauptschüler ohne Abschluss. So hatten von den 237 Tsd. Schulentlassenen des Jahres 2001/02 35,8% keinen Schulabschluss (hiervon entfielen 33,8% auf die Hauptschulen und 44,4%. auf Sonderschulen; Stat. Jb. 2004: 125).

## 3.4 Verteilung der Jugendlichen auf die Ausbildungsberufe

Bei der Wahl der Ausbildungsberufe gibt es deutliche Schwerpunkte: 2002 konzentrierten sich 15,7% aller männlichen und 20,0% aller weiblichen Auszubildenden auf nur drei von insgesamt 359 anerkannten Ausbildungsberufe.

*Tabelle 11:* Auszubildende 2002 in den fünf am häufigsten gewählten Ausbildungsberufen für Deutschland in Prozent

| Ausbildungsberuf männlich | in %* | Ausbildungsberuf weiblich | in %* |
|---|---|---|---|
| Kfz-Mechaniker | 7,6 | Bürokauffrau | 7,4 |
| Elektroinstallateur | 4,3 | Arzthelferin | 7,0 |
| Maler und Lackierer | 3,8 | Kauffrau im Einzelhandel | 6,5 |
| Kaufmann im Einzelhandel | 3,3 | Friseurin | 6,2 |
| Metallbauer | 3,0 | Zahnarzthelferin | 6,0 |
| männliche Auszubildende insgesamt (Anzahl) | 422.745 | weibliche Auszubildende insgesamt (Anzahl) | 437.062 |

Quelle: Stat. Jb. 2004: 130

\* Anteil an allen männlichen bzw. weiblichen Auszubildenden.

Wie Tabelle 11 zeigt, wird sich der „geschlechtsspezifische Arbeitsmarkt" (Beck-Gernsheim 1981) in die nächste Generation fortsetzen. Trotz der öffentlichkeitswirksamen Schlagzeilen wie: „Immer mehr Frauen drängen in Männerberufe" wird sich in naher Zukunft wenig an dem Sachverhalt ändern, dass die Mädchen und jungen Frauen vorwiegend in den sogenannten „frauentypischen" Berufen zu finden sein werden: Arzthelferin; Bürokauffrau; Kauffrau im Einzelhandel. (Diese Problematik betrifft auch die Studiengänge an Hochschulen.)

# 4. Gleichaltrigengruppen

## 4.1 Gesellschaftliche Ursachen zur Bildung von Gleichaltrigengruppen

Gleichaltrigengruppen (*peer-groups*) können deshalb den gesellschaftlichen Grundgebilden zugerechnet werden, weil sie zum „Normalfall der Jugendkultur" geworden sind und einen für die Mehrzahl aller Jugendlichen sehr bedeutsamen sozialen Handlungs- und Erfahrungskontext darstellen. Ihr Stellenwert hat seit den 1960er Jahren zugenommen (s. Allerbeck/Hoag 1986). Sie können „als der soziale Ort jugendspezifischer Erfahrungsbildung und -artikulation par exellence" (Bohnsack et al. 1995: 9) charakterisiert werden.

Gleichaltrigengruppen lassen sich täglich beobachten: im eigenen Wohnviertel, auf Schulhöfen, vor Diskotheken oder Kinos usw. In dem Maße, wie sie sich gegenüber der Umwelt als eigenständig durchsetzen, erzeugen sie nach innen Solidarität und Konformität. Hierdurch wird ein äußerst günstiges Klima für die Übermittlung von Einstellungen und Verhaltensmustern erzeugt. Aus diesem Grunde wird die Gleichaltrigengruppe zu Recht als eine bedeutsame *„informelle Sozialisationsinstanz"* angesehen (über die Bedeutung von *peer-groups* für die Sozialisation von Kindern und Jugendlichen in ihren verschiedenen Altersphasen vgl. Krappmann 1998; Hurrelmann 2004: 126ff.).

Die sozialgeschichtliche Entwicklung der Gleichaltrigengruppen charakterisierte Martin Schwonke (1981: 110) wie folgt:

„Vor der Industrialisierung wuchsen Menschen in der Regel in altersheterogenen Gruppen auf, also in Gruppen, in denen Kinder, Jugendliche, Erwachsene und alte Leute vereint waren wie in einem vorindustriellen landwirtschaftlichen oder handwerklichen Haushalt. Die zeitweise Zusammenführung von Gleichaltrigen in der Schule, im Wehrdienst, in der Berufsausbildung wurde erst während des vorigen Jahrhunderts üblich, und der Zeitraum der Zusammenführung wuchs mit der Verlängerung der Schul- und Ausbildungszeiten. Das Zusammenleben von Gleichaltrigen wurde indirekt auch durch die wachsende Freizeit gefördert, in der Kinder und Jugendliche, sei es in Jugendorganisationen oder informell, in zunehmendem Maße unter sich sind oder sein wollen".

Die für Gleichaltrigengruppen grundlegende Altersabgrenzung hat also sich wechselseitig verstärkende Ursachen:

- In Schulen und Ausbildungsstätten werden altershomogene Gruppen gesellschaftlich institutionalisiert;
- kommerzielle und pädagogische Angebote im Freizeitbereich richten sich an weitgehend altershomogene Gruppen;
- *peer-groups* ermöglichen die Auseinandersetzung mit ähnlichen Erfahrungen und altersgruppentypischen Problemlagen in Schule, Ausbildungsstätte, Familie und Freizeit.

*Peer-groups* können als der soziale Freiraum angesehen werden, in dem sich Jugendkultur „ereignet" und von dem aus sich gegebenenfalls eine Gegenkultur entwickelt.

## 4.2 Merkmale und Leistungen der Gleichaltrigengruppen

In der jugendsoziologischen Literatur haben Gleichaltrigengruppen seit den grundlegenden Arbeiten von Ausubel und Eisenstadt (amerik. 1954 bzw. 1956) einen bedeutenden Stellenwert. Zusammenfassend lassen sich folgende Merkmale der *peer-groups* hervorheben:

- sie leisten (latent) eine „Sozialisation in eigener Regie" (Tenbruck 1962: 92) und erleichtern eine „jugendspezifische Identitätsbildung"; sie bieten dem Jugendlichen eine „soziale Stützung" von Einschätzungen, Bewertungen und Überzeugungen;

- die Aktivitäten der *peer-groups* sind überwiegend auf die Freizeitgestaltung bezogen; für die Freizeit und in der Freizeit tendieren sie dazu, ihren Autonomiebereich auszudehnen;
- *peer-groups* egalisieren die heterogenen familialen Bedingungen der Sozialisation und ergänzen individualistische Einstellungen durch gruppenorientierte;
- für erotische und sexuelle Bedürfnisse und Erfahrungen ist die *peer-group* ein wichtiger Kommunikations- und Begegnungsraum;

Trotz der durch die *peer-groups* unterstützten Distanzierung und Ablösung vom Elternhaus bleiben Einfluss und Milieu der Herkunftsfamilien präsent (vgl. für die jugendliche Arbeitersubkultur Willis 1979). Auf Grund der „typischen" Zusammensetzung vieler *peer-groups* bleibt auch der Schul- und Nachbarschaftseinfluss erhalten – auch wenn er zum Teil nur als Gelegenheit für bestimmte Aktivitäten gesehen wird. In *peer-groups* werden also soziale Ungleichheiten und Abgrenzungen reproduziert.

Die Betonung des Stellenwerts der *peer-groups* darf nicht übersehen lassen, dass im Jugendalter *Freundschaften* und damit die Besonderheiten der Zweiergruppe ebenfalls einen besonderen Stellenwert haben. Über die Bedeutung der Freundschaften im Jugendalter ist sehr viel weniger bekannt als über Freundesgruppen. Nach den repräsentativen Untersuchungen „Jugend '92", „Jugend '97", „Jugend 2000" und „Jugend 2002" kommt auch dem Freund und der Freundin, sowohl gleich- als auch andersgeschlechtlich, große Bedeutung zu für die Entwicklung von Einstellungen und Verhaltensweisen.

## 5. Religion, Kirche und Weltanschauungen

### 5.1 Ein vernachlässigtes Gebiet der Jugendforschung

Das Thema Religion und Kirche fand in der soziologischen Jugendforschung zunächst wenig Beachtung; erst die Repräsentativuntersuchung „Jugendliche + Erwachsene '85" ging explizit auf die Phänomene Konfessionalität, Religiosität und Kirchlichkeit ein (vgl. Fuchs 1985a und die Untersuchungsergebnisse von Feige 1988 und Silbereisen et al. 1996).

Die repräsentative Untersuchung Jugend '92 beschäftigte sich vor allem mit der Bedeutung von Kirche und Religion bei Jugendlichen in den neuen Bundesländern (Krekel-Eiben/Ulrich 1993). Heiner Barz (1992) legte nach über 30 Jahren (Wölber 1959) die erste größere empirische Studie zur Religiosität der jungen Generation in den alten Bundesländern vor (eine kompetente Zusammenfassung der jugendspezifischen religions- und kirchensoziologischen Untersuchungen der Zeit 1959-1989 gibt Keil 1989).

Hingegen fand das Thema *Jugendsekten* über viele Jahre große Aufmerksamkeit (zu Sekten vgl. Kap. VI). Darin zeigt sich eine der typischen, von den Sozialwissenschaften und den Massenmedien veranstalteten und mit zu verantwortenden „Über-Repräsentationen" einzelner sozialer Phänomene. Die „Normalität" des Verhältnisses Jugend, Kirche, Religion kommt dabei zu kurz (das gilt auch für andere Phänomene und hat zur Folge, dass unser Bild von der sozialen Wirklichkeit und die „Normalität" unserer Primärerfahrung immer weiter auseinanderklaffen).

Der Umfrageforschung als der verbreitetsten Erhebungsmethode in diesem Bereich ist mit besonderer Skepsis zu begegnen. Was Schelsky in seiner „skeptischen Generation" (1957) ausführte, gilt auch heute noch: „Die Versuche, durch Befragungen in tiefere Schichten des Verhältnisses der Jugendlichen zur Religion und zur Kirche einzudringen, sind nur zu einem kleinen Teil gelungen" (ders.: 478).

## 5.2 Zur Empirie von Religiosität und Kirchlichkeit

Die Jugendlichen gehören im hier vorwiegend betrachteten Lebensalter von etwa 12 bis ca. 18/20 Jahren fast ausnahmslos der gleichen Religionsgemeinschaft an wie ihre Eltern.

Ende des Jahres 2002 waren 32% der Bevölkerung katholisch (26,5 Mio.) sowie weitere 32% evangelisch (26,5 Mio.), ein weiteres Drittel gehört „keiner oder einer anderen Glaubensgemeinschaft an" (Datenreport 2004: 184). Dieses Drittel umfasst ca. 2 Mio. Mitglieder anderer christlicher Gemeinschaften (orthodoxe Kirche; Baptisten usw.), ca. 3 Mio. Muslime sowie ca. 100 Tsd. Menschen jüdischen Glaubens.

Als eine Nebenfolge der Einwanderung, insbesondere aus der Türkei, ist der Islam zu einem wichtigen Bestandteil der Religionen in der Bundesrepublik geworden. Ca. 5% aller Schüler an allgemeinbildenden Schulen stammen aus einer Familie muslimischen Glaubens (Datenreport 2004: 589). Die osteuropäische Immigration hat seit Beginn der 1990er Jahre auch zu einer Erhöhung der Zahl der hier lebenden Juden geführt. Da die Zahl der gemischt-konfessionellen Ehen in den letzten Jahrzehnten stark zugenommen hat, teilen ca. ein Drittel der Jugendlichen das religiöse Bekenntnis nur mit einem Elternteil. Der Anteil der konfessionell gemischten Ehen an der Gesamtzahl der bestehenden Ehen betrug 1901 noch 8,8%, 1951 dann 25,4%, 1972 schon 32,7%. Bei den 1998 geschlossenen Ehen war der Anteil der von Frauen mit Männern gleicher Konfession geschlossenen Ehen bei den Protestanten auf 48,8% und bei den Katholiken auf 57,1% gesunken (Stat. Jb. 2000: 69).

Die vorliegenden Untersuchungen über Religiosität und Kirchlichkeit zeigen einen völligen Wandel des Phänomens innerhalb von einem Viertel Jahrhundert. Nach F.-X. Kaufmann und G. Stachel (1981) waren bereits zum damaligen Zeitpunkt folgende Verallgemeinerungen möglich:

- In Westeuropa sei ein „recht eindeutiger Trend des Rückgangs kirchenbezogener Religiosität" festzustellen. Das gelte für Kirchenbesucherzahlen, Sakramentempfang, Priesterweihe, religiöse Einstellungen, aber auch für die gesamtgesellschaftliche Einschätzung des Einflusses von Kirchen und Religionen; besonders deutlich zeige sich der Rückgang kirchenbezogener religiöser Phänomene in der jüngeren Generation;
- auch bei landläufig als „religiös" oder „kirchlich" geltenden Personen fänden sich Auffassungen, die „von der offiziellen Lehre ihrer Kirchen abweichen";
- gleichwohl sei Kirchenfeindlichkeit nicht auszumachen. Im Gegenteil: „Auf Befragen erklärt ein überraschend hoher Anteil von Jugendlichen sich grundsätzlich zur Beteiligung an kirchlich organisierten Aktivitäten bereit";
- besondere Schwierigkeiten bereite die religiöse Erziehung in Elternhaus und Schule, aber auch in der innerkirchlichen Arbeit.

An diesen Trends hat sich nichts geändert, außer dass über die nationale und weltpolitische Bedeutungszunahme des Islam auch der Stellenwert des Christentums für Deutschland wie für Europa neue Aufmerksamkeit findet.

Auch am von A. Feige (1988: 179) zusammengefassten Trend zur Religiosität und Kirchlichkeit Jugendlicher hat sich nichts geändert: „Die empirischen Daten aus sozialwissenschaftlichen Untersuchungen und kirchenamtlichen Statistiken weisen unbestreitbar aus, dass hinsichtlich einer ganzen Reihe manifester Mitgliedschaftsverpflichtungen von Jugendlichen und jungen Erwachsenen die institutionell formulierten Erwartungen mehrheitlich nicht erfüllt werden". Auch beim Kirchenaustritt dominiere die jeweils junge Generation; andererseits finde sich in der Bereitschaft, Kinder taufen zu lassen, eine Einverständniserklärung, die gesellschaftliche Existenz der Kirche zu akzeptieren und ihre mögliche Bedeutung für die Gestaltung eigener religiöser Bedürfnisse nicht auszuschließen.

Allerdings zeichnet sich bezogen auf einen erheblichen Teil der Jugendlichen mit Migrationshintergrund ein anderes Bild ab. In ihrer Studie über Mädchen aus Einwandererfamilien kommen Boos-Nünning und Karakasoglu (2005: 382ff.) zu dem Ergebnis, dass ca. 90% der Befragten mit griechischem, türkischem und italienischen Migrationshintergrund sich eindeutig religiös zuordnen; eine Mehrheit der befragten Musliminnen, aber auch ein großer Teil der befragten Katholikinnen spricht der Religion große Bedeutung für das eigene Leben zu (45% bei italienischem Hintergrund, 70% bei jugoslawischem Hintergrund).

Die Untersuchung von Barz (1992) wies nach, was Thomas Luckmann in seiner wegweisenden Analyse über „Die unsichtbare Religion" (1963/ 1991) bereits vor über 40 Jahren ausführte: Der Institutionalisierungsgrad von Religiosität sei zwar rückläufig, es wäre aber falsch, bereits diese Erscheinung auch als Indikator für das Entschwinden von Gläubigkeit zu nehmen. Diese sei, vergleichbar anderen Phänomenen, eine Sache der Privatheit und Individualisierung.

## 5.3  Konfessionalität und Weltanschauungen

Die DDR war ein Staats- und Gesellschaftssystem auf demonstrativ atheistischer (bzw. historisch-materialistischer) Basis. Der Kirchenkampf ließ jedoch mit der Zeit an Intensität nach; Staat und Partei der SED versuchten, nicht zuletzt wegen der Selbstdarstellung im Ausland, einen *modus vivendi* zu finden.

Die DDR gehörte mit ihren 1952 abgeschafften, im Hinblick auf die Vereinigung im Jahr 1990 wieder eingerichteten Ländern Thüringen und Sachsen-Anhalt zu den Kerngebieten der Reformation und damit nicht nur des deutschen Protestantismus und Luthertums (Eisenach, Wittenberg, Erfurt, Halle und andere Wirkungsstätten Luthers liegen in diesen Ländern). Entsprechend gering war und ist die Zahl der Katholiken in der DDR bzw. in den neuen Bundesländern.

Bei der Untersuchung „Jugend 2000" gaben nur 13% der Jugendlichen in den neuen Bundesländern an, Mitglied einer Konfession zu sein, dagegen waren 80% der westdeutschen Jugendlichen einer Konfession zugehörig (Jugend 2000: 157). Ein konfessionelles Milieu, wie es sich in den alten Bundesländern regionaltypisch immer noch aufweisen lässt, war in der DDR nicht mehr gegeben. Damit entfiel für Jugendliche und Elternhäuser das entsprechende Umfeld bei ihrer konfessionellen Sozialisation. Während 78% der ostdeutschen Jugendlichen sich als nichtreligiös bezeichneten, taten dies in Westdeutschland nur 47% der Jugendlichen (Jugend 2000: 173).

*Tabelle 12:* Religiosität; Angaben in Prozent

| Jahr | Gottesdienstbesuch min. 1 mal innerhalb 4 Wochen | | Beten (manchmal oder regelmäßig) | | Glaube an ein Leben nach dem Tod | |
|------|------|------|------|------|------|------|
|  | West | Ost | West | Ost | West | Ost |
| 1984 | – | – | 36 | – | 49 | 27 |
| 1991 | 21 | 10 | 39 | 21 | 56 | 22 |
| 1999 | 16 | 7 | 28 | 11 | 32 | 18 |

Quelle: Jugend 2000: 162; Jugend 2002: 105

Die christliche Religion ist heute nur noch ein Teil einer breiter ausgefächerten Palette von Sinn- und Lebensdeutungen sowie Weltanschauungen. Die Untersuchung von Silbereisen et al. aus dem Jahre 1996 bei 3.275 Jugendlichen und jungen Erwachsenen im Alter von 13 bis incl. 29 Jahre (nur deutsche Wohnbevölkerung) ergab folgendes Bild: Dominante Kosmologie sei nicht mehr der Glaube an den christlichen Gott; das könne nur für ca. 20% der Jugendlichen und jungen Erwachsenen gesagt werden (1996: 114ff.). Die Unterschiede zwischen Jugendlichen und jungen Erwachsenen sind relativ gering; erheblich sind die Differenzen zwischen Ost- und Westdeutschland.

Die Ergebnisse der Jugenduntersuchungen zur Religiosität und Kirchlichkeit sind auch ein Spiegel der gegenwärtigen Form und Bedeutung *religiöser Sozialisation*. Ihre Basis im Elternhaus, in Kindergärten und Schulen ist in den letzten Jahrzehnten immer schmaler geworden. Die Gebetspraxis in den Familien ist weitgehend verschwunden. Das Gebet in Schulen ist die Ausnahme; der Religionsunterricht hat jedoch bei den Schülern wieder an Interesse gewonnen – mag dies auf die neue Religionspädagogik, die Schwierigkeiten der Alternativfächer Ethik, Sozialethik o.ä. und/oder die Sinnkrise zurückzuführen sein. Von der Abwählbarkeit des Religionsunterrichts mit der Vollendung des 14. Lebensjahres macht nur ein sehr geringer Prozentsatz der Schüler Gebrauch; die Unterschiede von Schule zu Schule sind jedoch erheblich.

Kaufmann/Stachel nannten als wichtigen Grund für „den Verlust von Gebet und geistlichem Gespräch" in den Familien: Hier gebe es so etwas wie eine Diskretion, „sich zu Fragen des Glaubens, der Ethik und des Lebenssinns zu äußern. Die sprachliche Dissonanz zur familiären Alltagssituation" werde als zu groß empfunden. Auch fehle es an Vorbildern, „von denen man lernen könnte, wie christliche Gehalte schlicht, distanziert, vorsichtig und glaubhaft zur Sprache gelangen können" (1981: 141).

Auffallend ist das Fehlen „atheistischer Aggressivität" gegenüber den christlichen Religionsgemeinschaften. Dies mag zum einen daran liegen, dass Religion und Kirche nicht mehr mit vergleichbarer Rigorosität und Verbindlichkeit wie noch vor ein oder zwei Generationen ethische Forderungen aufstellen (können). Auch die überwiegend positiv bewertete Rolle der Kirche gegenüber Armut, Unterdrückung sowie Ungerechtigkeit und das Engagement der Kirchen bzw. einzelner Geistlicher in der Friedensbewegung, zur Völkerverständigung und für Länder der Dritten Welt sind zu nennen.

# VIII. Politische Einstellungen und Verhaltensweisen

Wenn nach politischen Einstellungen und Verhaltensweisen Jugendlicher gefragt wird, dann verbindet sich dies mit Befürchtungen bezüglich des Zustands und der Zukunft der Gesellschaft. Befürchtet wird insbesondere, dass es nicht gelingt, bei Jugendlichen zureichende Akzeptanz für die Demokratie als Staatsform sicherzustellen und dass antidemokratische Einstellungen zunehmende Verbreitung finden. Debatten über Jugend und Politik gehen oft mit projektiven Zuschreibungen einher: Bestimmte gesellschaftlich-politische Problemlagen, und dies gilt seit Beginn der 1990er Jahre insbesondere für Fremdenfeindlichkeit, Rassismus und Rechtsextremismus, werden stellvertretend als Jugendprobleme diskutiert.

Demgegenüber ist zunächst festzustellen, dass sich die politischen Einstellungen Jugendlicher gewöhnlich nicht substantiell von denen der jeweiligen Erwachsenengeneration unterscheiden. „Die Einstellungen der Jugendlichen und jungen Erwachsenen zur politischen Ordnung ähneln denen der ab 30-Jährigen sehr stark" (Gaiser et al. 2001: 56). Das Verhältnis von Jugendlichen zur Politik ist so betrachtet ein Spiegel gesamtgesellschaftlicher Entwicklungstendenzen und Konflikte. Jugenddebatten sind also, wie eine Analyse der Auseinandersetzung über die Jugendproteste Anfang der 1980er Jahre ausführt, eine Form der „Selbstvergewisserung der politischen Institutionen mit Hilfe des Mediums Jugend" (Deutsches Jugendinstitut 1982: 9).

## 1. Zur Differenz von Einstellungen und Verhalten

Politische Einstellungen Jugendlicher (Demokratievertrauen, politisches Interesse, parteipolitische Sympathien usw.) werden in repräsentativen Befragungen regelmäßig erhoben – so in den Shell-Jugend-Studien und im Jugendsurvey des Deutschen Jugendinstituts. Hinzu kommen Studien zu spezifischen Themengebieten, wie insbesondere in den 1990er Jahren zu rechtsextremen Einstellungen Jugendlicher (s.u.).

Bei der Interpretation der einschlägigen Ergebnisse ist jedoch zu beachten, dass Einstellung und Handeln keineswegs zwangsläufig eine völlige oder auch nur hohe Übereinstimmung aufweisen. Vielmehr hat die Einstellungs- und Vorurteilsforschung nachgewiesen, dass Einstellungen und Verhaltens- weisen weit auseinander klaffen können. Dies gilt nicht nur für Jugendliche, sondern auch für Erwachsene, zumal bei Erwachsenen – mit dem Soziologen und Ökonomen Vilfredo Pareto (1849-1923) argumentiert – möglicherweise mehr Mechanismen der „Post-Rationalisierung" ihrer Handlungen zur Ver- fügung stehen, d.h., dass für erfolgte Handlungen nachträglich passende Er- klärungen und Rechtfertigungen gefunden werden.

Folglich bilden Einstellungsuntersuchungen keine stabilen Überzeugun- gen ab, die es erlauben, Verhaltenspotenziale verlässlich zu prognostizieren. Dies wird nicht zuletzt daran deutlich, dass weder die Schüler- und Studen- tenbewegungen in der zweiten Hälfte der 1960er Jahre noch die Jugendproteste der 1980er Jahre auf Grundlage der damals verfügbaren Daten prognostiziert wurden. Hinzu kommt, dass in sozialen Umbruchsphasen mit einem raschen Wandel von Einstellungen zu rechnen ist.


## 2. Politisches Interesse und Institutionenvertrauen

Bei der Entwicklung des politischen Interesses ist ein deutlicher Alterseffekt nachweisbar: Das Interesse an Politik steigt ab dem 16. bis ca. zum 25. Le- bensjahr deutlich an, doch unterliegt das politische Interesse Jugendlicher und Erwachsener auch erheblichen konjunkturellen Schwankungen. Dabei kann jedoch nicht von einem langfristigen Trend in Richtung auf einen kon- tinuierlichen Rückgang des politischen Interesses ausgegangen werden:

„In den letzten 20 Jahren hat sich der Anteil derjenigen, die sich stark oder sogar sehr stark für Politik interessieren, beständig und dynamisch verändert. Im Zeitraum um die Vereinigung Deutschlands war er am höchsten. Zwischen 1980 und 2002 lag der Anteil derjenigen, die sich stark oder sehr stark für Politik interessieren, in West- deutschland bei 30%, 1969 waren es lediglich 18%. Langfristig gesehen sind heute also mehr Bürger am politischen Geschehen interessiert als noch vor knapp drei Jahr- zehnten" (Datenreport 2004: 640).

Die neueren empirischen Repräsentativbefragungen zu politischen Einstel- lungen und Verhaltensweisen von Jugendlichen und jungen Erwachsenen zeigen, dass es seit Beginn der 1990er Jahre einen Rückgang gab im Interes- se an Politik und im Vertrauen gegenüber politischen und staatlichen Institu- tionen. 1984 zeigten noch 55% der Jugendlichen zwischen 15 und 24 Jahre Interesse für Politik, 1991 stieg der Prozentsatz leicht an (57%). Danach war ein großer Rückgang des Interesses zu vermerken: 1996 waren 47%, 1999 noch 43% und 2002 nur noch 34% der west- und ostdeutschen Jugendlichen an Politik interessiert (Hurrelmann/Albert 2002: 92).

Das in einschlägigen Umfragen geäußerte politische Interesse steht in einem engen Zusammenhang mit dem formalen Bildungsniveau: Je höher das formale Bildungsniveau, desto eher bezeichnen sich Befragte als politisch interessiert.

Hinsichtlich des politischen Interesses, aber auch in Bezug auf andere Aspekte (s.u.) waren in den 1990er Jahren deutliche Unterschiede zwischen westdeutschen und ostdeutschen Jugendlichen festzustellen: Während das politische Interesse der westdeutschen Jugendlichen von 1996 auf 1999 fast konstant blieb, zeigte sich bei den ostdeutschen Jugendlichen ein deutlicher Rückgang um 15% (Jugend 2000: 271). In der neuesten Shell-Studie lässt sich jedoch kein signifikanter Unterschied zwischen den alten und den neuen Bundesländern bezüglich des politischen Interesses feststellen (Hurrelmann/Albert 2002: 94).

Dies gilt auch in Hinblick auf die Akzeptanz von Demokratie als Staatsform: Nach den Daten der jüngsten Shell-Jugendstudie stimmen 74% der westdeutschen, aber nur 59% der ostdeutschen Jugendlichen der Aussage zu, dass Demokratie „eine gute Staatsform" sei (Hurrelmann/Albert 2002: 103); allerdings kann dies nicht als eindeutiger Hinweis auf eine verbreitete Demokratieablehnung interpretiert werden, da in diesem Antwortverhalten potenziell auch eine generelle Unzufriedenheit mit der gesellschaftlichen und wirtschaftlichen Entwicklung in den neuen Bundesländern zum Ausdruck kommt.

Jugendliche bringen solchen politischen Institutionen das größte Vertrauen entgegen, die als parteipolitisch unabhängig gelten (Gerichte, Polizei) sowie nicht-staatlichen politischen Institutionen, wie z.B. Menschenrechts- und Umweltschutzgruppen (vgl. Hurrelmann/Albert 2002: 105). Das Vertrauen in staatliche Organisationen hat in den 1990er Jahren insgesamt etwas zugenommen, das in nichtstaatliche Organisationen dagegen geringfügig abgenommen.

*Tabelle 13:* Veränderung des Vertrauens von Jugendlichen in gesellschaftliche Gruppierungen und Institutionen (Mittelwerte)

| Bereich | 1996 | 1999 | 2002 |
| --- | --- | --- | --- |
| Gerichte | 3,3 | 3,4 | 3,5 |
| Polizei | 3,1 | 3,3 | 3,4 |
| Menschenrechtsgruppen | 3,5 | 3,4 | 3,3 |
| Umweltschutzgruppen | 3,8 | 3,5 | 3,3 |
| Bundeswehr | – | 3,0 | 3,2 |
| Gewerkschaften | 3,1 | 3,1 | 3,0 |
| Bürgerinitiativen | 3,2 | 3,1 | 3,0 |
| Bundesregierung | 2,4 | 2,7 | 2,8 |
| Kirche | 2,4 | 2,5 | 2,6 |
| Unternehmerverbände | 2,6 | 2,6 | 2,6 |
| Politische Parteien | 2,4 | 2,5 | 2,6 |

Quelle: Jugend 2000: 271; Jugend 2002: 105
Skala von 1 (= sehr wenig Vertrauen) bis 5 (= sehr viel Vertrauen)

# 3. Tendenzen zu Extremismus

Die Unzufriedenheit eines erheblichen Teils aller Jugendlichen mit den etablierten Parteien (vgl. Gille/Krüger 2000) führt eher zu Wahlenthaltungen und Politikdistanz als zu einem Engagement in gesellschaftskritischen Initiativen und sozialen Bewegungen (vgl. Rucht/Roth 2000) oder zu extremistischen Orientierungen.

Dennoch sind bei einer relevanten Teilgruppe Affinitäten zu extremistischen Positionen zu beobachten. Bestrebungen, die darauf abzielen, eine grundsätzliche Veränderung der politischen und gesellschaftlichen Verhältnisse herbeizuführen (verfassungsrechtlich: Bestrebungen, die sich gegen die freiheitlich-demokratischen Grundordnung richten), werden als *„Politischer Extremismus"* bezeichnet (zur begrifflichen Problematik vgl. Möller 2001).

Die Beobachtung extremistischer Bestrebungen ist Aufgabe des Verfassungsschutzes. Zentraler Gegenstand sind seit der deutschen Vereinigung rechtsextremistische Entwicklungen; seit den Anschlägen auf das World-Trade-Center am 11. September 2001, in Madrid (März 2004) und in London (Juli 2005) ist auch der islamistische Terrorismus ins Zentrum der Aufmerksamkeit gerückt.

Eine seriöse empirische Untersuchung dieses Problemfeldes ist außerordentlich schwierig, da die Betreffenden in aller Regel nicht daran interessiert sind, Auskünfte zu geben (ggf. sind erhebliche private und berufliche Nachteile oder strafrechtliche Verfolgung zu erwarten). Gleichwohl können folgende Forschungsergebnisse als gesichert gelten (vgl. Heitmeyer et al. 1993; Förster/Friedrich et al. 1993; Otto/Merten 1993; Willems 1993; Heitmeyer 1995; Scherr 1996; Stöss/Niedermayer 1998; Butterwegge/Lohmann 2000; Angermeyer/Brähler 2001; Scherr 2001; Kohlstruck 2004; Heitmeyer 2005):

- „Politischer Extremismus" ist bei Jugendlichen wie Erwachsenen ein Minderheiten-Phänomen. Die Umsetzung extremistischer Einstellungen in politische Aktionen ist keineswegs allein eine Angelegenheit der jungen Generation. Allerdings sind Jugendliche und junge Erwachsene bei fremdenfeindlichen und rechtsextremen Gewalttaten deutlich überrepräsentiert.

- Der Begriff Extremismus ist durchaus problematisch, da er eine Ähnlichkeit sehr unterschiedlicher politischer Positionen suggeriert: Rechtsextremismus und der seit dem Ende der 1980er Jahre weitgehend bedeutungslos gewordene Linksextremismus unterscheiden sich nicht nur substantiell hinsichtlich ihrer politischen Vorstellungen (z.B. Befürwortung bzw. Ablehnung von Sozialdarwinismus, Rassismus, Nationalismus, Demokratie etc.), sondern auch hinsichtlich soziodemographischer Merkmale ihrer Anhänger (Linksextremismus: eher überdurchschnittliches Bildungsniveau; Rechtsextremismus: eher unterdurchschnittlich).

- Die Themen und Forderungen des gegenwärtigen Rechtsextremismus stehen in engem Bezug zu gesellschaftlich verbreiteten Vorurteilen, Feindbildern und Bedrohungsszenarien.
- Hinsichtlich rechtsextremistischer Einstellungen (ablesbar z.B. an Parteipräferenzen) kann gegenwärtig meist ein Zusammenhang mit dem sozialen Umfeld festgestellt werden: Rechtsextrem orientierte Jugendliche stammen häufig aus nationalistisch und fremdenfeindlich geprägten Milieus.

Politischer Extremismus von Jugendlichen beherrschte immer wieder die öffentliche Diskussion in der Geschichte der Bundesrepublik. Zum ersten Male Ende der 1950er Jahre, als eine Welle neonationalsozialistischer Aktionen (Zerstörung von jüdischen Friedhöfen, Hakenkreuzschmierereien, bewaffnete Überfälle in SS-Kleidung) zu beobachten war. Ein Ergebnis der dadurch veranlassten Debatte war u.a. eine Intensivierung der politischen Bildung. Auch gegenwärtig ist der politischen Bildung eine bedeutende Rolle bei der Auseinandersetzung mit Rechtsextremismus zugewiesen.

## 4.    Politischer Protest und Gewalt. Rechtsextremismus

Das Problem der *Gewalt* und die Anwendung von Gewalt durch Jugendliche sind seit den Studentenunruhen in den Jahren 1967 bis 1969 ein bleibendes Thema der verschiedenen Sozial- und Humanwissenschaften und der öffentlichen Diskussion (vgl. Heitmeyer/Soeffner 2004; Hopf 2005: 179ff.). Veranlasst war dies einerseits durch Protestformen der Studentenbewegung, die „Gewalt gegen Sachen" einschlossen, vor allem aber durch terroristische Gewaltaktionen der sog. Baader-Meinhof-Gruppe in der zweiten Hälfte der 1970er Jahre (vgl. hierzu Aust 1989). Für die Entwicklung der Studentenbewegung war aber auch staatliche Gewalt von Bedeutung: massive Polizeieinsätze gegen studentische Demonstranten anlässlich des Besuchs des damaligen persischen Schahs in Berlin am 2. Juni 1967, die damit im Zusammenhang stehende Tötung des Studenten Benno Ohnesorg durch Polizeischüsse. Folgenreich war auch das Attentat auf den Studentenführer Rudi Dutschke im April 1968.

*Gewalt* kann definiert werden als Anwendung physischen oder psychischen Zwanges gegen Personen. Ein weit gedehnter Gewaltbegriff schließt auch Gewalt gegen Sachen ein. Gewaltanwendung kann legitim oder illegitim sein. Die Staatsgewalt und ihre Organe können im Rahmen rechtlich festgelegter Grenzen Gewaltmittel einsetzen. Hier dient Gewaltanwendung auf der Basis des legitimierten Gewaltmonopols zur Aufrechterhaltung einer bestehenden Ordnung und Herrschaftsstruktur.

Politisch motivierte Gewalt tritt seit Beginn der 1990er nahezu ausschließlich als rechtsextreme Gewalt auf – mit einem anhaltend hohen Niveau. Wurden im Jahr 1992 im vereinten Deutschland 1485 rechtsextremistische Gewalttaten gezählt, so ging, wenn auch nicht kontinuierlich, bis zum Jahr 2004 die Zahl auf 778 zurück (vgl. Verfassungsschutzberichte 2002-2004).

Es war das Verdienst von Wilhelm Heitmeyer (1987), schon vor der „Wende" von 1989/90 auf die Entwicklung rechtsextremer Einstellungen bei Jugendlichen in Westdeutschland hingewiesen zu haben. Es handelt sich also keineswegs um ein Sonderproblem der neuen Bundesländer.

Rechtsextreme Einstellungen sind nicht nur unter Jugendlichen, sondern in allen Altersgruppen zu finden. 13% aller Ostdeutschen und 16% aller Westdeutschen stimmen der Aussage zu „Eigentlich sind die Deutschen anderen Völkern von Natur aus überlegen", 16% bzw. 17% der Aussage „Die Juden haben einfach etwas Besonderes und Eigentümliches an sich und passen nicht so recht zu uns".

*Tabelle 14:* Verbreitung rechtsextremer Einstellungen
(2004; Angaben in Prozent)

|  | 14-30jährige | 31-60jährige | älter als 60 |
|---|---|---|---|
| Befürwortung einer Diktatur | 5 | 6 | 8 |
| Nationalistisches Überlegenheitsbewusstsein | 17 | 18 | 23 |
| Ausländerfeindlichkeit | 21 | 25 | 29 |
| Antisemitismus | 8 | 9 | 13 |
| Verharmlosung Nationalsozialismus | 4 | 5 | 4 |

Quelle: E. Brähler/Decker 2005: 17

Die wichtigsten Ergebnisse der zahlreichen empirischen Untersuchungen über Jugend und Rechtsextremismus lassen sich wie folgt zusammenfassen:

- Die Herausbildung des neuen Rechtsextremismus in den 1990er Jahren hat ihren zentralen Bezugspunkt in der Ablehnung von Einwanderung und der Feindseligkeit gegenüber Migranten. Der gegenwärtige Rechtsextremismus radikalisiert eine auch „in der Mitte der Gesellschaft" (W. Heitmeyer) verbreitete Fremdenfeindlichkeit.
- Rechtsextremismus kann als eine Ideologie der Ungleichheit und Ungleichwertigkeit charakterisiert werden, in der sich die rassistische bzw. nationalistische Abwertung anderer mit der Selbstüberhöhung des „eigenen Volkes", der deutschen Nation usw. verbindet. In manchen Spielarten des gegenwärtigen Rechtsextremismus wird offen oder verdeckt an Elemente der nationalsozialistischen Ideologie („Volksgemeinschaft"; Antisemitismus) angeknüpft.
- Diese Ideologie legitimiert die Ausgrenzung und Ungleichbehandlung derjenigen, die als Fremde (auf der Grundlage rassistischer, nationalisierender usw. Konstruktion der Eigengruppe und der Fremdgruppe) gelten

und verbindet sich bei einigen, keineswegs allen Teilgruppen mit demonstrativer Gewaltakzeptanz bzw. eigener Gewaltbereitschaft. Dies betrifft insbesondere solche Jugendliche, deren formales Bildungsniveau niedrig ist und die sich selbst als Verlierer des gesellschaftlichen Modernisierungsprozesses sehen.

Seit dem Einigungsprozess, aber nicht allein wegen der damit verbundenen Umbrüche, haben rechtsextreme Handlungsbereitschaften und Handlungen deutlich zugenommen. Der Einigungsprozess hat insoweit rechte und rechtsradikale Einstellungen verstärkt, als er das Thema Nation/Nationalismus zwangsläufig häufiger auf die Tagesordnung brachte. Zugleich wurde Anfang der 1990er Jahre in den Medien und im politischen Diskurs Einwanderern die Rolle der Verursachung für vielfältige gesellschaftliche Probleme zugewiesen; damit wurden fremdenfeindliche Stimmungslagen hervorgerufen bzw. verstärkt..

Hinsichtlich der Entwicklung des jugendlichen Rechtsextremismus zeichnen sich deutliche Unterschiede zwischen den alten und den neuen Bundesländern ab: In den alten Bundesländern sind Jugendliche, die sich offen als rechtsextrem darstellen, eine Minderheit. Für einige Regionen der neuen Bundesländer gibt es dagegen Hinweise auf die Herausbildung einer einflussreichen bzw. lokal dominanten rechtsextremen Jugendkultur. Diese Tendenz wird auch in den jüngsten Wahlerfolgen rechtsextremer Parteien deutlich:

*Tabelle 15:* Wahlentscheidung für rechtsextreme Parteien bei den Landtagswahlen in Sachsen und Brandenburg 2004 (in Prozent)

| Altersgruppen | NPD in Sachsen | DVU in Brandenburg |
|---|---|---|
| 18-29 | 18 | 14 |
| 30-44 | 12 | 17 |
| 45-59 | 9 | 6 |
| 60 und älter | 3 | 2 |

Quelle: Forschungsgruppe Wahlen Mannheim: Umfragen am Wahltag 09/04

# IX. Jugendkultur und jugendliche Subkultur

## 1. Erscheinungsformen und Entstehungsgründe

Jugendliche, die sich durch bestimmte Stilmerkmale (Kleidung, Tattoos, Piercing, Frisuren usw.) deutlich von Erwachsenen, aber auch von anderen Jugendlichen unterscheiden, gehören zum Alltag. Die Existenz von Jugendstilen und -moden wird längst nicht mehr als provokative Infragestellung der gesellschaftlichen Ordnung begriffen. Vielmehr haben sich Eltern und Pädagogen, aber auch die Bekleidungsindustrie, die Musikindustrie und die Massenmedien darauf eingestellt und Jugendstile, insbesondere in den Bereichen Kleidung, Mode und Musik, als wichtiges Marktsegment entdeckt.

Von der bloßen stilistischen Selbstinszenierung zu unterscheiden sind eigenständige Jugendkulturen, die sich nicht nur symbolisch, sondern durch eigensinnige ästhetische, ethische oder politische Orientierungen definieren bzw. beanspruchen, einen eigenständigen Lebensstil jenseits der gesellschaftlichen Konventionen zu realisieren.

Gegenwärtige Jugendkulturen sind also – vom Sonderfall der rechtsextremen Jugendszene abgesehen – nicht mehr generell als provokative und rebellische Minderheiten zu charakterisieren, die zu einer erheblichen Verunsicherung von Politik, Pädagogik und Medien führen. „Im Alltag herrscht inzwischen beinahe die Erwartungshaltung, dass junge Menschen Jugendkulturen durchlaufen" (Rink 2002: 3).

Jugendkulturen stehen jedoch weiterhin in einem Spannungsfeld zwischen der bloß zeichenhaften Markierung von Unterschieden, adoleszenter Erlebnis- und Identitätssuche in der Gemeinschaft Gleichgesinnter, der mehr oder weniger bewussten und gezielten Abgrenzung von der „Erwachsenengesellschaft" bzw. anderen Jugendkulturen sowie einer expliziten politischen Gesellschaftskritik. Sie sind auch Objekt kommerzieller und medialer Vereinnahmung sowie ein vielfach genutztes Innovationspotenzial.

Zahlreiche Jugendstudien sind darauf ausgerichtet, Stilmerkmale und Praktiken (Verhaltensmuster, Treffpunkte, Vokabulare usw.) der jeweils einflussreichen Jugendkulturen zu beschreiben sowie Auskunft über dominante ästhetische, moralische, politische und geschlechtsbezogene Orientierungen in diesen zu geben (zu den gegenwärtigen Jugendkulturen in der Bundesrepublik: Ballestrini et al. 1997; Farin 1998; Ferchhoff 1999; Eckert et al.

2000; Menrath 2001; Hitzler 2001 und 2005; Klein/Friedrich 2003; Neumann-Braun/Richard 2005; im Internet finden sich einschlägige Informationen unter http://www.jugendkulturen.de; http://www. jugendszenen.com).

Die Entstehung und die Merkmale von Jugendkulturen sind soziologisch in ihrem Zusammenhang mit gesellschaftlichen Strukturen und Entwicklungsdynamiken zu begreifen, etwa als Auseinandersetzung mit Widersprüchen im gesellschaftlichen Normen- und Wertesystem, mit der eigenen Position im Gefüge der sozialen Ungleichheiten, mit Veränderungen der gesellschaftlichen Geschlechterordnung, mit beruflicher Zukunftsunsicherheit usw. Es genügt deshalb nicht, Merkmale von Jugendkulturen bloß ethnographisch zu beschreiben.

Die Entstehung von *Jugendkulturen* steht in engem Zusammenhang mit jenen gesellschaftlichen Entwicklungen, in denen Jugend überhaupt zu einer eigenständigen Lebensphase bzw. Alters- und Sozialgruppe werden konnte. Historische und gegenwärtige Jugendkulturen sind ein Beleg dafür, dass „Jugend (...) ihre eigene Geschichte" macht, d.h. selbst eine aktive Rolle „beim Hervorbringen jener sozialen und kulturellen Formen spielt", die für diese Lebensphase typisch waren und sind (Gillis 1984: 11).

## 2. Begriffs- und Sozialgeschichte von Jugendkultur

Der Begriff *Kultur* stammt aus dem Lat. und hieß zunächst: Ackerbau, Pflege, Veredelung, Vervollkommnung (des Geistes, der Seele und der Sitten). Kultur wurde also als das Gegenteil von Natur verstanden. Eine andere Bedeutung hat Kultur, wenn sie als das Bedeutende und Wertvolle bzw. das „Schöne, Wahre und Gute" vom Unbedeutenden und Wertlosen, so im Sinne des Gegensatzes von Kultur und Zivilisation (industrielle Produktion, Technik usw.), unterschieden wird.

In den Sozialwissenschaften wird der Begriff Kultur nicht normativ, sondern deskriptiv und nicht allein im Hinblick auf die Werke der Hochkultur (die Künste, die Philosophie, die Wissenschaften) verwendet, sondern umfassender: Als Formen der Kultur gelten auch Sprachen und Symbole, Werte und Normen, Rituale und Alltagsästhetiken bzw. die Wahrnehmungs-, Deutungs- und Handlungsmuster sozialer Gruppen, sozialer Klassen und Milieus.

Entsprechend ist von Arbeiterkultur, der Kultur der Mittelklassen oder von der Kultur der Drogenszene die Rede, wenn es darum geht, typische Muster der alltäglichen Lebensführung und der Kommunikation zu analysieren. „Der Begriff ‚Jugendkultur' verweist auf die kulturellen Aspekte von Jugend. (...) Kultur ist die Art, die Form, in der Gruppen das Rohmaterial ihrer sozialen und materiellen Existenz bearbeiten. (...) Die Kultur einer Gruppe oder Klasse umfasst die besondere und distinkte Lebensweise dieser Gruppe oder Klasse, die Bedeutungen, Werte und Ideen, wie sie in Institutionen, in den gesellschaftlichen Beziehungen, in den Glaubenssystemen, in Sitten und Bräuchen, im Gebrauch der Objekte und im materiellen Leben verkörpert sind. (...) Die Kultur enthält die ‚Landkarte der Bedeutungen', welche die Dinge für ihre Mitglieder verstehbar macht" (Clarke et al. 1971).

Der in der Jugendkulturforschung gängige Kulturbegriff ist also weiter gefasst als der „klassische" bildungsbürgerliche. Er akzentuiert „das Moment der Selbsttätigkeit von gesellschaftlichen Individuen, Gruppen und Klassen, ihre interpretativen, synthetisierenden und innovativen Leistungen auf der Grundlage vorgefundener natürlicher und gesellschaftlicher Bedingungen" (Lindner 1981: 186f.). Diese „Verschiebung von der ästhetischen zur anthropologischen Kulturkonzeption" (Lindner 1979: 8) trifft zusammen mit der „ethnographischen Wende" der Kultur- und Sozialwissenschaften Ende der 1970er Jahre und dem deutlich gestiegenen Interesse an der Erforschung der Alltagswelt und Lebenswirklichkeit sozialer Gruppen. Lindner machte zu Recht auf die Gefahren und Schwierigkeiten für eine sozialwissenschaftliche Analyse aufmerksam, wenn der Begriff Kultur „zu einem Sammelbegriff wird, unter den alles und jedes unterschiedslos subsumiert wird" (ders.: 10).

Für eine soziologische Betrachtung von Jugendkulturen sind vor allem folgende Dimensionen relevant:

- Selbstdefinition und thematischer Fokus, z.B. politische Jugendkulturen, ästhetische Jugendkulturen, erlebniszentrierte Jugendkulturen;
- thematische Reichweite, z.B. umfassender Entwurf einer erstrebenswerten Lebenspraxis vs. eng begrenzte freizeitbezogene Orientierungen;
- sozialstrukturelle Verortung, z.B. Kulturen von Arbeiterjugendlichen oder Mittelschichtjugendlichen;
- geschlechtsbezogene Orientierung und Zusammensetzung (maskuline vs. egalitäre Jugendkulturen);
- Identifikationen, Abgrenzungen und Gegnerschaften (etwa im Verhältnis zu politischen oder religiösen Ideologien, zu Kirchen und Parteien oder zu anderen Jugendkulturen);
- Strukturmerkmale der Gruppen- und Netzwerkbildung: egalitäre vs. hierarchische Strukturen; Identifikationsgrad, soziale und zeitliche Bedeutung der Jugendkultur für ihre Mitglieder; exklusive vs. multiple Zugehörigkeiten;
- Grad und Form der Abgrenzung von gesellschaftlichen Institutionen sowie den Werten und Normen der dominanten Kultur.

# 3.   Teilkulturen oder Subkulturen?

## 3.1   Sozialgeschichtliche und begriffliche Entwicklungen

Diejenigen Jugendkulturen, die sich bewusst und gewollt gegen die aus ihrer Sicht „offizielle" (dominante bzw. hegemoniale) Kultur abgrenzen, können als Subkulturen oder Gegenkulturen bezeichnet werden.

Eine der ersten Definitionen der *Subkultur* stammt von Robert R. Bell (1961/65): „Unter Teilkulturen verstehen wir relativ kohärente kulturelle Systeme, die innerhalb des Gesamtsystems unserer nationalen Kultur eine Welt für sich darstellen. Solche Subkulturen entwickeln strukturelle und funktionale Eigenheiten, die ihre Mitglieder in einem gewissen Grade von der übrigen Gesellschaft unterscheiden."

Diese am Struktur-Funktionalismus orientierte Definition ist formal. Mit Inhalt füllte sie sich in dem Maße, als seit Anfang der 1960er Jahre zunächst in den USA, dann auch in Europa, sich mehr und mehr jugendliche Subkulturen entwickelten und seither ein bleibendes Element der gesamten Jugendkultur geblieben sind. Bell geht davon aus, dass „die jugendliche Subkultur einer Entwicklungsphase entspricht, durch die der Jugendliche hindurchgeht und der er wieder entwächst".

Die Gegenwartsgesellschaft ist kein kulturell homogenes Gebilde für die – jenseits rechtlicher Festlegungen – problemlos angegeben werden könnte, was die „offizielle", „dominante" oder „hegemoniale Kultur kennzeichnet. Unter Bedingungen der kulturellen Pluralisierung und Liberalisierung erfolgt keine umfassende und eindeutige Normierung der individuellen Lebensführung. Gleichwohl weisen Begriffe wie Arbeitsgesellschaft und Konsumgesellschaft darauf hin, dass bestimmte Normen und Werte gesellschaftlich verbreitet und einflussreich sind. Zu berücksichtigen ist weiter, dass Normen und Werte anhaltend Gegenstand sozialer Auseinandersetzung sind, so etwa, wenn politisch über angemessene Erziehungsstile in Familien und Schulen oder die gesellschaftliche Bedeutung der Familie als Lebensform diskutiert wird.

Zwischen gesellschaftlichen Teilkulturen im Sinne von „Teil der offiziellen Kultur" bis zur bewusst und offensiv von der „offiziellen" Kultur abweichenden subkulturellen Bewegung liegt ein breites Spektrum an Möglichkeiten. Diese variieren hinsichtlich

- der Inhalte und „Stile", die teilweise oder völlig von der dominanten Kultur abweichen bzw. sich von dieser nur auf ästhetisch-symbolischer Ebene abgrenzen: durch Sprache, Kleidung, Körpersprache, Gewohnheiten, Verhaltensweisen, Anerkennung oder Ablehnung gesellschaftlich einflussreicher Werte wie Eigentum, Leistung etc.;

- der Größe der Gruppe bzw. Szene;
- ihrer Aktions-Bereitschaft, auch im Hinblick auf provokative Aktionsformen;
- ihrer alters- und schichtspezifischen Besonderheiten.

Jugendkulturen sind Teilkulturen in dem Sinne, dass sie auf eine gesellschaftliche Situation – wie spezifisch diese auch immer wahrgenommen wird – in bestimmter Weise reagieren.

Spätestens seit den *Jugendbewegungen* vor und nach dem Ersten Weltkrieg kann von einer eigenständigen Jugendkultur gesprochen werden. Für die bürgerliche Jugendbewegung (Wandervogel, bündische Jugend; vgl. Kap. IX) war der Versuch charakteristisch, sich „gegen die von der Gesellschaft bereitgestellten Erziehungsinstitutionen und deren Normen (...) einen eigenen Spielraum eigener Verhaltensweisen zu schaffen bzw. zu erhalten" (Giesecke 1981: 21). Der Begriff „Jugendkultur" wurde bereits von einem der „geistigen Führer" der Jugendbewegung verwendet, dem Reformpädagogen Gustav Wyneken (1875-1964). Bei Wyneken ist der Begriff der Jugendkultur normativ akzentuiert: Eine auf „Kameradschaft" gegründete Jugendkultur wird als Gegengewicht zur autoritären Ordnung in Familie, Schule, und Betrieb beansprucht.

In der Jugendsoziologie der 1970er und 1980er Jahre wurden klassen- und milieubezogene Jugendkulturen als Form der Auseinandersetzung mit ihrer sozialen Lage, Erfahrungen in der Schule und auf dem Arbeitsmarkt analysiert (vgl. Clarke u.a. 1979; Brake 1981). So wurde etwa aufgezeigt, dass die Entstehung der Jugendkultur der Skinheads in England eine Reaktion auf den Niedergang der traditionellen Industriearbeiterkultur darstellt. Dagegen wurde in der Jugendkulturdiskussion der 1990er Jahre argumentiert, dass Jugendsubkulturen „von sozialen Herkunftsmilieus weitgehend abgekoppelt" seien (Vollbrecht 1997; Ferchhoff 1999). So ist davon auszugehen, dass gegenwärtige Jugendkulturen sich weder eindeutig als klassen- und milieuspezifische noch als gänzlich jenseits der Strukturen sozialer Ungleichheit angesiedelte Phänomene beschreiben lassen. Es ist für die jeweilige Jugendkultur empirisch und analytisch zu klären, welche Relevanz die soziale Herkunft und sozialstrukturelle Positionen für ihre Merkmale (Themen, Ausdrucksformen usw.) und ihre Zusammensetzung haben.

Für einige Jugendkulturen war bzw. ist ein Selbstverständnis als solidarische Gemeinschaften bedeutsam, mit einem hohen Maß an Überstimmung in allen Fragen der Lebensführung und in Abgrenzung gegen die als abstrakt und anonym wahrgenommenen Strukturen der Gesellschaft. Solche Gemeinschaftsorientierungen verbinden sich gelegentlich mit romantisierenden Bezügen und Idealisierungen, etwa der indianischen Stammeskulturen Nordamerikas oder der jamaikanischen Rastafaris. Dies veranlasste Analysen, die

Jugendkulturen als Gegenbewegungen zur funktionalen Rationalität der modernen Gesellschaft in den Blick nahmen (Berger/Berger/Kellner 1975: 173ff.)

Von eher freizeitorientierten Jugendszenen zu unterscheiden sind *radikale Subkulturen* bzw. *Gegenkulturen,* die sich dezidiert von sog. Normaljugendlichen abgrenzen und versuchen, politischen Vereinnahmungen bzw. Vereinnahmungen durch den Kommerz- und Kulturbetrieb zu entgehen. Ein bedeutsames Mittel solcher Versuche ist die Entwicklung eines eigenen Stils. In radikalen Subkulturen ist neben der Entwicklung von bestimmten Stilelementen auch die in *latenten Subkulturen* weitgehend akzeptierte Begrenzung der Subkultur auf den Freizeitbereich aufgehoben. Es geht nicht um Freizeit, sondern um Freiräume: räumlich und ökonomisch, politisch, sozial und kulturell.

## 3.2 Jugendkultur seit den 1950er Jahren

Die Tradition der Jugendbewegung und die Idee einer eigenständigen Jugendkultur jenseits der Erwachsenengesellschaft wurden im Nationalsozialismus und im Zweiten Weltkrieg mit einer Realität konfrontiert, die ihre ungebrochene Wiederbelebung nach 1945 nicht zuließ. Nicht zuletzt aufgrund des geringen Widerstands gegen die Vereinnahmung von Jugendbünden und Jugendverbänden durch die „Hitler-Jugend" und den „Bund deutscher Mädel" war eine direkte Anknüpfung an diese Traditionslinien obsolet.

Für die erneute Entstehung von Jugendkulturen in den 1950er und 1960er Jahren in Westdeutschland waren deshalb US-amerikanische Vorbilder und Stile einflussreich (eine anschauliche Darstellung der Jugendkulturen in der Zeit 1945 bis 1969 gibt der Band ‚Heiss und Kalt', 1986; vgl. auch Deutscher Werkbund 1986: S. 214-284 vor).

Wichtige Impulse erhielt die Diskussion um die Eigenständigkeit der Jugendkultur in der Nachkriegszeit durch J. Colemans Untersuchung „Adolescent Society" (1961/62). Elemente einer eigenständigen Jugendkultur sah Coleman unter anderem in der Gemeinsamkeit der Interessen und der emotionalen Identifikation mit typischen Elementen dieser Kultur, wie z.B. Rockmusik sowie dem Drang zur Autonomie, der wiederum verstärkend auf die Bindung der Jugendlichen untereinander zurückwirke.

Die gesellschaftliche und politische Diskussion um die Bedeutung der Entwicklung eigenständiger Jugendkulturen und um jugendliche Subkulturen war durch Befürchtungen und ablehnende Haltungen bestimmt. Dies betrifft insbesondere die Infragestellung der tradierten Familien- und Sexualmoral durch Jugendkulturen der 1960er Jahre, die Neudefinition männlicher und weiblicher Rollen, den jugendkulturellen Gebrauch von illegalen Drogen sowie hedonistische Orientierungen an einem Lebensgenuss jenseits der Zwänge der Arbeit. „Gammler", „Rocker" und „Hippies", aber auch die politisierte linke Schüler- und Studentenbewegung sowie später „Hausbesetzer" und „Punks" wurden als eine Bedrohung der gesellschaftlichen Ordnung wahrgenommen. Auch die inzwischen kommerzialisierten und etablierten Stile der Jugendmusikkultur wurden zunächst als kulturelle ‚Verrohung' und Infragestellung gesellschaftlich unverzichtbarer Werte und Normen dargestellt.

Hierzu haben auch die von der Soziologie zur Verfügung gestellten Deutungsmuster abweichenden Verhaltens Jugendlicher beigetragen, zumal die Soziologie zunächst mit einem differenzierten „Repertoire" vor allem strukturell-funktionaler Delinquenz-Theorien und Außenseiter-Theorien auf die zahlreicher werdenden Jugendproteste seit Ende der 1950er Jahre reagierte. Der Blick für die Entwicklung zu größerer Eigenständigkeit jugendlicher Subkulturen wurde dadurch zunächst eher verstellt als freigelegt.

So sprach Fyvel Anfang der 1960er Jahre von „Troublemakers – Youth in an Affluent Society" (1961). Ende dieses Jahrzehnts kam der Begriff *„Untergrund"* (underground) hinzu. Walter Hollstein (1969) und Dieter Baacke (1970), die diesen Begriff ohne diskriminierende Absicht in die Diskussion brachten, konnten nicht verhindern, dass ein Beigeschmack von Delinquenz und Kriminalität blieb. Hollstein rechnete zum „Untergrund" die „Beatniks, Gammler, Voyous, Provos, Happeners, Capelloni, Hippies, Blumenkinder, revolutionäre Studenten oder Vietniks und Peaceniks" (1969: 7). Er hob die (in gewisser Weise erstmalige) Vergleichbarkeit der „Motive, Strategien, Forderungen und Hoffnungen der jugendlichen Rebellion" in „New York, San Francisco, Paris, Amsterdam, Mailand, Berlin, Stockholm und London" hervor und betonte damit einen neuen, bisher unbekannten Internationalismus der Jugendbewegung und der Entwicklung jugendlicher Subkulturen.

Die Bezeichnung von Jugendkulturen als Subkulturen akzentuiert, dass es sich dabei um eine „besondere Form von abweichendem Verhalten", eine politische oder ästhetische „Widerstandsbewegung" bzw. „Absetzbewegung" (Baacke 1999) handelt.

Im Unterschied dazu sind Jugendkulturen in der Gegenwartsgesellschaft keineswegs mehr durchgängig ästhetische oder politische Gegenkulturen, die den Anspruch erheben, Alternative zur oder Kritik der dominanten Kultur zu sein, sondern zu einem erheblichen Teil integrierter Bestandteil der Konsumgesellschaft, der Kultur- und Medienindustrie (vgl. Holert/Terkessidis 1996).

## 3.3 Stil als Mittel der Distanzierung und der Integration

*Stil* ist die Gesamtheit der auf typische Weise genutzten oder neu geschaffenen Ausdrucksmittel, insbesondere Sprache, Mode, Körpersprache und Musik.

In „Schock und Schöpfung" (1986) wurde der erste breit angelegte Versuch unternommen, die Jugendästhetik im 20. Jahrhundert in entwicklungsgeschichtlicher und vergleichender Perspektive darzustellen. Wandervögel und Lichtfreunde, Wilde Cliquen und Sonnenmenschen, die jugendliche Bohême und die Bündischen, die Antiautoritären und die Hippies, die Skinheads, Punks und Hip-Hopper – sie alle „stilisieren" sich in bestimmter Weise, wobei dem jeweiligen Stil entweder eine gruppenunterstützende Funktion zukommt wie etwa bei den Wandervögeln (vgl. Schäfers 1983), oder zum Selbstzweck und Mittel der demonstrativen Abgrenzung wird.

Die jeweils gewählten Ausdrucksmittel haben für die Subkultur integrierende und signalisierende, symbolisierende und selektierende Funktionen.

Was Stilbildungen in der Subkultur bedeuten, ist in wegweisenden Untersuchungen von Hebdige (1979 und 1983) am Beispiel der *Mods, Punks und Skinheads* aufgezeigt worden (zur Entwicklung von *Gruppenstilen* vgl. auch Clarke u. a 1979 sowie „Jugend '81": 476-556).

Seit der 9. Shell-Jugendstudie „Jugend '81" hat die kontinuierliche Untersuchung jugendlicher Freizeit- und Subkulturen und damit zusammenhängender „Stile" einen großen Stellenwert, so auch in der 1997 veröffentlichten 12. Shell-Studie. Über die Entwicklung der *Jugendkulturen* heißt es zusammenfassend (Jugend '97: 20f.):

- Jugendkulturelle Stile verlören ihre Bedeutung als subkulturelle jugendliche Lebensentwürfe einer „besseren" oder jugendgemäßen Gesellschaft; in den Vordergrund trete, Spaß und Zerstreuung zu haben;
- die Inhalte der Jugendkulturen seien nicht mehr umfassend, sondern eklektizistisch, schnelllebig und diffus;
- rückläufig seien die Identifikationen mit politisch subkulturellen und sozialen Protestbewegungen, nicht jedoch mit kommerzialisierten und lebensstilorientierten Gruppenstilen.

Die hier beschriebenen Entwicklungen können kaum generalisiert werden – gegenkulturelle Jugendgruppen und Szenen existieren, so etwa in Gestalt der sog. „autonomen" Jugendszenen, nach wie vor.

## 3.4 Handlungstypen und individuelle Bedeutung von Jugendkulturen

In seiner Studie ‚Die vielen Gesichter der Jugend' (1988) unterscheidet Karl Lenz vier grundlegende Typen der alltäglichen Lebensführung Jugendlicher:

- den familienorientierten Typus; hier ist für den Jugendlichen „die Herkunftsfamilie das zentrale Bezugssystem" und die „Peer-Relation (...) ist in ihrer Alltagsorganisation deutlich der Relevanz der Herkunftsfamilie nachgeordnet" (ebd.: 30f.);

- den hedonistisch-orientierten Typus; dieser ist durch die Einforderung von Freiräumen gegenüber elterlichen Kontrollen charakterisiert; die Alltagsorganisation ist daran ausgerichtet, „Spaß und Freunde" in Gruppen Gleichaltriger finden;
- den maskulin-orientierten Typus; der Jugendliche grenzt sich stärker von den Eltern ab und verbringt seine Freizeit in Cliquen, in denen versucht wird, aus „der Routine des Nichtstuns" auszubrechen; exzessiver Alkoholkonsum sowie die Betonung physischer Stärke sind gängig (ebd.: 86f.);
- den subjektorientierten Typus; dieser lehnt die konformistischen Orientierungen der eigenen Eltern ab, beschreibt seine Beziehungen zu ihnen als konfliktgeladen und weist eine Affinität zu gegenkulturellen Orientierungen auf (ebd.: 113ff.).

Nur ein begrenzter Teil aller Jugendlichen sieht in jugendkulturellen Gruppen und Szenen einen Gegenpol zur Herkunftsfamilie und den durch sie repräsentierten Werten und Normen der dominanten Kultur bzw. zur gesellschaftlichen Normalität. Für die Mehrzahl der Jugendlichen ist eine Kompromissbildung zwischen elterlichen Erwartungen und schulischen bzw. beruflichen Anforderungen einerseits, der partiellen Orientierung an Jugendkulturen und Jugendstilen andererseits typisch.

Zu unterscheiden ist entsprechend auch das Ausmaß der Einordnung in Jugendkulturen:

- Jugendkulturen bzw. Jugendszenen können bloße Freizeitgemeinschaften sein, die für die sonstige Lebensführung bedeutungslos sind, oder aber, am anderen Ende des Spektrums, für das eigene politische Selbstverständnis und die Normen, Werte und Ideale der eigenen Lebensführung bestimmend sein;
- sie können bloße Übergangsphänomene sein oder für die spätere Lebensführung als Erwachsener ein prägender Sozialisationskontext.

## 4. Jugendkultur als Freizeitkultur

### 4.1 Bedeutung der Freizeit

Jugendkultur hat ihre „personelle Basis" vor allem in den *peer-groups*; die „zeitliche Basis" liegt im Freizeitbereich. In allen anderen, mehr oder weniger deutlich von den Erwachsenen dominierten nicht-kommerziellen Institutionen müssen die Aktions- und Entfaltungsmöglichkeiten Jugendlicher als gering angesehen werden. (Allerdings ist die außerschulische Jugendarbeit

141

der Kommunen und Verbände ein gesellschaftlich anerkannter Ort jugend-kultureller Praxis.)

Freizeit für Erwachsene und Freizeit für Jugendliche bedeutet im Allgemeinen etwas fundamental Verschiedenes: Die Freizeit erwerbstätiger Erwachsener ist eng auf Beruf und Arbeit sowie ggf. familiale Verpflichtungen bezogen; sie unterliegt dem Zwang, sich von der Arbeit und für die Arbeit zu erholen (Reproduktion der Arbeitskraft). Auch in die jugendliche Freizeit ragen zwar die Erfordernisse der Schule und Ausbildung hinein; zudem arbeitet auch ein erheblicher Teil der Jugendlichen in der „Freizeit". Freizeit ist für Jugendliche aber auch die Zeit, in der sie sich der Kontrolle durch Eltern und pädagogische Institutionen entziehen können.

Bemühungen von Familien und der außerschulischen Pädagogik, die Freizeitgestaltungen Jugendlicher zu beeinflussen, stoßen an Grenzen. Denn sie konkurrieren einerseits mit dem Interesse an autonomer Freizeitgestaltung in *peer-groups*, andererseits mit der Fülle der kommerziellen Angebote. Der Sozialhistoriker Edward Shorter (1988: 51) hat die zugespitzte These formuliert, dass „effektive Kontrolle des Verhaltens der Jugendlichen" vor allem „als Selbstkontrolle in den Gleichaltrigengruppen" ausgeübt werde. Diese These unterschätzt allerdings die Bedeutung familialer und schulischer Erziehung und übersieht auch die indirekte Kontrolle durch schulische und berufliche Anforderungen.

## 4.2  Freizeit in der „Erlebnisgesellschaft"

Gerhard Schulze sprach, und nicht nur mit Bezug auf den Freizeitbereich, von der Entstehung einer „Erlebnisgesellschaft" (1992/2000). Seine Sichtweise trägt dazu bei, bestimmte Erscheinungsweisen gegenwärtiger Konsum- und Mediengesellschaften auf den Begriff zu bringen. Ausgangspunkt für Schulzes Kulturtheorie waren seine Untersuchungen, deren Ergebnisse sich nur durch die Annahme interpretieren ließen, dass in Folge des Anstiegs des Lebensstandards, der Zunahme arbeitsfreier Zeit und damit einhergehenden Zugewinns an Möglichkeiten eine „Angebotsexplosion" und ein wachsender „Erlebnismarkt" zu beobachten sei. Die typischen Muster der „Erlebnisgesellschaft" setzen sich nach Schulze seit Beginn der 1980er Jahre mehr und mehr durch. Erlebnisgesellschaft meint die Tendenz, dass die Zwänge der alltäglichen Lebensbewältigung und eine Ethik der an Pflichten orientierten Lebensführung in den Hintergrund treten; dagegen werde die Aufforderung, das eigene Leben aktiv zu erleben, d.h. mit emotional befriedigenden Ereignissen – etwa Sportevents, Abenteuerreisen oder meditativen Übungen – auszufüllen, zu einer einflussreichen Maxime: „Erlebnisrationalität" als Funktionalisierung der äußeren Lebensumstände für das Innenleben; die Menschen würden mehr und mehr „das Projekt des schönen Lebens" verfolgen; dies sei zum Massenphänomen geworden. Unter diesen Bedingungen entwickelte sich ein neues „Geflecht von Gemeinsamkeiten: alltagsästhetische Schemata, soziale Milieus, typische Existenzformen, existenzielle Anschauungsweisen, Rationalitätstypen, Zeichenkosmen, Szenen".

„Hilfreich" bei diesen Entwicklungen sei die entsprechend inszenierte und ästhetisierte Warenwelt: Die Erlebniswelt von Angeboten überspiele den Gebrauchswert und werde zum dominierenden Faktor der Kaufmotivation. Schulze ging davon aus, dass die Erlebnisgesellschaft bereits in die psychischen Motivstrukturen und die Formen der Wahrnehmung, des Genießens und der Existenz eingedrungen sind.

In Anknüpfung hieran schlagen Hitzler und Pfadhauer vor, jugendkulturelle Szenen als die gegenwärtig typische Form von „posttraditionaler Vergemeinschaftung" zu betrachten: „Das strukturelle Unterscheidungsmerkmal posttraditionaler Gemeinschaften gegenüber überkommenen bzw. eingelebten Gemeinschaften ist u.E. die jederzeit kündbare Mitgliedschaft auf der Basis eines freien Entschlusses der sich vergemeinschaftenden Akteure" (Hitzler/Pfadhauer 1998: 78).

Bei *Szenen* handelt es sich um „thematisch fokussierte Netzwerke (...), die bestimmte materiale und/oder mentale Formen der kollektiven Selbststilisierung teilen und Gemeinsamkeiten an typischen Orten und zu typischen Zeiten interaktiv stabilisieren" (Hitzler/Bucher/Niedermacher 2001: 20). Szenen sind für ihre Mitglieder, anders als traditionelle Jugendkulturen, nicht alternativlose, subjektiv hoch verbindliche Zusammenschlüsse, sondern „prinzipiell mit relativ geringen ‚Kosten' wähl- und abwählbare Optionen" (ebd.: 18).

So kann etwa die Techno-Szene als eine posttraditionale Erlebnisgemeinschaft charakterisiert werden. Dabei ist zu berücksichtigen, dass es sich insofern um fiktive Gemeinschaften handelt, da sich die Mitglieder von überregionalen Jugendszenen nicht persönlich kennen und nicht durch dichte soziale Beziehungen miteinander verbunden sind, Vergemeinschaftung also in der Form situativer Inszenierungen erfolgt.

## 4.3 Freizeitbereich und Ablösungsprozess

Die Prozesse der Ablösung vom Elternhaus ist bei Jugendlichen nicht zuletzt mit dem Wunsch verschränkt, so viel freie Zeit wie möglich in den *peergroups,* in der gewählten jugendkulturellen Szene oder auch nur mit Freund und Freundin zu verbringen. Hier werden gegenseitiges Verständnis und Übereinstimmung auf der Grundlage gemeinsamer Erfahrungen und Interessen gesucht. Aber auch die in der Familie verbrachte freie Zeit bekommt im Jugendalter mehr und mehr das Merkmal des Absonderns aus dem Familienmilieu: Durch ein eigenes Zimmer, Ausstattungen der neuesten Medien, eigene Hobbies und zum Teil vom sonstigen Familienrhythmus bewusst abweichende Zeiten des Tagesverlaufs verschafft sich mancher Jugendliche seinen eigenen Raum.

Der Freizeitbereich verstärkt also einen Trend, der auch gesamtgesellschaftlich nachweisbar ist und auf den bereits mehrfach verwiesen wurde: die Separierung und Segregation von altershomogenen Gruppen. Die Ferien- und Freizeitagenturen haben sich hierauf längst eingestellt. „Jugendreisen" und für die Heranwachsenden „Gruppenreisen" sind Veranstaltungen mit immer eindeutiger vorstrukturierten Erlebnisräumen.

## 4.4   Jugend und Medien*

Seit Ende des 20. Jahrhunderts wachsen Jugendliche in einer hochkomplexen Medien(um)welt auf und damit ganz selbstverständlich in die moderne Informations- und Kommunikationsgesellschaft hinein (vgl. Tully 2004). Elektronische Medien wie DVD-Player, Handy oder der multimediale Computer werden längst als „kulturelle Selbstverständlichkeit" (P. R. Hofstätter) angesehen und finden ihren Niederschlag in der alltäglichen Lebenspraxis der Jugendlichen: Sie bedienen sich selbstverständlich der neuen Technologien, sie nähern sich den damit verbundenen Anforderungen oft spielerisch und interessiert an. Die gesellschaftliche Diffusion mancher technischer Innovationen ist vor allem der Akzeptanz und dem Nutzungsverhalten der Jugendlichen zuzuschreiben, was man u.a. am schnell expandierenden Handymarkt abzulesen vermag.

Jugendliche sind hinsichtlich ihrer Medienpräferenzen sehr vielseitig und nutzen unterschiedliche Medien auf verschiedene Weise, abhängig von ihrem Alter, dem Bildungsgrad sowie der Geschlechtszugehörigkeit und den verfügbaren Ressourcen.

Die Vielfalt und die Verfügbarkeit der Medien haben sich grundlegend gewandelt. Besaßen die Eltern der Jugendlichen einst „Medienhoheit", so hat sich im Laufe des Technisierungsprozesses sowie der gesellschaftlichen Distribution und dem damit verbundenen Preisrückgang elektronischer Technik eine Entwicklung hin zum Ein-Personen-Medium vollzogen. In der Etablierungsphase des Fernsehens (etwa 1950-1970) saßen alle Familienmitglieder um einen Fernseher versammelt und rezipierten gemeinsam – heute hingegen haben viele Jugendliche einen Fernseher sowie andere elektronische Medien in ihrem Zimmer und damit mediale Entscheidungsfreiheit.

Das nachfolgende Schaubild gibt einen zusammenfassenden Überblick zur Mediennutzung Jugendlicher:

---

* Für die Vorlage zu diesem Unterkapitel danken wir Frau Dr. Sabina Misoch.

144

*Abbildung 2:* Mediennutzung Jugendlicher in der Freizeit 2004 (in %)

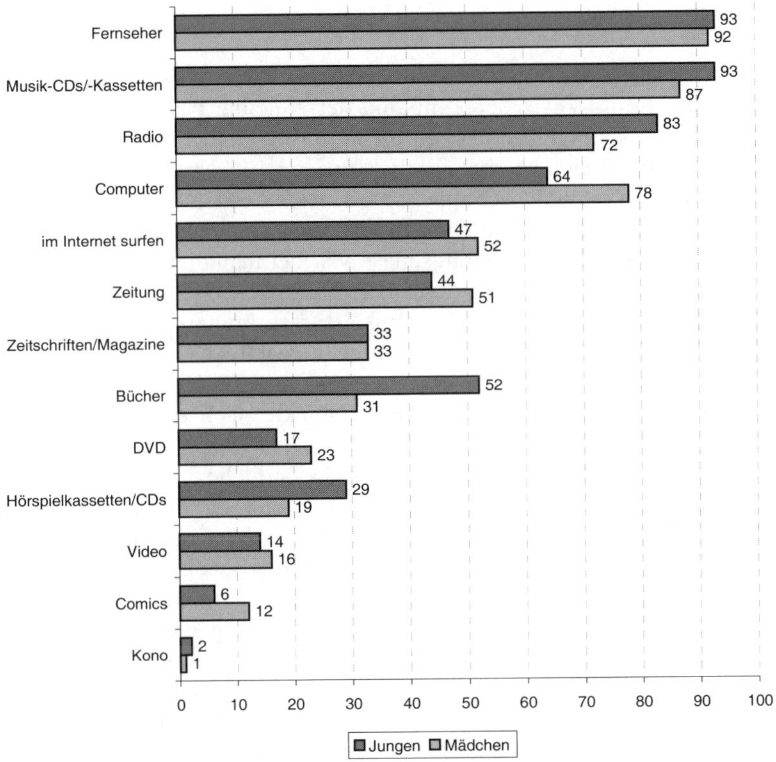

Quelle: JIM-Studie 2004, online verfügbar unter http://www.mpfs.de

## 4.4.1 Audiovisuelle und Printmedien

Die Fernsehgewohnheiten Jugendlicher unterscheiden sich von denen der Erwachsenen: Sie wechseln häufiger die Programme (zappen), bevorzugen Serien (Soaps und Sitcoms) sowie Musikclips, d.h. sie wenden sich vornehmlich Fernsehangeboten zu, die sich durch Tempo, Abwechslung, Fragmentierung und „Zusammenballung von Augenblicksmomenten" (Ferchhoff 1999: 234) auszeichnen. Hierbei zeigt sich, dass die Medien nicht nur zwischen Fans und Idolen vermitteln, sondern selbst Stars hervorbringen. Bestimmte Fernsehsender und -sendungen sowie Moderatoren oder Akteure dieser Sendungen werden zu Stars für die Jugendlichen, an die sich *Fan-Kulturen* mit eigenen Zeitschriften, Büchern, Kleidung etc. anschließen. Fan-

145

Kultur ist ein jugendkulturelles, aber auch unter Erwachsenen verbreitetes Phänomen, welches sich durch einen ggf. hohen Grad an Identifikation und Intensität auszeichnet, der – von den Massenmedien gestützt – vermarktet wird.

Im Gegensatz zum Fernsehen lässt sich beim Video- bzw. DVD-Konsum das Genre des Films sowie der Zeitpunkt der Nutzung frei wählen und bestimmen. Videos werden oftmals von mehreren Jugendlichen zusammen angesehen. Es handelt sich hierbei folglich um ein Element der von den Jugendlichen selbst gestalteten Gruppenkultur. Diese kollektiven Videoabende werden damit zum gemeinschaftskonstituierenden Element; sie gehören während einer bestimmten Entwicklungsphase v.a. bei männlichen Jugendlichen oft zu den zentralen Gruppenerlebnissen.

Auch das Ansehen eines Kinofilms ist fast immer gruppenbezogen. Manche Filme erlangen bei den Jugendlichen regelrechten Kultstatus. Das Ansehen dieser Filme wird dann zum umfassenden Ereignis und zieht oftmals die Anschaffung anderer (Medien-) Objekte nach sich: CD (Soundtrack) zum Film, Buch zum Film etc.

Das Lesen von *Büchern* gehört für viele Jugendliche zu den Freizeitaktivitäten, die oft bzw. sehr oft ausgeübt werden, wobei die Prozentwerte nach Geschlecht differieren: Mädchen geben signifikant häufiger als Jungen der gleichen Altersgruppe an, oft bzw. sehr oft Bücher zu lesen.

Die Prozentwerte der Lesenden haben sich jedoch in den letzten Jahren stetig verringert – was wohl auf das sukzessive Eindringen der Neuen Medien in den Freizeitbereich der Jugendlichen zurückzuführen ist. Lesen ist eine eher kontemplative Tätigkeit, die oft einen Gegensatz zu der v.a. von männlichen Jugendlichen in ihrer Freizeit gesuchten Spannung und Action sowie dem Kontakt mit Gleichaltrigen steht. Mädchen werden in dieser Hinsicht oftmals noch heute geschlechtsspezifisch erzogen. Auffällig ist der hohe Prozentsatz von männlichen Jugendlichen unter den Comiclesern, der sich auch im Interesse für Fantasy-Literatur (bebildert oder nicht) ausdrückt. Viele Jungen bevorzugen in einer bestimmten Altersphase die (bildhafte) Struktur von Phantasiegeschichten; Mädchen greifen eher zum (Problem-) Buch statt zum Comic.

Der Zeitschriftenmarkt ist zunehmend spezialisiert und individualisiert. Das Lesen einer Zeitschrift ist – neben dem Lesen spezieller Jugendzeitschriften wie z.B. von der kritisch zu beurteilenden „Bravo" – eng mit einem anderen Interesse oder Hobby verzahnt, welches von der Zeitschrift thematisch aufgegriffen wird: Computerzeitschriften, Pferdezeitschriften, Musikzeitschriften, Fan-Zeitschriften zu Fernsehsendungen (Soaps) und Stars usw.

## 4.4.2 Auditive und audivisuelle Medien

Das Telefonieren gehört für ältere Kinder und Jugendliche zu den häufigen Tätigkeiten – und dies nicht nur in der Freizeit. Durch die Verbreitung von Handys verfügen Kinder und Jugendliche heute über ein eigenes Telefon, dessen Nutzung von Eltern nur unter finanziellen Gesichtspunkten kontrolliert werden kann. Die Verbreitung dieser neuen Technik wurde nicht zuletzt von den Jugendlichen vorangetrieben.

Die jugendkulturelle Nutzung der Mobilfunktechnologie spiegelt sich auch in den Praktiken der Werbeindustrie wider. Die Bilder und Slogans der Handywerbung, die neben Mobiltelefonen farbige, wechselbare Verschalungen, variationsreiche Klingeltöne, Display-Logos u.a. vermarkten, richten sich vor allem an Jugendliche. Das Handy wird jugendkulturell zum symbolischen Artefakt, zum unverzichtbaren Zeichen der Dazugehörigkeit. Auch das digitale Kommunikationssystem *SMS* (*short message service*) findet Anklang bei Jugendlichen, die so via Handy schriftlich miteinander kommunizieren. Durch den Dienst SMS wurde das klassische auditive Medium „Telefon" um eine visuelle Ebene erweitert; dies war der erste Schritt hin zum Multimedia-Handy, welches beispielsweise als Fotoapparat, MP3-Player oder digitales Aufnahmegerät verwendet werden kann.

Empirische Erhebungen zeigen, dass die Zahl der Jugendlichen, die ihre Freizeit am Computer verbringen, in den letzten Jahren stetig zugenommen hat. Waren es im Jahre 1991 lediglich 17,8% der Mädchen und 36,8% der Jungen, die angaben, oft bzw. sehr oft in ihrer Freizeit einen Computer zu nutzen, so waren es im Jahre 2004 bereits 64% der Mädchen und 78% der Jungen. Jeder zweite Jugendliche besitzt einen Computer, fast jeder Haushalt ist mit einem PC ausgestattet (JIM 2004: 9ff.).

*Computerspiele* sind eine Weiterentwicklung der Videospiele, die die ersten interaktiven Medien mit audiovisueller Qualität darstellten; inzwischen haben aber Computerspiele den Videospielmarkt zum größten Teil abgelöst. Die Beschäftigung hiermit ist für viele Jugendliche oft der erste Kontakt mit dem Computer.

Die zunehmende Vernetzung der Computer durch das Internet eröffnet auch in Bezug auf Computerspiele neue Dimensionen. Viele Spiele werden von Einzelspielern oder sog. „Clans" (Spielergemeinschaften) über das Internet gespielt. Immer häufiger finden *LAN-Partys* (*Local Area Network*) statt, Veranstaltungen, bei denen Jugendliche ihre Computer zu einem Netzwerk zusammenschließen, in Teams oder alleine gegeneinander spielen. Zu nennen wären hier auch die *MUDs* (*Multi User Dungeons/Dimensions*), die das Agieren in einer (computergenerierten) interaktiven graphischen (oder textuellen) Umwelt ermöglichen.

### 4.4.3 Internet

Inzwischen nutzen über 80% der Jugendlichen zwischen 12 und 25 Jahren das Internet. Wenn man bedenkt, dass bundesweit insgesamt ca. 52,6% der Bevölkerung über 14 Jahre (ARD/ZDF-Onlinestudie 2004) das Internet nutzen, so belegen diese Zahlen die besondere Relevanz des Internet für Jugendliche, vor allem für männliche aus den städtischen Gebieten.

Das Internet stellt einen medialen Sonderfall dar: Es handelt sich um ein vielfältig nutzbares, fragmentiertes, multimediales und interaktives Medium. Das Internet kann zur Informationssuche, zur Unterstützung von Arbeitsvorgängen, zum Zeitvertreib (zum „Surfen" – dem „Zappen" im Internet), zur Kommunikation und zu vielem mehr genutzt werden. Die Jugend zu Beginn des 21. Jahrhunderts ist die erste Generation, die mit diesem multifunktionalen Medium aufwächst; sie wird deshalb auch als *Cybergeneration* oder als *Generation@* bezeichnet (vgl. Opaschowski 1999). Die kulturellen Veränderungen im Zuge dieses Modernisierungsprozesses gehören für die heutige Jugend zur alltäglichen Normalität, sie wachsen mit großer Selbstverständlichkeit in die virtuelle Gesellschaft hinein.

Ein Drittel der Jugendlichen nutzt das Internet zwischen 10 und 20 Stunden in der Woche; ein Prozentsatz von ca. 15% ist mehr als 40 Stunden in der Woche *online*. Das Internetnutzungsverhalten der Jugendlichen unterscheidet sich strukturell von dem der Gesamtbevölkerung, d.h. von dem der Erwachsenen. Finden sich bei diesen die höchsten Nutzungsraten des Internet in den Bereichen Arbeit, Bildung und Einkauf, so sind für die Jugendlichen vor allem die Bereiche Unterhaltung, Bildung, Zeitvertreib und Kommunikation wichtig (http://www.gvu.gatech.edu/).

Die Relevanz von kommunikativen Angeboten durch das Netz und deren jugendkulturelle Bedeutung zeigt sich u.a. auch an den Nutzerzahlen der *Chatrooms*: 80% der Jugendlichen unter 20 Jahren *chatten* regelmäßig und fast ein Viertel von ihnen befindet sich täglich in Chatrooms. Diese Tatsache war bereits Grund genug für die Hersteller der intensiv von Jugendlichen genutzten Handys, die neuen Modelle mit einer Chat-Funktion zu versehen. Die These, dass Chatrooms ein Medium sind, um Identitäten durchzuspielen, konnte empirisch nicht bestätigt werden (vgl. Misoch 2004).

### 4.4.4 Technik und Technikakzeptanz bei Jugendlichen

Über die Technikakzeptanz bei Jugendlichen werden in der Öffentlichkeit immer wieder Vermutungen angestellt – auch in der Hinsicht, ob ein so sehr auf Technik und technisches Wissen angewiesenes Land wie die Bundesrepublik der Jugend die erforderliche Technikakzeptanz vermittelt. Die empirischen Untersuchungen (Fischer 1985; Todt 1992; Jugend 2000) zu dieser Fragestellung zeigen kein einheitliches Bild:

- Der Umgang mit technischem Gerät der zumeist neuesten und höchsten Entwicklungsstufe ist den Jugendlichen fast ohne Ausnahme von Kindesbeinen an vertraut. Der „Einstieg" erfolgt nicht nur über hoch-technische Haushaltsgeräte, den PKW der Eltern usw., sondern im eigenständigen Umgang mit dem Fernseher, der HiFi-Anlage, dem Video-und DVD-Recorder, dem Heim-Computer und dem Handy. Trotz dieses Umgangs zeigen viele Jugendliche in bestimmten Phasen ihrer Jugendbiographie Distanz gegenüber der Technik bzw. einzelnen Groß-Technologien;
- die allgemeinbildenden Schulen verhalten sich durchaus ambivalent gegenüber der Technik: Der Tradition gemäß gehört Technik zum Bereich der Berufs- und Arbeitswelt und in der klassischen Bildung hatte sie ohnehin keinen Stellenwert. Gleichwohl wird über den Physik- und Chemie-Unterricht und das Einüben in PC- und Internetfähigkeiten *Technikakzeptanz* auf zum Teil sehr hohem Niveau vorbereitet.

Wie schon mehrfach betont, ist die Jugend so heterogen wie die Altersgruppe der Erwachsenen; sie teilt das Spektrum unserer gesamten Kultur, Zivilisation und der korrespondierenden Werte. Das gilt auch für den Bereich der Technik. Trotz einer veränderten Einstellung gegenüber Technik und Wissenschaft bei Jugendlichen und Erwachsenen werden beide Bereiche in ihrer jeweiligen Ausgestaltung und Anwendung kritischer hinterfragt als früher. Gerade bei Jugendlichen (vor allem den männlichen) gibt es aber auch eine besondere Faszination für „brillante Technik", seien es Erzeugnisse der digitalen Informationstechnologie oder Innovationen im Bereich der „sanften Technologien".

Arnold Gehlen (1993) hat die Technik in anthropologischer Perspektive als ein Entlastungs- und Resonanzphänomen beschrieben: Sie erlaube – wie kosmisch-biologische Vorgänge (Herzschlag), Magie, Rituale usw. – die Wiederkehr des Gleichen in herstellbarer Weise, und ermöglicht gerade dadurch eine „Stabilisierung im Diesseits" (Gehlen).

# 5. Musikkulturen Jugendlicher

## 5.1 Herausbildung der Jugendmusikkultur seit der Jugendbewegung

Musik hat in historischen und gegenwärtigen Jugendkulturen eine zentrale Bedeutung (vgl. Baacke 1998). Dies ist darauf zurückzuführen, dass Musik als „präsentative Symbolik" Emotionen und Stimmungslagen unspezifischer ausdrückt und anspricht als die „diskursive Symbolik" der Sprache: Was gemeint ist, muss nicht bewusst sein und sprachlich eindeutig benannt werden, sondern kann gefühlt werden.

Jeweilige Musikstile dienen der Identifikation und Abgrenzung gegen die Erwachsenen und zwischen Jugendkulturen: Sie zeigen ihre grundlegenden Orientierungen (vgl. Müller et al. 2002). Liedtexte sind zudem eine wichtige Form der jugendkulturellen Artikulationen von Überzeugungen, Idealen usw.

Die große Bedeutung von Musikstilen gilt für alle Phasen der Herausbildung eigenständiger Jugendkulturen, so bereits für den Wandervogel und verwandte Organisationen (z.B. Freideutsche Jugend) der deutschen Jugendbewegung. Für diese waren Gruppenleben und Musik eine Einheit; das Singen gehörte zur „Großen Fahrt", dem zentralen Ereignis des Wandervogeldaseins. In seiner Untersuchung zur Jugendbewegung weist Walter Laqueur (1978: 18) darauf hin, dass schon die damalige Jugendmusik eine politische Dimension hatte: Der erstaunliche Erfolg der von Hans Breuer herausgegebenen Liedersammlung „Zupfgeigenhansel" (zuerst 1909) müsse auch im Zusammenhang der zunehmend sich patriotischer und „deutscher" einstimmenden Jugendbewegung gesehen werden. Die Vorworte von Hans Breuer, bis hin zur Kriegsausgabe von 1914, spiegelten dies in aller Deutlichkeit wider.

Nach dem Ersten Weltkrieg kam es im Zusammenhang mit der Umstrukturierung der Jugendbewegung, der Landschulheimentwicklung und anderen Impulsen zur *Jugendmusikbewegung*". Überall entstanden Musik- und Spielgruppen eigener Art, Singgemeinden und Musikantengilden (vgl. über Entwicklung und heutige Bedeutung: Archiv der Jugendmusikbewegung 1980; Reinfandt 1987).

Seit den 1920er Jahren zeichnete sich auch erstmalig eine moderne Jugendmusikbewegung ab; so war der Swing für Teile der Jugend ein Ausdruck des Protestes gegen alles Offizielle, auch gegen die organisierte Jugendbewegung (unter anderen Voraussetzungen sollte der in der NS-Zeit verbotene Swing diese Bedeutung behalten).

Im Nationalsozialismus kam es zu einer demagogischen Aufwertung und Politisierung des volkstümlichen Liedgutes in der HJ sowie zum Einsatz von

Propagandaliedern. Nach 1945 wurde das Liedgut der Jugendbewegung zwar in den neu entstehenden (zuvor „gleichgeschalteten") Jugendorganisationen wieder aufgenommen, doch eine größere öffentliche oder gar politische Relevanz kam ihm nicht mehr zu – ausgenommen in der FDJ und bei den Jungen Pionieren der DDR.

Verstärkt seit den 1950er Jahren entwickelte sich eine moderne, nicht-traditionalistische, mehr und mehr eigenständige Jugendmusikkultur. Sie ist programmatisch neu und anders; in ihrer Distanzierung von der Musikkultur der Erwachsenen bzw. der vorgängigen Jugendgenerationen leistet sie ihren Beitrag zur Autonomie von Jugend und Jugendkultur. Seit den 1960er Jahren, im Zusammenhang mit den Protestbewegungen Jugendlicher und unter den Voraussetzungen neuer Verbreitungs- und Vervielfältigungstechniken, bekam die Musik einen außergewöhnlichen, geradezu dominanten Stellenwert im Leben vieler Jugendlicher (vgl. hierzu auch die Shell-Jugenduntersuchungen).

Der sozialhistorischen Entwicklung des Zusammenhangs von Jugendkulturen, Jugendbewegungen und Musikstilen kann hier nicht näher nachgegangen werden. Es muss genügen darauf hinzuweisen, dass jeweilige Musikstile sowohl in ihren musikalischen Formen als auch in den Texten Besonderheiten jeweiliger Jugendkulturen verdichtet zum Ausdruck bringen.

Die außerordentliche Bedeutung der Musik für Jugendliche wird von allen repräsentativen Jugenduntersuchungen (vgl. z.B. die Shell-Studien) belegt:

- „Musikhören" ist für Jugendliche eine der wichtigsten Freizeitbeschäftigungen (vgl. JIM 2004: 11);
- CDs bzw. DVDs werden überwiegend von Jugendlichen gekauft;
- viele Jugendliche nutzen diverse Internetseiten zum Musikdownload oder tauschen über Internet-Tauschbörsen Musiktitel aus;
- auch das aktive Musizieren ist zu einem erheblichen Teil eine Angelegenheit von Jugendlichen;
- das starke Musikinteresse der Jugendlichen ist weitgehend unabhängig von Alter, Geschlecht und Schichtzugehörigkeit.

## 5.2  Musikgeschmack Jugendlicher. Wechsel der Stile

Noch in den 1970er Jahren war die Unterscheidung der klassischen, „ernstzunehmenden" E-Musik von der bloßen, als minderwertig betrachteten Unterhaltungsmusik (U-Musik) bzw. Populärmusik (Pop) üblich, welche als jugendspezifische Musik verstanden wurde. Diese altersgruppenbezogene Abgrenzung ist hinfällig und durch eine Abgrenzung von Stilen ersetzt worden:

Die Stile der alten Jugendkulturen (Rock'n'Roll, Blues, Folk und ältere Varianten des Beat und Rock) sind inzwischen überwiegend unter den über 40-Jährigen verbreitet; eher jugendtypische Stile sind gegenwärtig Techno und Rap. Inzwischen gibt es aber auch eine altersgruppenübergreifende Musikkultur – und dies nicht nur im Bereich der klassischen Musik.

Die Vielfalt der Stile und das Entstehen immer neuer Stile und Stilvarianten ist Ausdruck der Dynamik, welche der Jugendmusikkultur, zumal der kommerzialisierten Musikkultur, innewohnt: Das Abgrenzungsbedürfnis Jugendlicher verbindet sich mit den Interessen der Industrie zu einer starken Nachfrage nach jeweils neuen Stilen, Klängen, Gruppen und Stars.

Während die ökonomische Vereinnahmung der jeweils neuen Welle schon in vollem Gange ist, entwickeln Musikkritiker, Pädagogen und Wissenschaftler – von Berufs wegen um Verständnis bemüht – Interpretationen, die im Feuilleton publiziert werden und jugendkulturelle Artikulationen in einen anerkannten Bestandteil des etablierten Kulturbetriebs verwandeln. Auch deshalb sind die Jugendlichen bzw. die ästhetischen Avantgarden immer aufs Neue veranlasst, sich ihre eigenen Ausdrucksformen zu schaffen (zu Entwicklungen und internen Differenzierungen vgl. Hitzler/Pfadhauer 2001; Klein/Friedrich 2003). Bezogen auf den Musikstil Techno ist festzustellen, dass sich eine ihrem Selbstverständnis dezidierte Gegen- bzw. Subkultur in einem relativ kurzen Zeitraum in einen Wirtschaftsfaktor mit bestimmten Zielgruppen verwandelt hat, auf die sich die Freizeitindustrie einstellt. Selbst Reisen zu Großereignissen wie der Love-Parade in Berlin wurden von etablierten Reiseveranstaltern als Gruppenreisen organisiert.

Der wichtigste Ort für das Leitmedium Musik ist die Disco. Für 85% der Jugendlichen gehört der Discobesuch zu den präferierten Freizeitaktivitäten, wobei dieser vor allem ein geselliges Erlebnis ist: Fast alle gehen mit Freunden in die Disco (Jugend 2000).

Die sog. Pop-Musik steht zwar im Vordergrund der Jugendmusikkultur und des öffentlichen Interesses an ihr, damit sind aber keineswegs alle Musikaktivitäten der Jugendlichen erfasst. Hinzu kommt aktives Musizieren in traditionellen Formen wie Blaskapelle, Chöre, Orchester usw., die in der Regel von Erwachsenen geleitet werden (vgl. Reinfandt 1987).


# 6. Organisierte Jugendgruppen und Jugendarbeit

## 6.1 Zugehörigkeit Jugendlicher zu Vereinen und Organisationen

Die organisierten *Jugendgruppen*, deren Bedeutung seit der Jugendbewegung zunahm (für die es aber im 19. Jahrhundert viele bürgerlich-christliche und proletarische Vorläufer gab; vgl. Gillis 1984), sind in der Regel durch eine formalisierte Aufnahme und Mitgliedschaft bestimmt; sie legen Zwecke und Veranstaltungen fest und sie werden direkt oder indirekt durch Ältere geleitet.

Die 12. Shell-Jugendstudie „Jugend '97" fragte – ausgehend von den 1996 erhobenen Daten – ob es mit den Vereinen „vorbei sei". Von der Organisationsfreude in den 1980er Jahren sei seit Beginn der 1990er Jahre nichts mehr zu spüren, erst recht nicht unter dem Gesichtspunkt einer Ämterübernahme. Besonders betroffen waren alle formellen Organisationen (Jugend '97: 356f.). In der 13. Shell-Studie konnte allerdings ein leichter Anstieg des Anteils der Jugendlichen, die Mitglied in Vereinen oder Organisationen sind, verzeichnet werden (Jugend 2000: 275). Die Organisation innerhalb einer Gemeinschaft hat sich für viele Jugendliche ins Internet verlagert, wo sie verschiedene Aufgaben innerhalb von virtuellen Spielgemeinschaften wahrnehmen, welche auch in Ergänzung zu Gruppen- und Cliquenbeziehungen bedeutsam geworden sind (vgl. Hutzel 2005).

Von den 15-24-jährigen Jugendlichen waren 1999 42% in Vereinen und Organisationen Mitglieder, im Westen Deutschlands 44% und in Ostdeutschland 30%, mit deutlichen Unterschieden bei männlichen und weiblichen Jugendlichen. Insgesamt waren knapp die Hälfte aller männlichen Jugendlichen in einem Verein oder in einer Organisation Mitglied, aber nur ein Drittel der weiblichen Jugend (48,5% zu 34,7%; Jugend 2000: 275). Dass die Mitgliedschaft in Sportvereinen klar dominiert, zeigt die nachstehende Tabelle.

*Tabelle 16:* Mitgliedschaft in Vereinen und Organisationen
(nach Alter; in Prozent)

| Organisationen/Vereine | Gesamt | 15-17 J. | 18-21 J. | 22-24 J. |
|---|---|---|---|---|
| 1. Bürgerverein zur Durchsetzung gesellschaftlicher/politischer Ziele | 1,1 | 0,6 | 0,6 | 2,0 |
| 2. Gewerkschaftsjugend | 1,2 | 0,3 | 1,6 | 1,6 |
| 3. Freiwillige Hilfsorganisationen wie Feuerwehr, Technisches Hilfsw. | 5,7 | 4,8 | 6,4 | 5,8 |
| 4. Heimatvereine wie Volkstanzgruppe, Trachtenverein | 1,3 | 1,7 | 1,2 | 1,0 |
| 5. Kirchliche, konfessionelle Jugendgruppe | 6,7 | 9,8 | 6,2 | 4,2 |
| 6. Kulturverein, z.B. Theaterring, Jugendorchester | 3,7 | 5,0 | 3,8 | 2,3 |
| 7. Politische Partei | 1,5 | 0,4 | 1,4 | 2,6 |
| 8. Sportverein | 35,1 | 42,5 | 32,7 | 30,4 |
| 9. Umweltschutz-/ Menschenrechtsorganisationen | 2,8 | 2,2 | 2,6 | 3,7 |
| 10. Fanclubs | 5,0 | 6,5 | 4,8 | 3,8 |
| 11. Jugendverband (z.B. Pfadfinder) | 2,5 | 2,9 | 2,8 | 1,6 |

Quelle: Jugend 2000: 276

Die Organisationsart und der Organisationsgrad der Jugendlichen waren und sind nach Alter und Geschlecht, nach sozialer Herkunft und der Wohngemeinde höchst verschieden. Dieser Tatbestand und die nachfolgenden Aussagen sind bei der Interpretation von Tabelle 16 zu berücksichtigen: Hohe Organisationsgrade werden vor allem in großstädtischen Neubauvierteln und im kleinstädtisch-ländlichen Raum erreicht. Während im ersten Fall die Sportvereine eindeutig dominieren, sind es im kleinstädtisch-ländlichen Raum neben den Turn- und Sportvereinen die traditionellen Vereine, denen die Jugendlichen zu einem großen Teil angehören: Trachtenvereine, Schützenvereine, Feuerwehren, Musikgruppen usw.

Das Besondere der Organisation Jugendlicher im kleinstädtischen, dörflichen und ländlichen Raum ist, dass den Vereinen auch für die Integration in die kommunale Gemeinschaft ein besonderes Gewicht zukommt und im Alltag des Vereinslebens Jugendliche und Erwachsene – trotz eigener Jugendabteilungen – kaum getrennt sind.

## 6.2   Jugendarbeit

Die Mehrzahl der Jugendlichen geht gegenwärtig bei jedem Versuch einer kirchlich-religiösen, parteiamtlichen oder gewerkschaftlichen „Vereinnahmung" auf Distanz zu den entsprechenden Organisationen.

Im Unterschied hierzu stellt die im Kinder- und Jugendhilfegesetz (KJHG) rechtlich verankerte Jugendarbeit ein auf dem Prinzip der „Freiwilligkeit der Teilnahme" beruhendes pädagogisches Angebot dar, das sich von der schulischen Erziehung abgrenzt. Die kommunale Jugendarbeit in Jugendtreffs und Jugendzentren sowie die verbandliche Jugendgruppen- und Jugendbildungsarbeit zielen darauf, ein von Jugendlichen mit verantwortetes und mit gestaltetes Lern- und Sozialisationsfeld zu etablieren, das Eigentätigkeit und Selbstbestimmung fördert (vgl. Kiesel/Scherr/Thole 1998). Aktuell wird in der politischen und fachwissenschaftlichen Diskussion eine Neubestimmung des Bildungsauftrags der Jugendarbeit, aber auch anderer Bereiche der Kinder- und Jugendhilfe (Heimerziehung, sozialpädagogische Familienhilfen usw.) gefordert. Veranlasst ist dies nicht zuletzt durch die Einrichtung von Ganztagsschulen einerseits, dem steigenden Qualifikationsdruck in Folge von Veränderungen in der industriellen Produktion, im Handwerk und im Dienstleistungssektor andererseits.

Die Institutionalisierung der staatlichen Jugendpflege hatte bürgerlich-nationale, kirchliche Einrichtungen und Zentralstellen der Arbeiterwohlfahrt zur Voraussetzung (Giesecke 1983: 62f.). In Preußen begann dann mit einer Reihe von Erlassen und Gesetzen noch vor dem Ersten Weltkrieg und wesentlich durch die Aktualität der Jugendbewegung „herausgefordert" die staatlich-offizielle Jugendpflege. Eine wichtige Wurzel muss auch in den seit der Jahrhundertwende wachsenden Bestrebungen des „Jugendschutzes" gesehen werden, die den Kinderschutzbestimmungen des 19. Jahrhunderts nachfolgen. Zu einer Kodifizierung auf Reichsebene kam es 1922 mit dem Reichs-Jugend-Wohl-fahrts-Gesetz (RJWG). Für die Bundesrepublik wurde 1953 das Jugendwohlfahrtsgesetz (JWG) erlassen, aus dem 1990 das Kinder- und Jugendhilfegesetz hervorging. Danach sind Staat und Zivilgesellschaft gemeinsam für die Kinder- und Jugendhilfe verantwort-lich. Zentrale staatliche Institutionen sind die Jugendämter der Kommunen. Als nicht-staatliche Träger bedeutsam sind die Verbände der Kirchen (v.a. Diakonie und Caritas) und die gewerkschaftlich orientierte Arbeiterwohlfahrt, eigenständige Jugendverbände (etwa: Bund Deutscher PfadfinderInnen) sowie zahlreiche Vereine.

## 7. Jugend und Sport

### 7.1 Jugendbestimmtheit des Sports

Jugend und Sport gehören eng zusammen. Neben der Musik dürfte kein an-deres kulturelles Gebiet die Jugendlichen vergleichsweise so stark interessie-ren wie der Sport. Er ist ein „Eckpfeiler" des *Freizeitverhaltens* Jugendlicher.

Die Jugendphase ist die Zeit hoher motorischer Lernfähigkeit, der sich voll entwickelnden körperlichen Kräfte und die Zeit möglicher körperlicher Höchstleistungen; der Sport wird in seinem Erscheinungsbild wesentlich durch Jugend geprägt. „Sport und Jugend" bedeutet eben auch, die Dynamik, Kraft und Leistungsfähigkeit, aber auch körperliche Schönheit und Ästhetik von rhythmisch koordinierten Bewegungsabläufen, mit einer bestimmten Altersphase in eine enge Beziehung zu bringen. Daran hat sich seit der Anti-ke im Prinzip nichts geändert (die antiken olympischen Spiele existierten immerhin von 776 v. bis 394 n. Chr.).

Zwischen Jugend und Sport gibt es also seit der griechischen Antike in-stitutionell und kulturgeschichtlich große Affinitäten (vgl. dazu als klassische Studie Elias/Dunning über „Sport im Zivilisationsprozess", 2003). Dass hier-bei auch die körperliche Ertüchtigung und Erziehung für militärische Zwecke eine große Rolle spielte, ist heute fast in Vergessenheit geraten.

Seit der Herausbildung nationaler Sportkulturen – wobei in Deutschland seit Beginn des 19. Jahrhunderts die körperliche Ertüchtigung durch turneri-sche Leibeserziehung einen besonderen Stellenwert hatte, mit „Turnvater Jahn" an der Spitze – wird Jugendlichkeit als gesellschaftliches Leitbild be-deutsam und auch als körperliche Leistungsfähigkeit, Gesundheit und Fitness definiert. Nicht nur Jugendliche, sondern auch viele Erwachsene betreiben Sport, um möglichst lange ein jugendlich-sportliches Erscheinungsbild und Selbstverständnis aufrechterhalten zu können.

## 7.2 Sportlich aktive Jugendliche

Unter den Vereinen haben die Sportvereine (vgl. Tab. 16) besonders hohe Mitgliedschaftszahlen und ein hohes Aktivitätsniveau. 60% aller männlichen, 40% aller weiblichen Jugendlichen in der Altersgruppe 15-18 Jahre sind Mitglied in einem Sportverein (19-26-Jährige: 38% bzw. 21%; Quelle: Bestandsstatistik des Deutschen Sportbundes 2004). Obwohl seit Mitte der 1980er Jahre erhebliche Rückgänge insbesondere in der Altersgruppe der über 18-Jährigen zu verzeichnen sind, ist bereits damit die große Bedeutung des Sports für Jugendliche angezeigt. Geht man weiter davon aus, dass ein erheblicher Teil der Jugendlichen zudem durch den Schulsport regelmäßig sportlich aktiv ist und berücksichtigt man die sportlichen Aktivitäten außerhalb von Vereinen und Schulen, dann ist ersichtlich, dass der Sport ein wesentliches Element der Freizeitgestaltung Jugendlicher ist.

Die große Affinität von Jugend und Sport besagt jedoch nicht, dass alle Jugendlichen aktiv Sport treiben. Sport als Publikumssport wird von Jugendlichen und Erwachsenen wie andere Medienereignisse konsumiert und ist ein gängiges Thema „geselliger Kommunikation" (vgl. Bette/Schimank 1999; Bette 1999). Medial berichtete Sportereignisse stellen einen unproblematischen Themenvorrat für Alltagskommunikation zur Verfügung. Zudem sind Sportereignisse als außeralltägliche Erlebnisinszenierungen bedeutsam. Bei den Massenveranstaltungen in Sportstadien werden „vorhandene Emotionsregeln umdefiniert, die Hemmungen und Distanzierungen des normalen gesellschaftlichen Verkehrs überwunden – der institutionell begrenzte Exzess als Intensivierung eines ‚verflachten' Lebens" (Alkemeyer 2003: 16).

## 7.3 Soziale Einflüsse im Jugendsport

Sportliche Aktivitäten Jugendlicher sind geschlechtsbezogen unterschiedlich ausgeprägt. Das Sporttreiben nach Geschlechtern institutionalisiert eine bedeutsame Form der Darstellung von Männlichkeit bzw. Weiblichkeit.

Sport ist nicht jenseits der sozialen Klassen und Milieus angesiedelt: Massensportarten wie Fußball sind von Elitesportarten (Golf, Segeln) zu unterscheiden. Auch in der Mitgliederstruktur der entsprechenden Vereine spiegeln sich soziale Ungleichheiten und Abgrenzungen wider. Der Sportsoziologe Jürgen Schwier fasst die Ergebnisse zahlreicher Untersuchungen wie folgt zusammen: „Sportarten und -vereine weisen (...) deutliche Hierarchien auf. Im Verhältnis zu Männern sind Frauen nach wie vor unterrepräsentiert. Sportbezogene Bedürfnisse, Werte, Leit- und Körperbilder, Einstellungen Verhaltensmuster (...) sind klassenspezifisch geprägt und werden über einen bestimmten Habitus vermittelt" (Schwier 2005).

Als Besonderheiten der Entwicklung der Sportarten und der sportiven Aktivitäten Jugendlicher seit Beginn der 1950er Jahre lassen sich hervorheben:

- Die Zahl der nicht organisiert sporttreibenden Jugendlichen hat sich etwa im gleichen Maße erhöht wie die der organisierten Sportjugend;
- erhöht hat sich auch die Zahl der ausgeübten Sportarten. Zu den traditionellen Sportarten sind vielfältige neue hinzugekommen wie z.B. Inline-Skating, Gleitschirmfliegen, Surfen.

Der breite Ausbau der sportiven Infrastruktur in den letzten Jahrzehnten (man denke an Skisport und Tennis, Sport- und Fitness-Center aller Art) geht einher mit der Entstehung eigenständiger Sportszenen: „Sportliche Aktivitäten bilden die Basis für körperbezogene Subkulturen, denen sich Jugendliche – und zunehmend junge Erwachsene – in ihrer Freizeit zuordnen. Im Medium des sportiven Körpers werden expressive Selbstdarstellungen, soziale Zuordnungen, spannungsgeladene ‚action' organisiert – als historisch neuartige Gegenorganisationen zu zweckrational gestalteten Großorganisationen und privatistisch eingeengtem Familienleben" (Zinnecker 1987: 234).

Bezogen auf sog. „bewegungsorientierte Jugendkulturen" (Skater, Streetballer) wird darauf hingewiesen, dass diese sich den urbanen Raum in spezifischer Weise aneignen, etwa die Konsumzonen der Innenstädte in Orte der sportlichen Betätigung und der Selbstinszenierungen umdefinieren (Schwier 2000: 42ff.)

## 7.4 Soziale Bedeutung des Sports

Sport ist also mehr als die selbstzweckhafte, mehr oder weniger spielerische oder leistungsorientierte Betätigung des eigenen Körpers. Im Sport überlagern sich vielfältige Motive. So ist der Sport in der Gegenwartsgesellschaft zugleich auch ein Element des „kollektiven Traums der Verbesserung des eigenen Lebens", dies „in Form der Herstellung eines gesunden, schönen und möglichst perfekten Körpers" (Caysa 2003: 5). Der Leistungssport ist ein zugespitzter Ausdruck eines Leistungsindividualismus, der sich mit hohem Erfolgsdruck und ausgeprägter Leistungskonkurrenz verbindet (vgl. Bette/Schimank 1995: 127ff.).

Um die Bedeutung sportlicher Betätigung sowie des Publikumssports für Jugendliche zu verstehen, ist es unabdingbar, Sport als ein gesellschaftliches Phänomen in den Blick zu nehmen. Denn die Veränderungen der Formen des Sports und der darauf bezogenen politischen und pädagogischen Erwartungen sind eng mit der gesamtgesellschaftlichen Entwicklung verbunden: Während Sport heute vielfach als lustvolle Körperbetätigung erlebt wird, war zu

Beginn des 20. Jahrhunderts die Idee einflussreich, dass durch Sport körperliche Abhärtung, Charakterbildung und Disziplinierung der Triebe erreicht werden sollten. Entsprechend hob Sigmund Freud in seinen „Drei Abhandlungen zur Sexualtheorie" (zuerst 1904/05) hervor: „Die moderne Kulturerziehung bedient sich bekanntlich des Sports in großem Umfang, um die Jugend von der Sexualbetätigung abzulenken; richtiger wäre es zu sagen, sie ersetzt ihr den Sexualgenuss durch die Bewegungslust (…)."

Zwar ist ein solches Verständnis von Sport als Mittel der repressiven Körper- und Triebdisziplinierung nicht umfassend überwunden. Es existieren jedoch auch Formen der Sportausübung, die darauf ausgerichtet sind, körperliches Wohlbefinden zu bewirken. Zudem sind Tendenzen in Richtung auf eine erotisch-sexualisierende Aufladung zu beobachten: Sportliche und erotische Körperideale überschneiden sich und einige Spitzensportler/innen werden bei Wettkämpfen und in den Medien auch erotisch in Szene gesetzt.

Sport ist also ein komplexes soziales Phänomen, das mit unterschiedlichen, sich historisch wandelnden und zum Teil widersprüchlichen Erwartungen verknüpft ist.

## 7.5    Sozialisation durch Sport

Sport ist in soziologischer Perspektive u.a. im Hinblick auf seine Beanspruchung als Erziehungsmittel und die sozialisatorischen Auswirkungen des organisierten Sports zu betrachten (vgl. Weiß 1999). Sport wurde und wird einerseits als umfassendes Medium der Persönlichkeitsbildung und Wertevermittlung beansprucht: zur Ausbildung von Willensstärke, Disziplin, Leistungsbereitschaft, Fairness. Andererseits ist Sport sozialisatorisch als Einübung in sozial legitime Formen des „Gebrauchs bzw. des Umgangs mit dem Körper" (Bourdieu 1997: 173) von Bedeutung.

Im Sinne einer positiven Akzentuierung der pädagogischen Bedeutung des Sports im Jugendalter sind hervorzuheben:

- Sportliche Aktivitäten erlauben die Entwicklung des eigenen körperlichen Leistungsvermögens (Ausdauer, Kraft, Schnelligkeit, Beweglichkeit);
- Sport kann dazu beitragen, Zutrauen in die eigene Leistungsfähigkeit zu erwerben und Frustrationstoleranz zu entwickeln;
- durch sportliche Aktivitäten können Werte und Einstellungen, die sich auf den eigenen Körper, die harmonische Bewegung, das Gesundheitsverhalten und den sozialen Zusammenhalt in Gruppen beziehen, positiv beeinflusst werden;
- sportliches Handeln kann ein Ort für Eigenhandeln sein, d.h. ein Bereich, in dem man sich den Zwängen einer verwalteten Welt entziehen kann.

Ob der Sport die oben genannten, in unserer Kultur und Gesellschaft überwiegend positiv eingeschätzten Erziehungsleistungen auch erbringt, ist umstritten. Kritisch eingewandt wird u.a., dass der Sportverein einer der sozialen
Orte ist, an denen (männliche) Jugendliche sich in die Praxis des gemeinsamen Alkoholtrinkens einüben; dass die Hochleistungsorientierung im Sport
eine Ursache ungesunder Körperpraktiken und des Gebrauchs von leistungs-
steigernden Medikamenten (Doping) ist. Die Wirkungen des Sports hängen
auch davon ab, mit welcher Einstellung und pädagogischer Absicht Sport
betrieben wird. Der „Sport als solcher" ist ambivalent (wie z.B. auch die
Technik): Er kann in höchst unterschiedlicher Weise „genutzt" werden.

Gegen gängige positive Sichtweisen, etwa des Sports als Mittel der Ge-
sundheitserziehung oder der Drogenprävention, weist die Kritik weiter auf
folgende Problematiken hin:

- die Durchsetzung und Aufrechterhaltung eines rigorosen Leistungsprinzips;
- die Durchsetzung und Aufrechterhaltung des Konkurrenzprinzips;
- die Durchsetzung und Aufrechterhaltung „militärischer" bzw. „typisch
  männlicher" Tugenden wie Kampfesgeist und Kampfeswillen, Härte und
  Einsatzbereitschaft.

Hier kann keine Diskussion des Leistungsprinzips ganz allgemein, im Sport
und in der „Leistungsgesellschaft" Bundesrepublik erfolgen (vgl. Lenk 1983),
auch nicht des bedeutenden Stellenwerts, der dem Sport in der DDR für die
internationale Selbstdarstellung und für die Sozialisation (in Verbindung mit
den früh einsetzenden Wehrübungen) zukam.

Neben dem Leistungsprinzip sind es das Konkurrenzprinzip und der Internationalismus im Sport, die seinen Zusammenhang mit der Entwicklung
expandierender kapitalistischer Marktgesellschaften deutlich machen. Dagegen kommt Sport unter den Vorzeichen der „Erlebnisgesellschaft" (G. Schulze) einer völlig anderen Bedeutung zu: Nicht Disziplin und Leistung, sondern
„Fun" und Abenteuer sind die zentralen Orientierungen.

Hinzuweisen ist auch darauf, dass Sport politisch immer wieder als Mittel der Inszenierung nationaler Identität und eines nationalistischen Überle-
genheitsbewusstseins genutzt wurde und wird, aber auch ein nicht zu über-
schätzender Faktor der Globalisierung ist.

# X. Abweichendes Verhalten Jugendlicher

Jugendliche ziehen immer dann ein großes politisches, pädagogisches und wissenschaftliches Interesse auf sich, wenn sie Handlungen begehen, die als problematische Abweichung von gesellschaftlichen Regeln und Normen wahrgenommen werden. Dies ist nicht nur darin begründet, dass entsprechende Handlungsweisen negative Konsequenzen haben können oder als Bedrohung der gesellschaftlichen Ordnung angesehen werden. Vielmehr wird im abweichenden Verhalten Jugendlicher auch ein Hinweis auf die Folgen benachteiligter Lebenslagen, auf Vernachlässigung oder Gewalt in Familien sowie auf vielfältige weitere Entwicklungsprobleme und Sozialisationsdefizite gesehen. Dies führt dann zur Frage nach den Erfordernissen jugend- und sozialpolitischer sowie schul- und sozialpädagogischer Maßnahmen.

Eine solche Perspektive, die Formen abweichenden Verhaltens wie Gewalt oder Drogenmissbrauch allein als individuelles oder soziales Problem in den Blick nimmt, ist jedoch vereinseitigend. Denn individuell und kollektiv abweichendes Verhalten kann – wie bereits in Bezug auf Jugendkulturen deutlich wurde – zugleich auch eine potenziell positive Infragestellung von erstarrten Routinen und Traditionen sein und damit eine Quelle von Veränderungen und Neuerungen.

In der sozialwissenschaftlichen Forschung wird abweichendes Verhalten im Jugendalter als *ubiquitär* und *transistorisch* betrachtet: Formen abweichendes Verhaltens sind keine Ausnahme, sondern bei nahezu allen Jugendlichen zu beobachten; sie stellen typischerweise ein Übergangsphänomen dar; ihre Häufigkeit reduziert sich mit dem Eintritt ins Erwachsenenleben erheblich.

# 1. Begriffliche Klärungen

## 1.1 Devianz und Sanktion

Unter *abweichendem Verhalten* sind alle diejenigen Verhaltensweisen und Handlungen zu verstehen, die nicht übereinstimmen mit sozial einflussreichen Erwartungen (Regeln, Normen und Werten) von Gruppen, Institutionen bzw. der Gesellschaft insgesamt. In einer grundlegenden Definition formulierte Howard S. Becker (1973: 1ff.):

„Alle gesellschaftlichen Gruppen stellen Verhaltensregeln auf und versuchen sie (...) durchzusetzen. (...) Gesellschaftliche Regeln definieren Situationen und die ihnen angemessenen Verhaltensweisen, indem sie einige Handlungen als ‚richtig‘ bezeichnen, andere als ‚falsch‘ verbieten. (...) Abweichendes Verhalten wird von der Gesellschaft geschaffen. (...). Von diesem Standpunkt aus ist abweichendes Verhalten keine Qualität der Handlung, die eine Person begeht, sondern vielmehr eine Konsequenz der Anwendung von Regeln durch andere (...).“

Über abweichendes Verhalten kann also sinnvoll nur in Relation zu den jeweiligen sozialen Festlegungen gesprochen worden, von denen eine Handlung abweicht. So gilt etwa in Kriegen die Gewaltanwendung durch Soldaten als normal, als zu bestrafende Abweichung gilt dagegen die Verweigerung des Waffengebrauchs. Solche Festlegungen ändern sich mit der gesellschaftlichen Entwicklung. Noch Anfang der 1970er Jahre galt Homosexualität als unnormal und abweichend.

Auf den grundlegend relationalen Charakter von Normalität und Abweichung hat bereits Émile Durkheim in seiner Studie „Die Regeln der soziologischen Methode“ (1984: 155ff.; Original 1895) hingewiesen. Eine „allumfassende und absolute Uniformität“ des Verhaltens ist seines Erachtens zudem schon aufgrund der „persönlichen Originalität“ der Individuen undenkbar; je stärker die Anpassungsbereitschaft der Einzelnen an soziale Normen sei, umso mehr würden kleinste Abweichungen als Problem betrachtet.

Statt von *abweichendem* spricht man auch von *deviantem Verhalten* (von lat. *Devianz*, Abweichung). Derartige Verhaltensweisen bekommen dann eine besondere „Qualität“ (Akzentuierung), wenn sie zu Konflikten führen und/oder Sanktionen nach sich ziehen.

*Sanktionen* können definiert werden als Mittel/Instrumente der *sozialen Kontrolle,* die zur „Erzeugung“ eines gewünschten Verhaltens führen sollen (zu obigen und den folgenden Begriffen vgl. Lamnek 2001).

Der Begriff „Sanktion“ ist lat. Ursprungs und heißt eigentlich: „Heiligung“, im übertragenen Sinn auch: Gesetzeskraft verleihen. In den Sozial- und Humanwissenschaften hat sich der Begriff für den Tatbestand eingebürgert, dass Handlungen und Eigenschaften von Personen durch andere Personen gebilligt oder missbilligt, belobigt

(„verstärkt") oder getadelt, bestraft oder gefördert werden. Diese Aufzählung für sanktionierendes Handeln zeigt, dass es sowohl *positive* als auch *negative Sanktionen* gibt und dass der Begriff über die Stärke z.b. der negativen Sanktionen – vom missbilligenden Blick bis zur Inhaftierung – nichts aussagt.

Entsprechend breit wie der Sanktionsbegriff ist das Spektrum abweichenden, also nicht-konformen Verhaltens: Es kann das vorübergehende „Aus-der-Rolle-Fallen" eines Einzelnen bedeuten, das schuldhafte Handeln eines Verkehrsteilnehmers, die Regelwidrigkeit eines Sportlers oder die gewalttätigen Handlungen von Straftätern. Abweichung ist also weder zwangsläufig statistisch selten, noch in allen Fällen moralisch problematisch.

Als *kriminell* wird abweichendes Verhalten dann bezeichnet, wenn es gegen strafrechtliche Normen verstößt und von den sogenannten Strafverfolgungsbehörden sanktioniert wird.

Damit sind zunächst solche Formen des abweichenden Handelns genannt, die von den Sanktionierenden – und zumeist auch von den Abweichlern selbst – als deviantes Verhalten angesehen werden, ohne dass die zu Grunde liegenden Regeln selbst in Frage gestellt werden. Davon zu unterscheiden sind jene Formen des abweichenden Handelns, die von Einzelnen bzw. einer Gruppe als gewollte und gezielte Verletzung von Regeln betrachtet werden, die sie selbst nicht anerkennen.

Einen weiteren Typus stellen solche Fälle dar, bei denen eine absichtsvolle Regelverletzung selbst als notwendiges Mittel einer moralisch bzw. politisch gerechtfertigen Aktion betrachtet und dadurch legitimiert wird. Formen der beabsichtigten und gezielten Regelverletzung spielen in politischen Protestbewegungen und Jugendsubkulturen eine erhebliche Rolle (etwa: Blockaden, Platz- und Hausbesetzungen, illegale Demonstrationen).

Die gewollte Nicht-Übereinstimmung mit bestimmten Normen und Werten, Sitten und Bräuchen, Institutionen und gesellschaftlichen Zwängen kann Ausdruck jugendkultureller Orientierungen, Teil des jugendlichen Distanzierungs- und Probierhandelns im Ablöseprozess von der Familie, eine Reaktion auf gesellschaftliche Widersprüche und Veränderungen, aber auch politische Kritik, bewusstes und begründetes Protesthandeln sein. Angesprochen sind damit Berührungspunkte von Abweichung und Innovation (Neuerung und Erneuerung), von Normverletzung sowie sozialem und kulturellem Wandel. Jugendliche Sub- und Gegenkulturen, die Schüler- und Studentenbewegung der 1960er Jahre oder die Alternativkultur der 1980er Jahre belegen solche Verschränkungen.

## 1.2 Anomie und Delinquenz

Durkheim (1984: 141ff.), einer der ersten Theoretiker abweichenden Handelns, hat bereits auf das „Positive" (Innovative) der Regelverletzung hingewiesen und zudem betont, dass jede Abweichung, auch die kriminelle Tat, zur Überprüfung und ggf. Verdeutlichung und Festigung bestehender Normen und Werte beitragen kann. Gerade in der Auseinandersetzung mit Regelverletzungen vergewissern sich soziale Gruppen bzw. Gesellschaften der Geltung und Bedeutung jeweiliger Regeln; zugleich stärkt die Empörung über die Regelverletzung den sozialen Zusammenhalt.

Durkheim führte einen wichtigen Begriff in die Theorie abweichenden Handelns ein: den der *Anomie*. Der aus dem Griechischen stammende Begriff (*a-nomos* = normlos) bedeutet Regellosigkeit, Abwesenheit von Normen. Entsprechend bestimmt Durkheim Anomie als eine „Störung der kollektiven Ordnung" in Zeiten raschen gesellschaftlichen Wandels, die zu individueller Orientierungsunsicherheit führt. Diese Problematik hat Durkheim in Bezug auf die Veränderung von Selbstmordraten, zumal beim „anomischen Selbstmord" untersucht (Durkheim 1993). Abweichendes Verhalten kann in einer sich schnell wandelnden Gesellschaft demnach auch dadurch entstehen, dass sozialer Wandel zu einem Fehlen klarer und verbindlicher Normen und Verhaltensregeln führt.

Im Unterschied hierzu verwendet Robert K. Merton (1968) den Begriff *Anomie* als Bezeichnung für Diskrepanzen im Verhältnis von Kultur und Sozialstruktur: Abweichendes Verhalten entsteht demnach dann, wenn Individuen bzw. soziale Gruppen nicht über die legalen Mittel verfügen, um für sie bedeutsame, in den Werten der dominanten Kultur verankerte Ziele zu erreichen (zur aktuellen Bedeutung des Anomiekonzepts s. Bohle et al. 1997; Albrecht 1997).

Der Begriff *Delinquenz* bzw. *delinquentes Verhalten* stammt aus dem Lateinischen und heißt soviel wie „Übeltäterei". Bereits 1899 wurde dieser Begriff in das amerikanische Jugendstrafrecht eingeführt, um kriminelle Handlungen von Erwachsenen und delinquente Handlungen von Kindern und Jugendlichen zu unterscheiden.

Damit ist ein weiterer, für die Theorie abweichenden Handelns bedeutsamer Aspekt benannt: Gleiche oder vergleichbare Handlungen werden sehr unterschiedlich bewertet. Das Alter, die Häufigkeit der Abweichung, die Schichtzugehörigkeit, der Kontext, in dem die abweichende Handlung steht usw. sind Kriterien für höchst unterschiedliche Bewertungen und Sanktionen.

Entsprechend ist etwa die „Chance", vor Gericht zu einer Haftstrafe verurteilt zu werden, nicht nur vom Delikttypus, sondern auch vom Sozialstatus des Angeklagten abhängig. In seiner grundlegenden ethnomethodologischen Studie „The Social Organization of Juvenile Justice" (1968) wies Aron Ci-

164

courel nach, dass die Art der Sanktionierung insbesondere von Jugendlichen davon beeinflusst wird, welches Bild der „ganzen Person", ihres sozialen Hintergrunds, ihrer Biografie und Persönlichkeitsmerkmale von den Kontrollinstanzen (Gerichte, Polizei) angefertigt wird. Diesen Zusammenhang von Sozialstatus und Sanktionspraxis bestätigt auch eine neuere deutsche Jugendstudie (Dietz/Matt/Schumann 2001).

## 2.  Jugendalter und Abweichung

Abweichendes Verhalten Jugendlicher ist geradezu erwartbar. Denn gesellschaftliche Konventionen, Regeln und Normen sind keineswegs fraglos sinnvolle Festlegungen, deren Bedeutung sich Jugendlichen selbstverständlich erschließt und die deshalb unmittelbar ins eigene Verhaltensrepertoire übernommen werden. Auch konformes Handeln wird sozial gelernt, und dies schließt Erfahrungen mit Regelverletzungen als Teil des Lernprozesses ein. Weiter kann davon ausgegangen werden, dass im Kontext der Suche nach Identität Probehandeln und „Rollenexperimente" – und damit auch Regelverletzungen – als typisch für die Jugendphase anzusehen sind. Zudem ist in Rechnung zu stellen, dass Jugendliche in Elternhaus, Schule, Arbeitswelt und im Freizeitbereich mit uneinheitlichen, gelegentlich unklaren und z.T. widersprüchlichen Erwartungen konfrontiert sind, so dass erst durch Regelverletzungen gelernt werden kann, was jeweils als angemessenes Verhalten gilt.

Zur Wahrscheinlichkeit der bei Jugendlichen wohl häufigsten Form des strafrechtlich bedeutsamen abweichenden Verhaltens, des Ladendiebstahls, trägt auch die Tatsache bei, dass Jugendliche sich mehrheitlich die Normen und Werte der Konsumkultur zu eigen machen, aber nur begrenzt über die Mittel verfügen, entsprechende Wünsche mit legalen Mitteln zu realisieren.

Am Phänomen abweichenden und kriminellen Handelns Jugendlicher wird ein Dilemma moderner differenzierter Gesellschaften deutlich: Die Sanktionen für Regelverletzungen sind von ihrem Entstehungsort mehr und mehr auf eine abstrakte, gesellschaftliche (rechtliche) Ebene verlagert worden. Mit wachsender sozialer Distanz zwischen den in einen Konflikt Involvierten steigt die Wahrscheinlichkeit, dass keine direkten Klärungen erfolgen, sondern externe Instanzen (Polizei, Jugendamt) hinzugezogen werden (vgl. Christie 2005). Damit sinken unter Bedingungen der Anonymität die Chancen der alltäglichen Bearbeitung von abweichendem Verhalten durch „pragmatische Situationsbereinigung", in der es um die Wiedergutmachung des entstandenen Schadens und eine Verständigung zwischen den Beteiligten geht (vgl. Stehr 2002).

Dies hat auch eine positive Seite: Die Konfliktbearbeitung erfolgt auf der Grundlage rechtlicher Regeln und ist so nicht direkt von den Machtunterschieden zwischen den Konfliktparteien abhängig. Gleichwohl ist das Einschalten der Strafverfolgungsbehörden bei abweichendem Verhalten Jugendlicher folgenreich und potenziell problematisch: Es kann dazu führen, dass sie sozial den Status des Problemjugendlichen oder „Kriminellen" zugewiesen bekommen und sich diese Zuschreibung im Verlauf des Verfahrens zu eigen machen. Auf die Problematik der Stigmatisierung, d.h. der sozialen Zuschreibung einer „beschämenden Andersartigkeit", hat Erving Goffman (1922-1982) in seiner Studie „Stigma" (2002; zuerst 1967) hingewiesen.

## 3. Grundlegende Theorien abweichenden Verhaltens

Um die Entstehung abweichenden Verhaltens zu erklären, wurden in der Kriminologie und Soziologie unterschiedliche Theorien entwickelt (ausführliche Darstellungen bei Moser 1987; Lamnek 1997 und 2001; Lüdemann/ Ohlemacher 2002; Krasmann 2003).

Soziologische Handlungstheorien und soziologische Theorien abweichenden Verhaltens gehen bei allen sonstigen Unterschieden davon aus, dass die soziale Umwelt des Menschen für sein Verhalten, sei es konform oder abweichend, von zentraler Bedeutung ist. Dabei kann nicht von einer kausalen Verursachung des Handelns ausgegangen werden, aber davon, dass soziale Bedingungen bestimmte Handlungsweisen wahrscheinlicher machen und ermöglichen, während andere erschwert oder sogar undenkbar sind.

Bei den soziologischen und kriminologischen Theorien abweichenden Verhaltens sind zwei Hauptrichtungen zu unterscheiden: die *ätiologischen Theorien* (Ätiologie, griech.-lat. = Lehre von den Ursachen, in der Medizin z.B. Ursachen der Krankheiten) und die *interaktionistischen Theorien* bzw. *Etikettierungstheorien*. Letztere wurden auf der Grundlage der Arbeiten des französischen Sozialphilosophen Michel Foucault (1926-1984) als *Diskurstheorien* weiterentwickelt.

## 3.1 Ätiologische Theorien

Der ältere, ätiologische Ansatz geht davon aus, dass das Normensystem einer Gesellschaft objektiv gegeben ist und menschliches Verhalten entweder damit konform oder nicht konform ist. Danach ist eindeutig, ob ein Verhalten als abweichend zu bezeichnen ist. Das Problem liegt in der Erforschung der gesellschaftlichen Strukturen und Bedingungen, die zu abweichendem Verhalten führen.

166

Ein früher sozialätiologischer Ansatz findet sich bei Friedrich Engels in seiner Studie „Die Lage der arbeitenden Klasse in England" (1845). Engels argumentiert, dass beengte Wohnungen, Armut, „die Unsicherheit der Lebensstellung" und das Fehlen „sittlicher Bildung", zu Alkoholismus, Prostitution, Verbrechen sowie insgesamt zur „Nichtbeachtung der sozialen Ordnung" führen (Engels 1974: 175ff.)

Von den Theorien, die im Anschluss an Robert K. Merton (1968) und den Strukturfunktionalismus Ursachen abweichenden Verhaltens Jugendlicher erklären wollen, seien hier nur drei Vertreter herausgegriffen: Cohen, Cloward/Ohlin und Sutherland (vgl. die ausführliche, immer noch unübertroffene Darstellung bei Moser 1987). Diese stellen das Phänomen der Jugendkriminalität ins Zentrum. Veranlasst ist dies dadurch, dass ein großer Teil der polizeilich registrierten Straftaten von Jugendlichen und jüngeren Erwachsenen begangen wird; allerdings handelt es sich dabei gegenwärtig überwiegend um Delikte mit wenig gravierenden Folgen wie Laden- und Fahrraddiebstahl oder ‚Schwarzfahren'.

Albert K. Cohens „Delinquent Boys" (amerik. 1955, dt. 1961) erreichte große Popularität durch die Aktualität der Jugendkrawalle Ende der 1950er Jahre. Im Mittelpunkt seiner Analyse stand die „nicht-utilitaristische Eigenart der Gruppenkultur". Während Merton mit seiner Fassung des Anomiebegriffs davon ausging, dass die gesellschaftlich dominanten Werte, insbesondere der *Utilitarismus\** der amerikanischen Gesellschaft, auch für Abweichler bestimmend seien, versucht Cohen das Destruktive, Nicht-Zweckgerichtete zu erklären. Cohen machte letztlich den Konformitätsdruck in jugendlichen Altersgruppen bzw. Jugendbanden für deren negatives und destruktives Verhalten verantwortlich: „Die Kultur der Bande ist nicht nur ein System von Verhaltensregeln, ein Lebenszuschnitt, der sich von den Normen der ‚anständigen' Erwachsenen-Gesellschaft unterscheidet oder ihr gegenüber indifferent ist. Sie bezieht ihre Normen von der sie umgebenden Gesamtkultur, aber sie verkehrt diese Normen in ihr genaues Gegenteil. Der junge Verwahrloste verhält sich, an den Kategorien seiner Gruppenkultur gemessen, ‚richtig', und zwar gerade deshalb, weil er sich nach den Normen der Gesamtkultur ‚falsch' verhält" (Cohen 1961: 19f.).

Zusammen mit L.E. Ohlin entwickelte Richard A. Cloward in Anknüpfung an Mertons Anomiebegriff die sog. *Chancenstrukturtheorie* (1960). Moser hält sie für „die radikalste Anwendung der strukturell-funktionalen Theorie auf jugendliche Bandenkriminalität" (1970: 40). Entsprechend dieser Theorie ist (Jugend-)Kriminalität eine bestimmte Form der Anpassung an widersprüchliche Strukturen und Chancen in der Gesamtgesellschaft (deren Werte und Standards verbindlich bleiben). Der Widerspruch besteht vor allem darin, dass in empirisch unzutreffender Weise suggeriert wird, jeder könne unabhängig von seiner sozialen Herkunft und seiner aktuellen sozialen

Lage Prestige und Wohlstand, Erfolg und Glück erreichen (Cloward/Ohlin 1960). Den Widerspruch zwischen diesem Versprechen und ihren tatsächlichen eigenen Chancen nehmen Jugendliche wahr, und sie reagieren darauf ggf. mit Bandenkriminalität. Bestimmte Strukturen werden in ihrer negativen Wirkung dadurch verstärkt, dass auch die Zugangschancen zu illegitimen Mitteln sozial-strukturell höchst unterschiedlich verteilt sind.

Nach Edwin H. Sutherlands *Theorie der differentiellen Kontakte* (*Assoziationstheorie*; 1939/1947) ist das Lernen abweichenden Verhaltens ausschlaggebend für eine Karriere als Abweichler. Gelernt werde deviantes Verhalten, die Techniken ebenso wie die zugehörigen Motive, Rationalisierungen und Attitüden in Interaktionen mit anderen Personen, vorwiegend in Primärgruppen. Wenn eine Person im Kontakt zu ihren Bezugsgruppen lernt, Gesetzesverletzungen überwiegend positiv zu beurteilen, so wird sie kriminell.

Neuere Varianten ätiologischer Theorien von Jugendkriminalität akzentuieren den Zusammenhang von Männlichkeit, Gewaltbereitschaft, Sexismus und Straftaten. Hintergrund dessen ist die Tatsache, dass ca. drei Viertel aller registrierten Straftaten sowie über 80% aller Gewalttaten von Jungen/Männern verübt werden. Auch Verurteilungen zu Gefängnisstrafen betreffen überwiegend Jungen/Männer. Jugendgewalt und Jugendkriminalität werden vor diesem Hintergrund als geschlechtsspezifische Praxis analysiert, die sich auf tradierte Konzepte gewaltfähiger Männlichkeit bezieht und diese zur Begründung und Rechtfertigung eigener Gewaltfähigkeit verwenden (vgl. Kersten 1997; Scherr 2004).

## 3.2 Interaktionistische Theorien

Die struktur-funktionalistischen Ansätze zur Erklärung abweichenden Verhaltens Jugendlicher wurden seit Ende der 1960er Jahre durch den interaktionistischen Ansatz kritisiert und ergänzt. Dieser wird auch „*labeling approach*" (von engl. *to label* = etikettieren), also *Etikettierungs-Ansatz* genannt. Üblich sind auch die Bezeichnungen *Definitions-Ansatz* oder *Reaktions-Ansatz*. Dieser Ansatz wurde in den USA entwickelt und seit Beginn der 1970er Jahre in der Bundesrepublik u.a. von Fritz Sack (1973) und Heinz Steinert (vgl. Cremer-Schäfer/Steinert 1998) vertreten.

Die Vertreter des Etikettierungsansatzes grenzen sich deutlich gegen alle früheren kriminologischen Theorien ab, angefangen bei der Neudefinition des Begriffs „abweichend". Danach ist der Verstoß gegen geltende Normen weder notwendige noch hinreichende Bedingung für abweichendes Verhalten. Abweichend ist eine Verhaltensweise nur dann, wenn sie als solche von anderen bezeichnet und sanktioniert wird. „Abweichend" wird also zum situationsabhängigen Begriff und bezeichnet nicht mehr, wie im ätiologischen Ansatz, eine inhärente Eigenschaft, die sich grundsätzlich von konformen Verhaltensweisen unterscheidet: Abweichung wird als Produkt eines Zuschreibungsprozesses verstanden. Howard S. Becker (1973: 8) formuliert: „Der Mensch mit abweichendem Verhalten ist ein Mensch, auf den diese Bezeichnung erfolgreich angewandt worden ist; abweichendes Verhalten ist ein Verhalten, das Menschen so bezeichnen."

Um den Unterschied zwischen einer bestimmten Handlung, die potenziell abweichend ist, und den auf diese Handlung bezogenen Etikettierungen deutlich zu machen, wird bei Lemert (1951) zwischen *„primärer Devianz"* und *„sekundärer Devianz"* unterschieden. *Primäre Devianz* ist die Ursprungshandlung, die Aufmerksamkeit, Abneigung, Kritik etc. hervorruft; unter primärer Devianz werden einmalige bzw. episodenhafte deviante Handlungen eingeordnet, die bei jedem Individuum zu beobachten sind. Als *sekundäre Devianz* werden die weiteren abweichenden Handlungen bezeichnet, die ein Individuum in Folge eines durch Zuschreibungen in Gang gesetzten Etikettierungsprozesses begeht.

Für die Ursachen „primärer Abweichung" interessiert sich der Definitionsansatz kaum. Denn Regelverletzungen werden als normale Vorkommnisse in jedem Menschenleben betrachtet, die zumeist folgenlos bleiben. Das Interesse des *labeling approach* konzentriert sich infolgedessen auf die Frage, wem unter welchen Bedingungen das Prädikat „abweichend" zugeschrieben wird, welche Änderungen darauf im Verhalten und in den kognitiven Reaktionen Dritter erfolgen, und wie diese auf den Stigmatisierten zurückwirken.

Ein dabei wichtiger Begriff ist der der Definitionsmacht, d.h. der Macht, bestimmte Definitionen von Normalität und Abweichung gesellschaftlich durchsetzen zu können (Becker 1973: 13ff.). Becker akzentuiert, dass Fragen von Normalität und Abweichung „Gegenstand von Konflikt und Auseinandersetzung und mithin Teil des politischen Gesellschaftsprozesses sind" (ebd.: 16).

Sekundäre Abweichung und damit die Bewertung und definitorische, etikettierende „Aufwertung" der primären Devianz wird als Ergebnis von Zuschreibungs- und Stigmatisierungsprozessen gesehen. Deswegen kann nur eine dynamische Theorie, nicht aber ein einfaches Kausalmodell, eine Erklärung für abweichendes Verhalten abgeben.

Wird einer Person die Eigenschaft „abweichend" zugeschrieben – entweder weil sie tatsächlich Normen verletzt hat oder auch aus anderen Gründen –, so ist damit eine wichtige Voraussetzung für ihre Karriere als „Abweichler" geschaffen. Dieser nimmt die abwertende Meinung anderer über sein verändertes Verhalten wahr, übernimmt diese Meinung unter Umständen als negatives Selbstbild und sucht ggf. Anschluss an eine Gruppe, die als abweichende Gruppe etikettiert wird oder sich selbst so definiert. Durch die vermehrten Kontakte lernt er sodann Techniken, Rationalisierungen und Motive, die ihn in seinem abweichenden Verhalten bestärken. Dies kann der Beginn einer „Abweichler-Karriere" (Devianz-Karriere) sein. Die Frage ist, ob sie noch rechtzeitig unterbrochen wird und der Jugendliche aus dem begonnenen Definitions- und Zuschreibungsprozess wieder herauskommt. Ist dies nicht der Fall, verfestigen sich das abweichende Verhalten und die damit verbundenen Erwartungen. Eine wirklich „abweichende Karriere" kann sich anschließen.

Zusammenfassend formuliert Becker (ebd.: 30): „Einen Menschen als abweichend zu behandeln, als sei er generell und nicht nur spezifisch abweichend, erzeugt eine selbst erfüllende Prophezeiung. Eine solche Behandlung setzt verschiedene Mechanismen in Bewegung, die zusammenwirken, um den Menschen nach dem Bilde zu formen, das die Leute von ihm haben."

Der *labeling approach* hat seine Nützlichkeit vielfach erwiesen: Untersuchungen über die „Karriere" von Sonderschülern, Jugendlichen der Fürsorge-Erziehung und jungen Straftätern haben gezeigt, dass bestimmte Zuschreibungen, die informell oder aktenkundig weitergegeben werden, das Problemverhalten auf diese Weise verstärken.

Die Vertreter des Etikettierungsansatzes gehen davon aus, dass eine Chance besteht, die Zahl jugendlicher Abweichler-Karrieren zu reduzieren, wenn die vermittels dieses Ansatzes aufgedeckten Mechanismen der Stigmatisierung in die Handlungs- und Vorstellungswelt derjenigen Personen und Institutionen eingehen würden, die Zuschreibungsprozesse bei Kindern und Jugendlichen verstärken oder unterbrechen können – vom Lehrer bis zum Jugendamt, vom Polizisten bis zum Jugendgericht.

Die oben erwähnten diskurstheoretischen Ansätze in der Kriminologie untersuchen, wie sich Vorstellungen über Normalität und Abweichung gesellschaftsgeschichtlich entwickeln und verändern und wie sie mit den jeweils vorherrschenden Denkstilen in den Wissenschaften, der Politik, der Öffentlichkeit usw. zusammenhängen. Zudem wird die Veränderung von Techniken der Überwachung und Kontrolle – von der öffentlichen Körperstrafe zum Gefängnis, vom Dorfpolizisten zur Videoüberwachung der Innenstädte – in den Blick genommen (vgl. Althoff 2002; Krasmann 2003).

## 4. Drogenkonsum und Alkoholgenuss bei Jugendlichen

### 4.1 Alkoholtrinken und illegale Drogen

Dass Normalität und Abweichung sinnvoll nur in ihrer wechselseitigen Bezogenheit betrachtet werden können, wird am Fall des Alkohol- und Drogen-

170

gebrauchs in besonderer Weise deutlich. Alkoholgebrauch gilt gesellschaftlich als normal und generell unproblematisch; auch Rituale des exzessiven, auf die Erzeugung von Rauschzuständen zielenden Alkoholtrinkens gehören zur gesellschaftlichen Normalität (etwa: Münchener Oktoberfest, süddeutsche Weinfeste, Silvesterfeiern usw.). Dagegen gilt Trunkenheit im Alltag als abweichend und problematisch bzw. als Indiz für Suchtverhalten.

Alkoholgenuss, nicht nur unter Erwachsenen, sondern auch unter älteren Jugendlichen, ist Teil der Gesellschafts- und Kulturgeschichte. So hat die Studie „Kultur- und Sozialgeschichte des Alkohols in Deutschland" von Hasso Spode (2001) aufgedeckt, in welchem Ausmaß exzessives Trinken bereits bei den studentischen Burschenschaften im 19. Jahrhundert verbreitet war.

Das exzessive Trinken war und ist primär, aber keineswegs ausschließlich ein Problem männlicher Jugendlicher, in der Arbeiterjugend wie in den Mittelklassen und im Bürgertum. Was sich seit den Entwicklungen der Schüler- und Studentenrevolte der späten 1960er Jahre und jugendlicher Subkulturen vor allem änderte, ist das Hinzukommen des sog. illegalen Drogenkonsums: Marihuana und Haschisch waren zunächst szenespezifische Drogen in bestimmten Jugend- und Subkulturen, deren Gebrauch mit alternativen Wertvorstellungen verbunden war; inzwischen sind es verbreitete Alltagsdrogen. Nach einer Untersuchung der Bundeszentrale für gesundheitliche Aufklärung haben 31% der 12- bis 25-Jährigen im Jahr 2004 schon mindestens einmal Haschisch geraucht; das durchschnittliche Einstiegsalter liegt bei 16,4 Jahren. Obwohl die Folgen des Marihuana- und Haschischkonsum unter medizinischen Gesichtspunkten keineswegs gravierender sind als die des Alkoholkonsums, wird an einem Verständnis als illegale Drogen festgehalten, deren Besitz und Verkauf strafbar sind, während der Konsum jedoch nicht strafrechtlich sanktioniert wird.

Dass die auf Drogen bezogenen Normen in sich inkonsistent sind, wird auch im Umgang mit Nikotin deutlich: Obwohl das Zigarettenrauchen aufgrund seiner gravierenden gesundheitlichen Folgen und der damit verbundenen Kosten für das Gesundheitssystem inzwischen deutlich negativ bewertet wird, ist es nicht verboten und sind entsprechende Steuereinnahmen fest in den staatlichen Haushalt eingeplant. Rauchen ist insofern ein Fall moralisch unerwünschten, aber legalen Verhaltens.

In Zusammenhang damit ist zu sehen, dass Rauchen und Alkoholtrinken für Jugendliche auch die Bedeutung haben, Übergangsmarkierungen ins Erwachsenenalter zu sein, denn zum Erwachsenwerden gehört auch, selbst darüber entscheiden zu wollen, wie man mit moralischen Erwartungen und wohlmeinenden Ratschlägen umgeht.

## 4.2 Definition und Differenzierung von Drogen

Drogen sind aus Pflanzen, Mineralien oder auch chemisch (z.B. LSD, Ecstasy) gewonnene Substanzen, die psychische Zustände beim Menschen zu ändern vermögen. Landläufig werden unter Drogen nur illegale Drogen verstanden.

Drogen können sowohl Schmerz stillen (wie in der Medizin z.B. das Morphium), Stimmungen und Bewusstsein verändern, Erinnerungen wachrufen oder auslöschen. Sie können in Rausch-, Traum- und Trancezustände versetzen. Ihre vielleicht wichtigste Besonderheit im hier interessierenden Zusammenhang besteht jedoch darin, dass sie abhängig machen (können) und regelmäßige Drogen- wie Nikotin- und Alkoholkonsumenten vor der Schwierigkeit stehen, den Übergang von der Gewohnheit zur Sucht zu kontrollieren. Gerade hierin liegt ein Problem für Jugendliche. Die folgende Übersicht gibt einen Einblick in die Komplexität der Phänomene Rauschmittel – Drogen – Sucht:

*Übersicht 4:* Einteilung und „Stammbäume" von Drogen

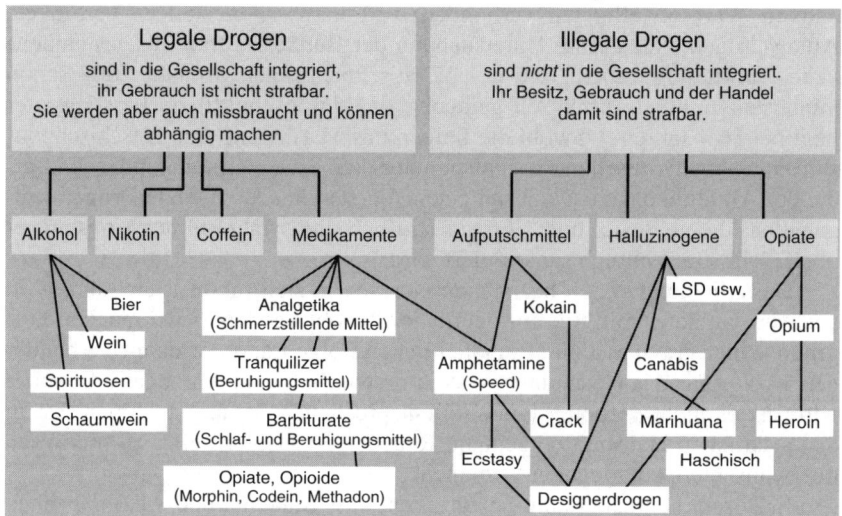

Quelle: Informationsschrift einer Krankenkasse

Das in den letzten Jahren so populär gewordene und in seinen negativen Folgewirkungen (Depressionen und Gesundheitsschäden) unterschätzte *Ecstasy* ist ein Amphetaminderivat und eine typische Designerdroge. Ecstasy wurde als Droge der Techno-Szene bekannt, die bei szenetypischen Events konsumiert wird.

## 4.3 Umfang und Umfeld des Nikotin-, Alkohol- und Drogenkonsums

Nach aktuellen Studien der Bundeszentrale für gesundheitliche Aufklärung (online verfügbar unter: http://www.bzga.de) haben die meisten Jugendlichen mit 14 Jahren ihr erstes Glas Alkohol konsumiert. Die gegenwärtige Raucherquote unter Jugendlichen zwischen 14 und 17 Jahren liegt bei 20 Prozent. Von den 12-25-Jährigen haben bereits 32% Erfahrungen mit illegalen Drogen gemacht.

Ist Nikotin- und Alkoholkonsum bei Schülerinnen und Schülern seit den 1980er Jahren fast gleich verteilt (wenn auch nicht hinsichtlich der „Stoffe" und Mengen), so sind männliche Jugendliche deutlich häufiger unter den Drogenkonsumenten und -probierern zu finden.

Was für Jugendliche in welchem Alter „Einstiegsdroge" ist, hängt von ihrem Umfeld ab. Vorliegende Untersuchungen erlauben es nicht, kausalanalytisch bestimmte Faktoren als Hauptverursacher für Drogenabhängigkeit anzugeben. Das Prozesshafte der Entwicklung muss ebenso berücksichtigt werden wie der Einfluss von *peer-groups* und Elternhaus, von bestimmten subkulturellen Milieus und ganz allgemein von psychosozialen Besonderheiten der Pubertät und des Jugendalters. Nach vorliegenden Untersuchungen sind Einsteiger bei harten Drogen v.a. Erwachsene; nur 17,2% der Erstkonsumenten waren 1993 unter 21 Jahren (Schweer/Strasser 1995: 4).

Spode fasste seine Untersuchungen über die Sozialgeschichte des Alkohols in Deutschland u.a. dahingehend zusammen, dass er „die diffizile Gratwanderung zwischen normalem und abweichendem Trinken" als „wohl wichtigstes Kennzeichen des modernen Umgangs mit dem Rauschmittel Alkohol" ansieht. Die damit angezeigte Problematik betrifft auch den Alkohol- und Drogenkonsum bei Jugendlichen, wobei zu berücksichtigen ist, dass das Erlernen eines angemessenen Umgangs mit erheblichen Risiken verbunden ist.

## 5. Jugendkriminalität

Rechtlich wird Jugendkriminalität von der Erwachsenenkriminalität durch das Jugendgerichtsgesetz unterschieden. Dies ist folgenreich, weil für Jugendkriminalität der Erziehungsgedanke bei der Strafzumessung und im Strafvollzug gilt. Erst 1923 wurde in Deutschland das erste Jugendgerichtsgesetz (JGG) erlassen. Das Strafgesetzbuch für das Deutsche Reich von 1871 hatte für jugendliche Straftäter nur einige Sonderregelungen vorgesehen.

Das JGG gilt für Jugendliche (14- bis unter 18-jährig) und Heranwachsende (18- bis unter 21-jährig); bei Heranwachsenden muss im Einzelfall geprüft werden, ob das Jugendrecht oder das allgemeine Strafrecht anzuwenden ist; entsprechend § 105 JGG muss im ersten Fall eine „typische Jugendverfehlung" vorliegen. § 5 JGG nennt als Rechtsfolgen der Jugendstraftaten: Erziehungsmittel, Zuchtmittel, Jugendstrafe.

„Eckpfeiler" des gesamten Jugendstrafrechts ist der Jugendrichter; gemäß § 37 JGG soll er „erzieherisch befähigt und in der Jugenderziehung erfahren sein".

Verlässliche empirische Daten über das Ausmaß von Kriminalität bzw. Jugendkriminalität sind nicht möglich. Denn die Kriminalstatistiken können nur diejenigen Taten erfassen, die angezeigt oder polizeilich ermittelt werden, nicht aber das sogenannte Dunkelfeld. Die Höhe der registrierten Jugendkriminalität hängt also vom Anzeigeverhalten der Bevölkerung, der personellen Ausstattung und den Ermittelungsstrategien der Polizeibehörden ab. Deshalb ist die offizielle Kriminalitätsstatistik mit sehr vielen Mängeln und Fragwürdigkeiten behaftet (vgl. Lammek 2001).

Zur „Messung" der Jugendkriminalität wie der Kriminalität überhaupt dient in der Polizeilichen Kriminalstatistik die sogenannte „ *Tatverdächtigenbelastungsziffer"* (TVBZ); sie misst die Tatverdächtigen auf 100 Tsd. der jeweiligen Bevölkerungsgruppe. Hiervon zu unterscheiden ist die sog. *Verurteilungsbelastungsziffer* (VBZ), d.h. der Anteil derjenigen in einer Altersgruppe, die in einem Gerichtsverfahren tatsächlich als Straftäter verurteilt werden. Unter der TVBZ liegt die *Aufklärungsquote* der Straftaten, d.h. der Anteil der Straftaten, bei denen ein Täter ermittelt wird; diese variiert je nach Delikttypus erheblich.

Rein zahlenmäßig liegt seit ca. 1950 die Tatverdächtigenbelastungsziffer bei den männlichen Heranwachsenden und den männlichen jungen Erwachsenen weit über der aller anderen Altersgruppen der männlichen Bevölkerung: Sie beträgt für das Jahr 2001 bei männlichen 14- 18-Jährigen ca. 10.000, bei 18-21-Jährigen ca. 11.000, sinkt bei 21-24-Jährigen auf ca. 8.000, bei 25-30-Jährigen auf unter 6.000 (vgl. Heinz 2003 sowie die Angaben im Statistischen Jahrbuch 2004: 270).

Die Verurteiltenbelastungsziffer liegt dagegen in allen Altergruppen erheblich niedriger: So bei den 14-18-Jährigen unter 2.000. Zusammenfassend stellt Walter R. Heinz (2003: 33) fest: „Die Kriminalitätsbelastung steigt vom 14. Lebensjahr an zunächst recht steil an, erreicht bei den Heranwachsenden und Jungerwachsenen ihren Gipfel, fällt danach relativ stark wieder ab und läuft ab dem 35. Lebensjahr allmählich aus."

Den höchsten Anteil an der TVBZ der Jugendlichen der hier vorrangig betrachteten Altersgruppe der etwa 12- bis 18-Jährigen hat der Diebstahl ohne erschwerende Umstände. Hiervon entfallen wiederum rund 50% auf Kaufhausdiebstahl und den unbefugten Gebrauch von Fahrrädern, Mopeds usw. Bei diesen Tatbeständen zeigen sich nur geringfügige schichtspezifische Differenzierungen. Das heißt: Jugendliche aus der Oberschicht entwenden relativ gleich häufig wie Jugendliche aus der Unterschicht Gegenstände aus Kaufhäusern usw. Bei Diebstählen unter erschwerten Umständen (etwa 30% Anteil an der TVBZ) sind allerdings Jugendliche aus unteren Schichten überrepräsentiert. Hier gibt es möglicherweise einen Zusammenhang mit der sozialen Lage der Jugendlichen, aber auch mit dem Anzeigeverhalten und polizeilichen Ermittlungsstrategien.

Vorliegende Studien bestätigen – bezogen auf die mittel- und langfristige Entwicklung der Jugendkriminalität – keineswegs die gängige These einer kontinuierlichen und dramatischen Zunahme. Eine differenzierte Betrachtung lässt einige Trends deutlich werden, die Heinz (2003: 38ff.) wie folgt zusammenfasst:

- „Die TVBZ der Jugendlichen, der Heranwachsenden, der Jungerwachsenen und der Vollerwachsenen waren – bei Straftaten insgesamt (ohne Vergehen im Straßenverkehr) – bis Mitte der 1980er Jahre entweder weitgehend konstant oder sogar leicht rückläufig. Sie sind gegen Ende der 1980er Jahre deutlich gestiegen, und zwar vor allem die der Jugendlichen, der Heranwachsenden und – etwas abgeschwächt – auch der Jungerwachsenen." So lag die TVBZ Jugendlicher 1984 bei 5.483, 2001 dagegen bei ca. 10.000, also um 83% höher. Bei Heranwachsenden beträgt der Anstieg 68,3%.
- Ein strukturell damit nur teilweise übereinstimmendes Bild zeigen die VBZ. Denn die VBZ sind Ende der 1980er Jahre noch zurückgegangen und erst gegen Mitte der 1990er Jahre angestiegen, wobei die Anstiege bei weitem nicht so ausgeprägt waren wie bei den TVBZ. Die VBZ ist bei Jugendlichen zwischen 1984 und 2001 nur um 0,5%, bei Heranwachenden um 20,8% gestiegen.
- Die Entwicklung von TVBZ und VBZ sind deliktspezifisch sehr unterschiedlich. So ist die Verurteiltenziffer bei einfachem Diebstahl seit 1984 weitgehend konstant, bei schwerem Diebstahl etwas rückläufig; sie steigt (bei Jugendlichen und Heranwachsenden mit deutscher Staatsangehörigkeit) dagegen bei gefährlicher und schwerer Körperverletzung in den 1990er Jahren an.
- Eine qualitativ neue Form der Jugendkriminalität seit den 1990er Jahren stellen politisch motivierte rechtsextreme Gewalttaten dar.

Die Kriminalitätsstatistiken zeigen weiterhin erhebliche Unterschiede der Delikthäufigkeit bei Jungen und Mädchen: Im Jahre 2002 wurden 53.374 Jugendliche der Altersgruppe 14-18 Jahre verurteilt; unter ihnen waren 7.672 Mädchen, das sind 14,3% (Stat. Jb. 2004: 271). Gerichtlich verurteilt werden mehr als fünf mal so viele männliche wie weibliche Jugendliche und Heranwachsende.

Die häufig diskutierte Frage, ob die TVBZ bei den ausländischen Jugendlichen höher ist als bei den deutschen Jugendlichen, bedarf einer differenzierenden Betrachtung. Auf alle Jugendlichen der jeweiligen Population bezogen, muss man die Frage bejahen; vergleicht man hingegen die ausländischen Jugendlichen mit straffällig gewordenen deutschen Jugendlichen aus vergleichbaren Sozialschichten, so sind die Unterschiede unerheblich, wobei zudem nicht auszuschließen ist, dass ausländische Jugendliche häufiger angezeigt werden als deutsche sowie verstärkter polizeilicher Kontrolle unterliegen (vgl. Geißler 2005).

# Schlusswort:
# Jugend zwischen Autonomie und Anpassung, Bewegung und Mythos, politischer Vereinnahmung und Selbstbehauptung

Auseinandersetzungen über „die Jugend" sind immer auch ein Medium der gesellschaftlichen Selbstvergewisserung über aktuelle Krisen und Konflikte sowie bedrohliche und erwünschte Entwicklungstendenzen. Auch soziologische Betrachtungen sind nicht immer in der Lage, Distanz zu emotionalen, moralischen und politischen Aufladungen von Jugenddebatten zu wahren sowie ein wirksames Gegengewicht hierzu zu bilden.

Jugend und Jugendlichkeit sind auch ein in der Gesellschafts- und Kulturgeschichte des 20. Jahrhunderts bedeutsamer Mythos (vgl. Koebner et al. 1985). Politische Bewegungen von rechts bis links haben sich wiederkehrend als Anwalt der Jugend dargestellt und Jugendliche als zentrale Trägergruppe eines intendierten sozialen Wandels in den Blick genommen. „Jugendmythen haben die politischen Umbrüche des 20. Jahrhunderts mitbestimmt und der jeweiligen Attacke gegen Tradition und Macht die Aura des Elementaren, Neuen, Niegehabten verschafft" (Trommler 1985: 14).

Das 20. Jahrhundert, das an seinem Beginn in einem berühmten Buch der schwedischen Schriftstellerin Ellen Key als „Jahrhundert des Kindes" (1902) bezeichnet wurde, war in vielfacher Hinsicht auch das „Jahrhundert der Jugend". Am Beginn stand Friedrich Nietzsches (1844-1900) Hoffnung auf die Mission der Jugend zur Überwindung von Lebensformen, die durch die Macht des Historischen und der überkommenen Werte erdrückt würden (vgl. die „Zweite unzeitgemäße Betrachtung" von 1874). Anfang des 20. Jahrhunderts setzten die *Jugendbewegung* und der *Jugendstil* neue Akzente. Es war eine Zeit voller Pathos, als selbst der bedeutende Literaturwissenschaftler, Schriftsteller und Sozialphilosoph Walter Benjamin (1892-1940) „Die religiöse Stellung der neuen Jugend" (Die Tat 6, 1914/15) hymnisch pries: „Die Bewegung der erwachenden Jugend weist in die Richtung jenes unendlich fernen Punktes, in dem wir die Religion wissen. (...) Die Jugend steht im Zentrum, wo das Neue wächst" (zit. nach Benjamin 1970: 18).

Noch fünfzig Jahre später teilte das „Prinzip Hoffnung" von Ernst Bloch (1885-1977), so der zum Schlagwort gewordene Titel seines philosophischen Hauptwerkes (1954-1959), dieses Pathos und verband es mit *eschatologischen** Heilsversprechungen. Helmut Schelsky, der mit der „Skeptischen

Generation" (1957) das vielleicht bekannteste jugendsoziologische Buch der Nachkriegszeit geschrieben hatte, kritisierte es aus eben diesem Grund als „Existenzphilosophie eines Jugendbewegten" (1979). Bloch, 1957 von seinem Leipziger Lehrstuhl vom DDR-Regime vertrieben und 1961 nach Tübingen übergesiedelt, wurde noch im hohen Alter (ähnlich wie Herbert Marcuse, vgl. Kapitel IV.5) ein Befürworter der Studentenbewegung, in der er etwas von seinem „Geist der Utopie" (1918) am Wirken sah. Schelsky kritisierte das in seiner Sicht historisch völlig verspätete Bemühen eines typischen „Vertreters der Jugendbewegungsgeneration", der das „'Thema Jugend' im emotionalen, geistigen und geschichtlichen Zusammenhang zum Grundthema seiner Philosophie gemacht" habe (1979: 12).

In der Jugendbewegung und ihrem Pathos sah Friedrich Heer (1916-1983), der österreichische Kultur- und Sozialphilosoph, den Keim einer „Weltjugendbewegung", die in die Weltkriege und Kulturrevolutionen dieses Jahrhunderts auf fatale Weise verstrickt war (Heer 1973).

Die *Hitlerjugend*, in Deutschland hervorgegangen aus der politisierten bündischen Jugend der Zwischenkriegszeit, wurde, wie die Jugend in allen anderen faschistischen und sozialistischen Diktaturen, für die jeweiligen Staats- und Gesellschaftsideale umfassend vereinnahmt – und dies zum großen Teil mit Begeisterung. Nur ein kleiner Teil der jugendbewegten Jugendlichen ging auf Distanz oder leistete aktiven Widerstand.

In den 1960er Jahren waren es dann Jugendliche und junge Erwachsene in der Schüler- und Studentenbewegung, die eine offensive Auseinandersetzung mit der nationalsozialistischen Geschichte einforderten – dies gegen eine durch Verdrängung und Verleugnung charakterisierte Elterngeneration und politische Kultur.

Damit verband sich eine weitreichende Infragestellung der damals vorherrschenden Moralvorstellungen und Ordnungskonzepte, die in Verbindung mit der Herausbildung der konsumgesellschaftlichen Kultur zu entscheidenden sozialkulturellen Veränderungen und zum Wertewandel beigetragen hat, u.a. in Bezug auf das Zusammenleben in Familien, Zweierbeziehungen und Wohngemeinschaften, die Veränderung der Geschlechterverhältnisse und die Überwindung einer autoritären Erziehung in Schulen.

Inzwischen ist die Gleichsetzung von Jugend und Jugendlichkeit mit Emanzipation und sozialem Fortschritt jedoch in Frage gestellt. In einer Situation, in der das Nachdenken über die erwartbare gesellschaftliche Zukunft eher Krisen- und Katastrophenszenarien als positive Entwürfe nahe legt, eignet sich auch Jugend nicht mehr als Projektionsfläche für Zukunftshoffnungen und Utopien. In der zweiten Hälfte des 20. Jahrhunderts sind Jugend und Jugendlichkeit zu etablierten Sozial- und Kulturerscheinungen geworden, einschließlich ihrer zeittypischen Kommerzialisierung und der Kurzlebigkeit von jugendbestimmten Moden, Trends und Stilen.

Seit der „Skeptischen Generation" haben alle Jugendgenerationen der Bundesrepublik ihre Selbstständigkeit erweitert und behauptet; dieses wurde und wird von der Pädagogik, der Einstellung der Erwachsenen und nicht zuletzt vom Rechtssystem unterstützt. Eine der letzten großen repräsentativen Jugenduntersuchungen zeigte zudem, dass die Jugendlichen zwar ein deutliches Bewusstsein für gesellschaftliche Probleme haben, aber zugleich relativ optimistisch in die Zukunft schauen (vgl. Jugend 2000).

Eine verlässliche Prognose, welche Bedeutung Jugendliche in welchem Alter im Gesellschafts- und Kulturprozess der Bundesrepublik oder Europas in der ersten Hälfte des 21. Jahrhunderts haben werden, ist nicht möglich. Insgesamt spielen Jugendliche (im engeren Sinne des Begriffs) schon wegen ihres historisch einmalig kleinen Bevölkerungsanteils eine relativ geringe Rolle; einige jugendlich stilisierte Dominanzen im Kulturprozess können nicht darüber hinwegtäuschen, dass Kriterien der Ökonomie den gesellschaftlichen und politischen Ton angeben. Auch darum lassen sich heute Hoffnungen und Erwartungen an die Rolle der Jugend nicht mehr ähnlich formulieren wie zu Beginn und im Verlauf des 20. Jahrhunderts.

Wenn mit den vorgetragenen Analysen Hoffnungen überhaupt verknüpft werden können, dann sind es nicht solche, die eine Besserung gesellschaftlicher Zustände von der Jugend erwarten. Hoffnungen sind eher auf gesellschaftspolitische Bemühungen zu setzen, die auf die Durchsetzung demokratischer und menschenrechtlicher Prinzipien, die Verringerung von sozialer Ungleichheit und Ausgrenzung, die Verteidigung bürgerlicher Freiheiten und kultureller Pluralität gegen autoritative Ordnungskonzepte sowie gegen eine weitere Militarisierung internationaler Konflikte gerichtet sind. Es wären vor allem diese Entwicklungen, die auch der Jugend und Jugendkultur Zukunftshorizonte öffneten.

# Glossar

Erläuterung der mit * versehenen Begriffe.

**Akkulturation, Assimilation.** Der aus dem Lat. abgeleitete Begriff bedeutet „Kultur-übernahme", Anpassung an eine bestimmte Gesellschaft bzw. Kultur. Die Begriffs-verwendung geht in der Regel mit einem unklar bleibenden Kultur- und Gesell-schaftsbegriff einher. Akkulturation ereignet sich dann, wenn Einwanderer in einer Aufnahmegesellschaft vorherrschende Normen, Werte, Gewohnheiten, Sitten usw. (in einem bestimmten Ausmaß) übernehmen. Der Begriff sagt nicht, in welchem Ausmaß die Kulturübernahme und der Anpassungsprozess erfolgen. Der ebenfalls aus dem Lat. abgeleitete Begriff Assimilation bedeutet „Ähnlichmachung", Angleichung. In der Ethnologie, Kulturanthropologie und Soziologie wird der Begriff verwandt, um den Prozess der Angleichung einer sozialen Gruppe an eine bestimmte Kultur und Gesellschaft oder andere soziale Gruppen zu beschreiben.

**Ambiguitätstoleranz.** Begriff der interaktionistischen Rollen- und Identitätstheorie. Der aus dem Lat. abgeleitete Begriff der Ambiguität bedeutet „Doppelsinnigkeit", Mehrdeutigkeit. Nach den Annahmen der genannten Theorie müssen die Individuen im Sozialisationsprozess Ambiguitätstoleranz erwerben. Dadurch werden sie in die Lage versetzt, die Doppelsinnigkeit und Mehrdeutigkeit vieler Normen und Hand-lungssituationen zu ertragen und sich tolerant auf die Handlungspartner einzustellen (vgl. w.u. auch Frustrationstoleranz).

**Empathie.** Der aus dem Griech. abgeleitete Begriff bedeutet „engagierte Teilnahme"; er wurde von dem amerikanischen Soziologen Daniel Lerner in die soziologische und sozialpsychologische Literatur eingeführt. Nach Lerner soll dieser Begriff die Fähig-keit von Individuen ausdrücken, „sich mit neuen Aspekten ihrer Umgebung in hohem Maße zu identifizieren" und den neuen Rollenanforderungen gerecht zu werden. Em-pathie kann also als Fähigkeit definiert werden, sich sensibel in (neue) soziale Situa-tionen einzufühlen und sich entsprechend zu verhalten.

**Entfremdung.** Begriff der Philosophie und der (vor allem marxistischen) Gesell-schaftsanalyse. Er meint, dass Individuen oder soziale Gruppen Verhältnisses unter-worfen sind, die sie nicht beeinflussen und gestalten können und in denen sie sich deshalb „fremd" fühlen. In seiner Bedeutung geht der Begriff vor allem auf die Philosophie Hegels und die Theorie von Marx zurück. Ausgang der Entfremdung in der modernen Gesellschaft ist die Arbeitsteilung und die Entäußerung des Menschen an Produktionsprozesse und Produkte, die für ihn übermächtig und anonym sind. Aber auch andere Elemente der Kultur und Gesellschaft, die ein falsches Bewusstsein erzeugen, tragen zur Entfremdung des Menschen gegenüber seiner Lebenswirklichkeit bei.

**Ethnomethodologie.** In diesem Begriff stecken die Begriffe „Ethno" (griech. Volk, Stamm) und „Methodologie" (Lehre von den Regeln wissenschaftlichen Forschens; Erkenntnistheorie). Der Begriff wurde nach J. Matthes (1973: 199f.) zuerst von dem amerikanischen Sozialwissenschaftler H. Garfinkel für jene Forschungsrichtung verwandt, die zur Aufdeckung der Strukturen der Alltagslebens führen soll. Im Gegensatz zum Struktur-Funktionalismus wird davon ausgegangen, dass die Lebenswirklichkeit des Menschen einem ständigen Interpretationsprozess unterliegt, also sehr viel weniger „festgelegt" ist, als der Struktur-Funktionalismus unterstellt. Was erlernt wird, sind Interpretationsregeln, nach denen ein bestimmtes Handeln als „Ausdruck" eines zugrundeliegenden Musters aufgefasst werden kann. Für „Ausdruck" und „Entzifferung" spielt Sprache eine überragende Rolle, so dass Ethnomethodologie auf qualitative Sprachanalyse und damit auf linguistische Methoden angewiesen ist.

**Frustrationstoleranz** ist ein zentraler Begriff der interaktionistischen Rollen- und Identitäts-Theorie. Der aus dem Lat. stammende Begriff Frustration bedeutet „Vereitlung", „Entsagung". Dieser seit S. Freud grundlegende Begriff der Psychologie verweist auf den Tatbestand, dass ein Organismus ein bestimmtes Ziel (Bedürfnis, Wunsch usw.) nicht erreicht, also frustriert wird. Frustrationstoleranz wird von Ausubel (1979: 179) als die Fähigkeit eines Individuums interpretiert, „intensivere und länger andauernde Erfahrung der Frustration ohne merklichen Verlust der Selbstachtung, Zusammenbruch des Strebungsniveaus oder Leistungsminderung zu ertragen".

**Gesellschaftsstruktur.** Soziologische Theorie und Forschung ist darauf ausgerichtet, den wechselseitigen Zusammenhang sozialer Tatbestände und Ereignisse verständlich zu machen. Dabei wird davon ausgegangen, dass grundlegende Strukturen einer gesellschaftlichen Ordnung existieren (Strukturen der Ungleichheit, Strukturen der Arbeitsteilung, Differenzierung in Teilsysteme usw.), die relativ stabil sind und Auswirkungen auf alle Einzelaspekte des sozialen Zusammenhanges haben.

**Geschlecht, Geschlechterordnung, Gender, Sex.** Mit der Unterscheidung von Sex (im Sinne biologischer Unterschiede) und Gender (im Sinne sozialer Vorstellungen über typisch männliche und typisch weibliche Eigenschaften und Fähigkeiten) wird darauf hingewiesen, dass Geschlecht keine Naturkategorie und keine vorgesellschaftlicher Sachverhalt ist. Denn Sex und Gender unterliegen einem historischen Wandel, auch die vermeintlich natürliche Körperlichkeit ist gesellschaftlich beeinflusst. Die sozialwissenschaftliche Genderforschung untersucht die Bedingungen, Formen und Folgen der gesellschaftlichen Hervorbringung und Formierung der Geschlechter. Für Gesellschaften und historische Epochen werden Geschlechterordnungen, d.h. in der Struktur der Gesellschaft verankerte Formen der geschlechtsbezogenen Arbeitsteilung, der Ungleichheit und der Macht und Herrschaft in den Blick gerückt.

**Idealtypus.** Ein von Max Weber in die Methodologie der Sozial- und Kulturwissenschaften eingeführter Begriff. Idealtypen werden als „Gedankenbilder" verstanden, die „nicht die historische oder gar die ‚eigentliche' Wirklichkeit" abbilden sollen. Vielmehr sind Idealtypen gedankliche Abstraktionen, an denen „die Wirklichkeit zur Verdeutlichung bestimmter bedeutsamer Bestandteile ihres empirischen Gehaltes gemessen" wird. Der Idealtypus will „das Zurechnungsurteil schulen". Obwohl keine Hypothese, „will er der Hypothesenbildung die Richtung weisen" (zit. nach M. Weber).

**Ideologie.** Der aus dem Griech. abgeleitete Begriff bedeutet „Lehre von den Ideen". Der Ideologiebegriff hat in der Philosophie und Geistesgeschichte, im Marxismus und in der Soziologie eine lange Tradition und einen überragenden Stellenwert (vgl. K. Lenk, Hg., Ideologie, zuerst 1961; P.-Chr. Ludz, Ideologiebegriff und marxistische Theorie, 1976). Der Begriff dient ganz allgemein zur Kennzeichnung des Verhältnisses von Sein und Bewusstsein, von Geist und Gesellschaft. Bereits F. Bacon (1561-1626) wies in seiner „Idolen-Lehre" auf die Trübungen des Bewusstseins und des Denkens hin, denen beide durch Verfälschungen, Selektionen usw. unterworfen sind. Seit der Aufklärung wird Ideologie als die Gesamtheit der Ideen und Aussagen verstanden, die zur Absicherung einer bestimmten Herrschaft dienen, den Interessenstandpunkt der Herrschaftssicherung aber verschleiern sollen. Bei Marx erhält der Ideologiebegriff seine bis heute wohl bedeutendste Ausprägung: Einerseits ist Ideologie die Gesamtheit des (zum Teil bewusst erzeugten) „falschen Bewusstseins"; andererseits hat Ideologie die Funktion, die realen gesellschaftlichen Verhältnisse in verkehrter Weise zum Ausdruck zu bringen. In dieser Doppelpoligkeit ist der Ideologiebegriff verblieben. In der Kritik von Ideologietheorien wird gefragt, wer aus welchem Grund gegen wen den Ideologieverdacht erhebt oder wer beanspruchen kann, über einen nicht durch Ideologien überformten Zugang zu wahren Aussagen zu verfügen.

**Institution, Institutionalisierung.** Als Institutionen werden überindividuelle und verfestigte soziale Tatbestände bezeichnet, die durch je spezifische Strukturen, Regeln und Normen gekennzeichnet sind. Institutionalisierung meint den Prozess, durch den sich soziale Entwicklung zu relativ stabilen Einrichtungen werden.

**Integration.** Der Begriff Integration meint soziale Eingliederung; zu unterscheiden ist zwischen einem Verständnis von Integration als funktionale Anpassung in gesellschaftlichen Teilbereiche (Arbeitsmarkt, Bildungssystem, Recht usw.) einerseits, der Eingliederung in die sozialen Beziehungen, Normen und Werte von Gruppen andererseits.

**Interpretatives Paradigma.** Zusammenfassende Bezeichnung für Richtungen der sinnverstehenden Soziologie (symbolischer Interaktionismus, Sozialphänomenologie und Ethnomethodologie). Die Aufgabe soziologischer Forschung wird darin gesehen, die Bedeutungen empirisch zu erschließen und verständlich zu machen, die dem Alltagshandeln von Individuen zu Grunde liegen bzw. in diesem hervorgebracht werden. Es wird davon ausgegangen, dass „alle Interaktionen ein interpretativer Prozess sind, in dem die Handelnden sich aufeinander beziehen durch sinngebende Deutungen dessen, was der andere tut oder tun könnte" (J. Matthes 1973: 201).

**Jugendszenen.** Regionale, aber auch überregionale Netzwerke von Jugendlichen, die übereinstimmende jugendkulturelle oder politische Orientierungen, eigene Treff- punkte und Kommunikationsmittel (Internetseiten, Zeitschriften) aufweisen.

**Klassen, Schichten, Milieus.** Zur Beschreibung der Strukturen sozialer Ungleichheit wurden in der Soziologie unterschiedliche Theorien und Begriffe entwickelt. Der Be- griff ‚soziale Klassen' akzentuiert, dass ungleichen Lebensbedingungen in einem notwendigen Zusammenhang mit der Struktur der kapitalistischen Ökonomie stehen. Ältere Klassentheorien gehen weiter davon aus, dass Klassenlagen mit unterschiedli- chen bzw. gegensätzlichen politischen Interessen einher gehen. Schichtungstheorien sind dagegen daraus ausgerichtet, eine differenzierte, nicht auf die ökonomische Di- mension begrenzte Beschreibung der Ursachen und Ausprägungen sozialer Ungleich- heiten zu ermöglichen. Der Begriff ‚soziale Milieus' steht im Unterschied dazu für soziale Gruppen, die einen gemeinsamen Lebensstil sowie gemeinsame Grundüber- zeugungen aufweisen. In seiner einflussreichen Theorie sozialer Ungleichheit hat Pi- erre Bourdieu in Modell entwickelt, das eine multidimensionale Klassentheorie mit einer Theorie der Milieubildung zusammenführt.

**Libido.** Dieser lat. Ausdruck bedeutet Begierde, Trieb, Lust, Verlangen. Seit S. Freud ein zentraler Begriff der Psychoanalyse, der die gesamte, vor allem sexuell aktivierte Lebensenergie des Menschen umfasst. Die Libido entwickelt sich entsprechend den von Freud unterschiedenen psycho-sexuellen Phasen (oral, anal usw.).

**Moderne.** Schlüsselbegriff zum Verständnis jener Gesellschaften, die seit der Aufklä- rung und der Doppelrevolution (der politischen und der industriellen) seit dem 18. Jh. entstanden sind. Zu den kulturellen Grundlage der Moderne ist das Versprechen einer vernünftigen Gesellschaftsgestaltung zu rechnen, die die nunmehr als frei und gleich geltenden Individuen aus den Zwängen der alten Ordnung befreit und ins Zentrum der Politik, der Rechtsstaatsordnung, der Sozial- und Humanwissenschaften und der Ästhetik rückt. Modern ist auch der Glauben an die Möglichkeit eines Fortschritts, der zu einer Verbesserung der Lebensbedingungen führt. Moderne Gesellschaften sind funktional differenzierte, in denen Wirtschaft, Wissenschaft, Kunst usw. nicht mehr Elemente einer übergreifenden religiösen Ordnung sind. Die *Postmoderne* geht u.a. davon aus, dass das Fortschritts- und Aufklärungsprojekt der Moderne an sein Ende gelangt sei.

**Narzissmus.** Abgeleitet von der griech. Sagengestalt Narziss, der sich in unbefrie- digter Liebe zu seinem eigenen Spiegelbild, das er im Wasser erblickt hatte, verzehrte und schließlich in eine Narzisse verwandelt wurde. Der römische Dichter Ovid (43 v.-17. n. Chr.) deutete dies als Strafe dafür, dass Narziss die Liebe der Nymphe Echo zurückgewiesen hatte.

Narzissmus ist ein Begriff der Psychoanalyse und meint seit der populären Inter- pretation durch Sigmund Freud insbesondere die unterschiedlichen Formen der auf die eigene Person gerichteten erotischen Energien. Aktualität gewann der Begriff durch die Diskussion um den „neuen Sozialisationstypus" (T. Ziehe 1975).

**Peer/Peers.** „Das Wort ‚Peer' – vom lateinischen ‚par' (gleich) hergeleitet – hat im Deutschen keine Übersetzung gefunden. Es bedeutet ‚die Gleichen', insbesondere im Sinne von Statusgleichheit; peers meint zudem Gleichberechtigte – der Begriff bedeutete im Angelsächsischen zunächst die Zugehörigkeit zu den fünf oberen Rängen der englischen Nobilität bedeutet (Allerbeck/Rosenmayr 1976: 109f; dort Hinweise auf die jetzige Bedeutung des Begriffs, wie sie sich in der amerikanischen Jugendsoziologie herausgebildet hat). Im Zusammenhang mit Gruppe – peer-group – bezeichnet der auch im Deutschen verwandte Begriff die Gruppe der Gleichaltrigen.

**Phänomenologie.** Die Lehre von den Phänomenen, dem Erscheinenden, sich den Sinnen Zeigendem. Die Phänomenologie als phil. Lehre entwickelte sich seit dem 18. Jahrhundert und wird heute vor allem mit der Philosophie Edmund Husserls (1859-1938) verbunden. Nach Husserl ist Phänomenologie die Wissenschaft von der Wesensschau („zurück zu den Dingen selbst"), vom wesenschauenden Bewusstsein. Die von Husserl begründete Phänomenologie als universale Sinn- und Bedeutungsforschung der menschlichen Lebenswirklichkeit war und ist von großem Einfluss auf die Pädagogik und die Soziologie.

**Rolle, soziale.** Abstrahierender Ausdruck für den Tatbestand, dass das soziale Handeln vorstrukturiert ist: durch Normen (Verhaltensregeln), Erwartungen und Ansprüche der Handlungspartner, die in den „Entwurf" der eigenen Rolle übernommen werden. Die sozialen Rollen sind mehr oder weniger deutlich ausgeprägt und mit Rollen-Attributen versehen: Die Rolle des Lehrers ist „eindeutiger" als die Rolle des Familienvaters, die Rolle eines Offiziers im Dienst klarer definiert als die Rolle eines Politikers. Zwischen Rollen-Vorschriften, Rollen-Erwartungen und tatsächlichem Rollen-Handeln gibt es ein Spannungsverhältnis und unterschiedliche Freiheitsgrade, aus der zugewiesenen Rolle eine selbst gestaltete Eigen-Rolle zu machen. Dieses Spannungsverhältnis lässt sich an den Rollen-Erwartungen, die mit dem Jugendalter verknüpft werden, und dem Verhalten Jugendlicher gut belegen.

**Säkularisierung** (auch Säkularisation, Säkularismus; von lat. saeculum: ein Jahrhundert, ein Menschenalter, auch: die Welt; frei übersetzt bedeutet Säkularisierung also „Verweltlichung"). Einer der wichtigsten Teilvorgänge der Entstehung der modernen, industriell-bürokratischen, bürgerlichen Gesellschaft. Bei der Säkularisierung sind ein materiell-rechtlicher und ein normativ-kultureller Teilvorgang zu unterscheiden: die Ablösung kirchlich-klösterlichen Besitzes, in Deutschland vor allem nach 1803; die Loslösung der „normativen Kultur" aus der Interpretation und dem Machtanspruch der Religion/Kirche; die Verselbstständigung des Staates und der Gesellschaft, der Wissenschaft und anderer sozialer Bereiche aus der Bevormundung durch Religion und Kirche.

**Sozialisation, politische Sozialisation.** In der älteren Soziologie wird unter Sozialisation die Prägung des Individuums durch seine gesellschaftlichen Lebensbedingungen und Erfahrungen verstanden. Erziehung, der Versuch der Einflussnahme auf Kinder und Jugendliche, wird als ein Teil der Sozialisation verstanden. In der gegenwärtigen Sozialisationsforschung wird die Vorstellung einer kausalen Beeinflussung des Einzelnen durch die Gesellschaft zurückgewiesen und betont, dass die individuelle Entwicklung aus dem komplexen Zusammenwirken von sozialen Einwirkungen und individueller Eigensinnigkeit resultiert. Zudem wird in Rechnung gestellt, dass Sozialisation auch zur Entstehung eigenverantwortlicher Urteils- und Handlungsfähigkeit führt. Politische Sozialisation ist jener „Teil" der Sozialisation, der zur Herausbildung (bestimmter) politischer Einstellungen, Verhaltensweisen und Handlungskompetenzen führt. Ziel der politischen Bildung ist ein handlungsfähiges und handlungsbereites sowie mündiges Individuum als Träger der demokratischen und rechtsstaatlichen, der sozialstaatlichen und pluralistischen Ordnung und Kultur.

Wann und wo die entscheidenden „Prägungen" im Prozess der allgemeinen oder intentional politischen Sozialisation (Erziehung) erfolgen, welchen Anteil Elternhaus und Schule, Medien und Arbeitswelt oder auch einzelne Personen haben, ist umstritten (da kaum generalisierbar).

**Soziologismus.** Tendenz in der älteren Soziologie, alle geistigen und kulturellen, individuellen und psychischen Erscheinungen allein aus sozialen Bedingungen zu erklären und das Individuum als sozial determiniert darzustellen.

**Struktur-Funktionalismus.** Soziologische Theorierichtung, die danach fragt, welche Leistungen soziale Teilsysteme erbringen müssen, damit eine soziale Ordnung stabil ist. Gesellschaft wird entsprechend als ein Funktionszusammenhang verstanden, in den die Individuen durch Sozialisation und soziale Kontrolle eingefügt werden.

**Sublimierung** (auch Sublimation). Der aus dem Lat. stammende Begriff bedeutet in seinem hier gemeinten Zusammenhang: „Verfeinerung", „geistige Erhöhung". Seit Sigmund Freud ein Begriff der Psychoanalyse, die inner-psychische Vorgänge des Einzelnen in ihren komplexen Zusammenhang mit sozialen Strukturen zu verstehen versucht. Sublimierung ist jene Form der Verarbeitung von Antriebsüberschüssen und (vor allem sexuellen) Triebpotentialen, die nicht der unmittelbaren Befriedigung dienen.

**Symbolischer Interaktionismus.** Paradigma der soziologischen (und sozialpsychologischen) Handlungstheorien, das im Anschluss an den Sozialbehaviorismus von George Herbert Mead entwickelt wurde. Danach ist Kultur ein System von Symbolen, von mehr oder weniger festgelegten Bedeutungsgehalten. Das wichtigste Symbolsystem ist die Sprache. Interaktionen (Handlungen) sind dadurch möglich, dass die in der Sozialisation erlernten Symbole in den Interaktions- und Kommunikationsprozess eingebracht und von den Handlungspartnern in ihrer gemeinten Bedeutung „entschlüsselt" werden können.

Neben Mead waren vor allem die Phänomenologie und die daran anknüpfenden soziologischen Richtungen (z.B. Alfred Schütz) von Einfluss auf den Symbolischen Interaktionismus.

**Systemtheorie.** Sammelbezeichnung für Theorien in unterschiedlichen wissenschaftlichen Disziplinen, die über klassische Ursache-Wirkungs-Erklärungen hinausgehen. Systeme werden als ein komplexer und eigendynamischer Zusammenhang von Elementen gefasst, die sich von ihrer Umwelt abgrenzen und durch interne Wechselbeziehungen gekennzeichnet sind. Die soziologische Systemtheorie unterscheidet soziale und psychische Systeme und lehnt die Vorstellung ab, dass soziale Strukturen und Prozesse Ergebnis der Handlungen von Individuen sind.

**Ungleichheit.** Die ungleiche Verteilung von Lebensbedingungen und Lebenschancen in ihrer Verknüpfung mit den ökonomischen und politischen Strukturen der Gesellschaft ist seit den Anfängen ein zentrales Thema der Soziologie. Hintergrund dessen ist der Gegensatz zwischen dem Anspruch der modernen Gesellschaft, eine Gesellschaft freier und gleicher Individuen zu sein zu den faktischen Ungleichheiten der Lebenssituation der sozialen Klassen und Schichten.

**Utilitarismus.** (von lat. utilis, „nützlich"), philosophisch-ökonomische Lehre, die auf die Sozialphilosophen und Ökonomen Jeremy Bentham (1748-1832) und John Stuart Mill (1806-1873) zurückgeht. Im Mittelpunkt steht eine sowohl individualistische wie kollektive Handlungslehre. Individuell wird das Handeln nach seiner Nützlichkeit oder Schädlichkeit für das handelnde Individuum betrachtet; kollektiv und als Leitmaxime der Wirtschafts- und Gesellschaftspolitik steht der von Bentham propagierte Satz im Mittelpunkt, dass alle Politik das „größte Glück der größten Zahl" zu bewirken habe. Die Verbindung zu den Handlungsmaximen des Liberalismus und damit der Theorie von Adam Smith (1723-1790) wie allen daran anschließenden Theorien der „Wohlfahrtsökonomik" ist eng.

# Literaturverzeichnis

Das nachfolgende Literaturverzeichnis ist keine Bibliographie zum Thema Jugend. Es wurden nur die Titel aufgenommen, auf die im Text verwiesen wurde. Vollständige Literaturangaben im Text werden hier nicht wiederholt.

Abels, H., 1993, Jugend vor der Moderne. Soziologische und psychologische Theorien des 20. Jhs., Opladen

Abels, H., 2001, Interaktion, Identität, Präsentation, 2. Aufl., Wiesbaden

Angermayer, M., E. Brähler, 2001, Rechtsextreme Einstellungen in Deutschland. Ergebnisse einer repräsentativen Erhebung, Leipzig

Albertin, L., 1992, Jugendarbeit 1945, Weinhelm/München

Albrecht, G., 1997, Anomie oder Hysterie – die bundesdeutsche Gesellschaft und ihre Kriminalitätsentwicklung, in: W. Heitmeyer (Hg.), Was treibt die Gesellschaft auseinander?, Frankfurt/M., S. 506-556

Alkemeyer, T., 2003, Der Sport, die Sorge um den Körper und die Suche nach Erlebnissen, in: Berliner Debatte Initial, H. 14, S. 16-29

Allerbeck, K.R., L. Rosenmayr, 1976, Einführung in die Jugendsoziologie. Theorien, Methoden und empirische Materialien, Heidelberg

Allerbeck, K., W.J. Hoag, 1986, Jugend ohne Zukunft? Einstellungen, Umwelt, Lebensperspektiven, München/Zürich

Althoff, M., 2002, ‚Kriminalität‘ – eine diskursive Praxis, in: R. Anhorn, D. Betttinger (Hg.), Kritische Kriminologie und Soziale Arbeit, Weinheim/München, S. 47-74

Apel, H., 1992, Intergenerative Bildungsmobilität in den alten und neuen Bundesländern, in: Jugend '92, Bd. 2, a.a.O., S. 353-370

Arbeitsgruppe Bielefelder Jugendforschung (1990): Das Individualisierungs-Theorem – Bedeutung für die Jugendforschung, in: Heitmeyer, W., Olk, T. (Hg.), Individualisierung von Jugend, Weinheim/München, S. 11-34

Archiv der Jugendmusikbewegung e.V. Hamburg (Hg.), 1980, Die deutsche Jugendmusikbewegung in Dokumenten ihrer Zeit von den Anfängen bis 1933, Wolfenbüttel/Zürich

ARD/ZDF-Online-Studie, 2004, hg. von der ARD/ZDF-Medienkommission, online verfügbar unter http://www.daserste.de/service/studie.asp

Aristoteles, 1980, Rhetorik. Übersetzt, mit einer Bibliographie, Erläuterungen und einem Nachwort von F.G. Sieveke, München (UTB Bd. 159)

Aufmuth, U., 1979, Die deutsche Wandervogelbewegung unter soziologischem Aspekt, Göttingen

Augstein, R., 1996, Beschneidung von Mädchen und Frauen, Bonn

Aust, Stefan, 1989, Der Baader-Meinhof-Komplex, München

Ausubel, D.P., 1979, Das Jugendalter. Fakten, Probleme, Theorie, 6. Aufl., München ( amerik. Orig. 1954)

Baacke, D. 1970, Untergrund. Einblick und Ausblick, in: Merkur. Deutsche Zeitschrift für europäisches Denken, 24. Jg./1970, H. 266, S. 526-541

Baacke, D. (Hg.), 1998, Handbuch Jugend und Musik, Opladen

Baacke, D., 1999, Jugend und Jugendkulturen, 3. überarb. Aufl., Weinheim

Baacke, D., W. Heitmeyer (Hg.) 1985, Neue Widersprüche. Jugendliche in den achtziger Jahren, Weinheim/München

Baacke, D., 1987, Jugend und Jugendkulturen, Weinheim und München

Badawia, T., F. Hamburger, M. Hummrich, 2003, Wider die Ethnisierung einer Generation, Frankfurt/M.

Ballestrini, N. et al., 1997, Kursbuch JugendKultur. Stile, Szenen und Identitäten vor der Jahrtausendwende, Köln

Barz, H., 1992, Postmoderne Religion. Die junge Generation in den Alten Bundesländern, Opladen

Baumert, J. (Hg.), 2000, PISA 2000, Leverkusen

Beauftragte der Bundesregierung für Migration, Flüchtlinge und Integration, 2004, Strukturdaten der ausländischen Bevölkerung, Berlin; online verfügbar unter http://www.integrationsbeauftragte.de/download/Strukturdaten. pdf

Beauftragte der Bundesregierung für Migration, Flüchtlinge und Integration, 2005, Bericht über die Lage der Ausländerinnen und Ausländer in Deutschland, Berlin; online verfügbar unter http://www.integrationsbeauftragte.de/download/Lagebericht Internet.pdf

Beck, U., 1986 (u.ö.), Risikogesellschaft. Auf dem Weg in eine andere Moderne, Frankfurt/M.

Beck, U., 1995, Die „Individualisierungsdebatte", in: B. Schäfers (Hg.), Soziologie in Deutschland, Opladen, S. 185-199

Beck-Gernsheim, E., 1981, Der geschlechtsspezifische Arbeitsmarkt. Zur Ideologie und Realität von Frauenberufen, 2. Aufl., Frankfurt/M.

Becker, H.S., 1973, Außenseiter, Frankfurt (engl. Orig. 1963)

Becker, R., B. Kortendiek (Hg.), 2004, Handbuch der Frauen und Geschlechterforschung, Wiesbaden

Bell, R.R., 1961/1965, Die Teilkultur der Jugendlichen, in: L. v. Friedeburg, a.a.O., S. 83-86

Benjamin, W., 1970, Über Kinder, Jugend und Erziehung, Frankfurt/M.

Berger, P.L., B. Berger, H. Kellner, 1975, Das Unbehagen in der Modernität, Frankfurt/New York

Bernfeld, S., Über den Begriff der Jugend, Diss. Wien 1914/15

Bette, K.-H., 1999, Systemtheorie und Sport, Frankfurt/M.

Bette, K.-H., U. Schimank, 1995, Doping im Hochleistungssport, Frankfurt/M.

Bette, K.-H., U. Schimank, 2000, Sportevents, in: W. Gebhardt et al. (Hg.), Events, Opladen, S. 307-323

Bloch, E., 1959, Das Prinzip Hoffnung, 5 Bde., Frankfurt/M.

Blos, P., 1977, Der zweite Individuierungs-Prozeß der Adoleszenz, in: R. Döbert et al., a.a.O., S. 179-195

Blüher, H., 1911/13, Wandervogel. Geschichte einer Jugendbewegung, 3 Bde., Charlottenburg; Nachdruck Frankfurt/Main 1976

Bohle. H.H. et al., 1997, Anomie in der modernen Gesellschaft, in: W. Heitmeyer, (Hg.): Was treibt die Gesellschaft auseinander?, Frankfurt/M., S. 29-68

Bohnsack, R. et al., 1995, Die Suche nach Gemeinsamkeit und Gewalt in der Gruppe, Opladen

Bommes, M., 1993, Migration und Sprachverhalten, Wiesbaden

Boos-Nünning, U., Y. Karakasoglu, 2005, Viele Welten leben. Zur Lebenssituation von Mädchen und jungen Frauen mit Migrationshintergrund, Münster

Brähler, E., O. Decker, 2005, Rechtsextreme Einstellungen in Deutschland, Leipzig

Brake, M., 1981, Soziologie der jugendlichen Subkulturen. Eine Einführung. Hg. und mit einem Nachwort von R. Lindner, Frankfurt/New York

Breuer, H., 1950, Der Zupfgeigenhansel, Mainz (zuerst 1909)

Breyvogel, W., 1991, Piraten, Swings und Junge Garde. Jugendwiderstand im Nationalsozialismus, Bonn

Breyvogel, W., 1998, Pädagogische Jugendforschung. Erkenntnisse und Perspektiven, Opladen

Brück, B. et al. (Hg.), 1992, Feministische Soziologie, Frankfurt/New York

Bühler, Ch., 1922, Zwei Mädchentagebücher, Jena (2. Auflage 1927)

Bundeskriminalamt, 2004, Polizeiliche Kriminalstatistik 2003, Wiesbaden; online verfügbar unter http://www.bka.de/pks/pks2003/index.html

Bundesministerium für Bildung und Forschung, 2004, Berufsbildungsbericht 2004, Berlin; online verfügbar unter http://www.bmbf.de/pub/bbb_2004. pdf

Bundesamt für Verfassungsschutz, 1999, Rechtsextremismus in der Bundesrepublik Deutschland. Ein Lagebericht, Köln; Lagebericht 2004 online verfügbar unter http://www.verfassungsschutz.de/de/publikationen/

Bundeszentrale für gesundheitliche Aufklärung, 2004, Aktuelle Studien; online verfügbar unter http://www.bzga.de

Butler, J., 1991, Das Unbehagen der Geschlechter, Frankfurt/M.

Butterwegge, C., G. Lohmann, 2000, Jugend, Rechtsextremismus und Gewalt, Opladen

Castells, M., 2003, Die Macht der Identität, Opladen

Caysa, V., 2003, Körperkult und Körperkapitalisierung, in: Berliner Debatte Initial, H. 14, S. 5-15

Chowanski, J., R. Dreier, 2000, Die Jugendweihe. Eine Kulturgeschichte seit 1852, Berlin

Christie, N., 2005, Wieviel Kriminalität braucht die Gesellschaft?, München

Cicourel, A., 1968, The Social Organisation of Juvenile Justice, London/New York/Sydney

Clarke, J., 1979a, Die Skinheads und die magische Rückgewinnung der Gemeinschaft, in: J. Clarke et al., a.a.O., S. 171-175

Clarke, J. et al., 1979, Jugendkultur als Widerstand, Frankfurt/M.

Cloward, R.A., L.E. Ohlin, 1960, Delinquency and Opportunity. A Theory of Delinquent Gangs, New York

Cohen, A.K., 1955, Delinquent Boys, New York (dt.: Kriminelle Jugend, Hamburg 1961)

Coleman, J.S., 1961, The Adolescent Society. The Social Life of the Teenager and its Impact on Education, New York ($^2$1962)

Cremer-Schäfer, H., H. Steinert, 1998, Straflust und Repression, Münster

Dannenbeck, C., F. Esser, H. Lösch, 1999, Herkunft erzählt. Befunde über Zugehörigkeiten Jugendlicher, Münster et al.

Deinet, U., C. Reutlinger (Hg.), 2004, ‚Aneignung' als Bildungskonzept der Sozialpädagogik, Wiesbaden

Deisenhofer, A. (Hg.), 2004, Jugendrecht, 26. überarb. Aufl., München

Deutscher Werkbund e.V. (Hg.), 1986, Schock und Schöpfung. Jugendästhetik im 20. Jahrhundert, Neuwied

Deutsches Jugendinstitut (Hg.), 1982, Die neue Jugenddebatte, Weinheim/München

Deutsches PISA-Konsortium (Hg.), PISA 2000 – Die Länder der Bundesrepublik Deutschland im Vergleich, Opladen

Dietz, B., 1999, Jugendliche Aussiedler in Deutschland: Risiken und Chancen der Integration, in: K.J. Bade, J. Oltmer (Hg.), Aussiedler: deutsche Einwanderer aus Osteuropa, Osnabrück, S. 153-176

Dietz, G.-U., E. Matt, K.F. Schumann, 2001, Lehre tut viel. Berufsbildung, Lebensplanung und Delinquenz bei Arbeiterjugendlichen, Münster

Döbert, R., J. Habermas, G. Nunner-Winkler, Hg., 1977, Entwicklung des Ichs, Köln ($^2$1980)

Dreher, E., M. Dreher, 1985, Wahrnehmung und Bewältigung von Entwicklungsaufgaben im Jugendalter, in: R. Oerter (Hg.), Lebensbewältigung im Jugendalter, Weinheim, S. 30-61

dtv-Lexikon der Antike, 1971, München

Dudek, P., 1990, Jugend als Objekt der Wissenschaften. Geschichte der Jugendforschung in Deutschland und Österreich 1890-1933, Opladen

Durkheim, É., 1972, Erziehung und Soziologie, übersetzt und hrsg. von R. Krisam, Düsseldorf

Durkheim, É., 1984, Die Regeln der soziologischen Methode, Frankfurt/M. (franz. Orig. 1895)

Durkheim, É., 1993, Der Selbstmord. Frankfurt (franz. Orig. 1897)

Dux, G., 1997, Die Spur der Macht im Verhältnis der Geschlechter, Frankfurt/M.

Eccarius, J., 1996, Individualisierung und soziale Reproduktion im Lebensverlauf, Opladen

Eckert, R., C. Reis, T.A. Wetzstein, 2000, Ich will halt anders sein als die anderen. Abgrenzung, Gewalt und Kreativität bei Jugendlichen, Opladen

Eckert, R., 2003, Orientierung oder Desinformation?, in: J. Mansel, H.M. Griese, A. Scherr (Hg.), Theoriedefizite der Jugendforschung, Weinheim/München, S. 41-48

Ehalt, H. Ch., 1985, Über den Wandel des Termins der Geschlechtsreife in Europa und dessen Ursachen, in: Saeculum 36, S. 226ff.

Eisenstadt, S.N., 1966, Von Generation zu Generation. Altersgruppen und Sozialstruktur, München (amerik. Orig. 1956)

Elias, N., 2001, Über den Prozeß der Zivilisation, 2 Bde., Frankfurt/M. (zuerst 1938)

Elias, N., E. Dunning, 2003, Sport und Spannung im Prozess der Zivilisation, Frankfurt/M.

Engels, F., 1974, Die Lage der arbeitenden Klasse in England, Berlin (Original 1845)

Erikson, E.H., 1977, Identität und Lebenszyklus. Drei Aufsätze, 7. Aufl., Frankfurt/M. (amerik. Orig. 1959)

Farin, K., 1998, Jugendkulturen zwischen Kommerz und Politik, Bad Tölz

Feige, A., 1988, Autonomie, Engagement, Distanz. Problemdimensionen im Verhältnis der Jugend zur Kirche, in: Religion, Kirchen und Gesellschaft in Deutschland, SH 5 der Zeitschrift GEGENWARTSKUNDE, hg., von F.-X. Kaufmann und B. Schäfers, S. 161-181

Fend, H., 2003, Entwicklungspsychologie des Jugendalters, Opladen

Ferchhoff, W., 1985, Pluralisierung und Differenzierung von Lebenszusammenhängen bei Jugendlichen, in: D. Baacke, W. Heitmeyer (Hg.), a.a.O., S. 46-85

Ferchhoff, W., 1999, Jugend an der Wende vom 20. zum 21. Jahrhundert. Lebensformen und Lebensstile, 2. überarb. Aufl., Opladen

Fischer, A.., 1981, Jugend ‚81, Hamburg

Fischer, A. et al., 2000, Jugend 2000, Band 2, Leverkusen

Fischer, G., 1985, Tanz, in: Jugendliche + Erwachsene '85, Bd. 2, S. 59-106

Förster, P., Friedrich, W. et al., 1993, Jugend Ost: Zwischen Hoffnung und Gewalt, Opladen

Freud, S., 2005, Drei Abhandlungen zur Sexualtheorie, Frankfutt/M. (zuerst 1904/05)

Friedan, B., 1966, Weiblichkeitswahn oder die Mystifizierung der Frau, Hamburg

Friedeburg, L. von, (Hg.), 1965, Jugend in der modernen Gesellschaft, Köln/Berlin (NWB Bd. 5)

Fuchs, W., 1985, Konfessionelle Milieus und Religiösität, in: Jugendliche + Erwachsene '85, Bd. 1, a.a.O., S. 265-304

Gaiser, W. et al., 2001, Jugend und Politik. Entwicklungen in den 90er Jahren, in: Politische Bildung, Jg. 34, H. 4, S. 38-59

Gehlen, A., 1993, Anthropologische und sozialpsychologische Untersuchungen, Reinbek

Geißler, R., 2005, Die Sozialstruktur Deutschlands, 4. Aufl., Wiesbaden

Giesecke, H., 1981, Vom Wandervogel bis zur Hitlerjugend. Jugendarbeit zwischen Politik und Pädagogik, München

Giesecke, H., 1983, Die Jugendarbeit, 6. Aufl., München

Gille, M., W. Krüger, (Hg.), 2000, Unzufriedene Demokraten. DJI-Jugendsurvey 2, Opladen

Gillis, J.R., 1984, Geschichte der Jugend. Tradition und Wandel der Altersgruppen und Generationen in Europa von der zweiten Hälfte des 18. Jhs. bis zur Gegenwart, 2. Aufl., Weinheim/Basel

Goffman, E., 2002, Stigma. Über die Techniken der Bewältigung beschädigter Identität, 16. Aufl., Frankfurt/M. (zuerst 1967)

Griese, H.M., 1981, Jugendliche Gastarbeiterkinder: Situation und Problematik. Eine Literatur- und Forschungsdiskussion, in: Z. f. Päd., 27. Jg./1981, Nr. 3, S. 441-456

Griese, H.M., 1987, Sozialwissenschaftliche Jugendtheorien. Eine Einführung, 3. Aufl., Weinheim/Basel

Griese, H.M., 2000, Übergangsrituale im Jugendalter, Münster

Groenemeyer, A., J. Mansel (Hg.), 2003, Die Ethnisierung von Alltagskonflikten, Opladen

Gröschel, R., M. Schmidt, 1990, Trümmerkids und Gruppenstunde. Zwischen Romantik und Politik. Jugend und Jugendverbandsarbeit in Berlin im ersten Nachkriegsjahrzehnt, Berlin

Gukenbiehl, H.L., 1999, Bezugsgruppen, in: B. Schäfers, (Hg.); Einführung in die Gruppensoziologie, 3. korr. Aufl., Heidelberg/Wiesbaden

Habermas, J., 1969, Protestbewegung und Hochschulreform, Frankfurt/M.

Habermas, J., 1995, Theorie des kommunikativen Handelns, 2 Bde., Frankfurt/M.

Hagemann-White, Carol, 2000, Sozialisation: männlich – weiblich? Alltag und Biografie von Mädchen, Bd. 1, 2. vollst. überarb. Neuaufl., Opladen

Harris, M., 1989, Kulturanthropologie, Frankfurt/New York

Hebdige, D., 1979, Die Bedeutung des Mod-Phänomens, in: J. Clarke, a.a.O., S. 158-170

Hebdige, D., 1983, Subculture – die Bedeutung von Stil, in: D. Diedrichsen et al., Schocker – Stile und Moden der Subkultur, Hamburg, S. 8-120

Heckmann, F., 1992, Ethnische Minderheiten, Volk und Nation, Stuttgart

Heer, F., 1973, Werthers Weg in den Underground. Die Geschichte der Jugendbewegung, München et al.

Heinz, W.R., 2003, Jugendkriminalität in Deutschland. Kriminalstatistische und kriminologische Befunde. Aktualisierte Ausgabe Juli 2003, Konstanz, online verfügbar unter http://www.uni-konstanz.de/rtf/kik [14.07.05]

Heitmeyer, W., 1995, Rechtsextremistische Orientierungen bei Jugendlichen. Empirische Ergebnisse und Erklärungsmuster einer Untersuchung zur politischen Sozialisation, 5. Aufl., Weinheim/München (zuerst 1987)

Heitmeyer, W. (Hg.), 2005, Deutsche Zustände. Folge 3, Frankfurt/M.

Heitmeyer, W., Olk, T. (Hg.), 1990, Individualisierung von Jugend. Gesellschaftliche Prozesse, subjektive Verarbeitungsformen, jugendpolitische Konsequenzen, Weinheim/München

Heitmeyer, W. et al., 1993, Die Bielefelder Rechtsextremismus-Studie. Erste Langzeituntersuchung zur politischen Sozialisation männlicher Jugendlicher, 2. Aufl., Weinheim/München

Heitmeyer, W., HJ.-G. Soeffner (Hg.), 2004, Gewalt. Entwicklungen, Strukturen, Analyseprobleme, Frankfurt/M.

Helfferich, C., 1994, Jugend, Körper und Geschlecht, Opladen

Herbert, U., 2001, Geschichte der Ausländerpolitik in Deutschland, München

Herrmann, U., 1987, Das Konzept „Generation" – Ein Forschungs- und Erklärungsansatz für die Erziehungs- und Bildungssoziologie und die Historische Sozialisationsforschung, in: Neue Sammlung 27, S. 364-377

Hitzler, R. et al., 2000, Jugendszenen in Nordrhein-Westfalen, Düsseldorf

Hitzler, R., 2001, Techno-Soziologie, Opladen

Hitzler, R., 2005, Leben in Szenen, 2. aktual. Aufl., Wiesbaden

Hitzler, R., M. Pfadhauer, M., 1998, Let your body take control. Zur ethnographischen Kulturanalyse der Techno-Szene, in: R. Bohnsack, W. Marotzki (Hg.), Biographieforschung und Kulturanalyse, Opladen, S. 75-92

Hoffmann, D., H. Merkens (Hg.), 2004, Jugendsoziologische Sozialisationstheorie, Weinheim/München

Hofstätter, P.R., 1975, Fieber und Heil in der Jugendbewegung in: Jugend in der Gesellschaft. Ein Symposion, München, S. 118-153

Holert, T., M. Terkessidis (Hg.), 1997, Mainstream der Minderheiten, Berlin/Amsterdam

Hollstein. W., 1969, Der Untergrund. Zur Soziologie jugendlicher Protestbewegungen, Neuwied/Berlin

Hopf, Christel, 2005, Frühe Bindungen und Sozialisation, Weinheim/München

Hormel, U., A. Scherr, 2003, Was heißt „Ethnien" und „ethnische Konflikte" in der modernen Gesellschaft, in: A. Gronemeyer, J. Mansel (Hg.), a.a.O., S. 47-68

Hornstein, W., 1965, Vom „Jungen Herrn" zum „Hoffnungsvollen Jüngling". Wandlungen des Jugendlebens im 18. Jh., Heidelberg

Hornstein, W., 1966, Jugend in ihrer Zeit. Geschichte und Lebensformen des jungen Menschen in der europäischen Welt, Hamburg

Hornstein, W., 1985, Jugend. Strukturwandel im gesellschaftlichen Wandlungsprozeß, in: S. Hradil (Hg.), Sozialstruktur im Umbruch, Opladen

Hornstein, W., 2002, Jugendforschung und Jugendpolitik, Weinheim/München

Hummrich, M., 2002, Bildungserfolg und Migration: Biographien junger Frauen in der Einwanderungsgesellschaft, Opladen

Hurrelmann, K., M. Albert (Hg.), 2002, Jugend 2002. 14. Shell Jugendstudie, Frankfurt/M.

Hurrelmann, K., D. Ulich, (Hg.), 2002, Handbuch der Sozialisationsforschung, 6. unveränd. Aufl., Weinheim/Basel (zuerst 1980)

Hurrelmann, K., 2004, Lebensphase Jugend. Eine Einführung in die sozialwissenschaftliche Jugendforschung, 7. vollst. überarb. Aufl., Weinheim (zuerst 1985)

Hutzel, M., 2005, Clans und Gilden – Empirische und theoretische Untersuchung von virtuellen Spielgemeinschaften, Karlsruhe (unveröffentlichtes Manuskript)

Illies, B., 2005, Generation Golf, Frankfurt/M.

Inglehart, R., 1979, Wertwandel und politisches Verhalten, in: Sozialer Wandel in Westeuropa. Verhandlungen des 19. Dt. Soziologentages (Berlin 1979), Frankfurt/M., S. 505-533

JIM-Studie, 2004, Jugend, Information, (Multi-)Media, hg. vom Medienpädagogischen Forschungsverbund Südwest, Stuttgart; online verfügbar unter http://www.mpfs.de/studien/jim/index_jim.html

Jugend '81, Lebensentwürfe, Alltagskulturen, Zukunftsbilder, 1981, hg. vom Jugendwerk der Deutschen. Shell, (Gesamtkonzeption d. Studie: A. Fischer u.a.), 3 Bde., Hamburg

Jugendliche + Erwachsene '85. Generationen im Vergleich, 1985 (10. Jugendstudie des Jugendwerks der Deutschen Shell), 5 Bde., Opladen

Jugend '92. Lebenslagen, Orientierungen und Entwicklungsperspektiven im vereinigten Deutschland, hg. vom Jugendwerk der Deutschen Shell, 4 Bde., Opladen 1992

Jugend '97, Zukunftsperspektiven. Gesellschaftliches Engagement. Politische Orientierungen, hg. vom Jugendwerk der Deutschen Shell (12. Shell-Jugendstudie). Gesamtkonzeption: A. Fischer und Richard Münchmeier, Opladen 1997

Jugend 2000, hg. vom Jugendwerk der Deutschen Shell (13. Shell-Studie), 2 Bde., Opladen 2000

Kaufmann, F.-X., Stachel, G., 1981, Religiöse Sozialisation, in: Christlicher Glaube in moderner Gesellschaft, Teilband 25, 4. Aufl., Freiburg et al., S. 117-164

Kaufmann, F.-X., B. Schäfers, (Hg.), 1988, Religion, Kirchen und Gesellschaft in Deutschland, SH 5 der Zeitschrift GEGENWARTSKUNDE, Opladen

Keddi, B., 2004, Junge Frauen: Vom doppelten Lebensentwurf zum biografischen Projekt, in: R. Becker, B. Kortendiek (Hg.), a.a.O., S. 378-383

Keil, S., 1989, Religiöse Überzeugungen und kirchliche Partizipation der Jugend, in: M. Markefka, R. Nave-Herz (Hg.), a.a.O., S. 665-680

Kelle, H., 2004, Mädchen: Zur Entwicklung der Mädchenforschung, in: R. Becker, B. Kortendiek (Hg.), a.a.O., S. 360-369

Kersten, J., 1997, Gut und Geschlecht, Berlin/New York

Kersting, F.-W., 2002, Helmut Schelskys „Skeptische" Generation von 1957. Zur Publikations- und Wirkungsgeschichte eines Standardwerkes, in: Vierteljahreszeitschrift für Zeitgeschichte, Jg. 50, Heft 3, S. 465-495

Keupp, H., 1999, Identitätskonstruktionen, Reinbek bei Hamburg

Keupp, H., 2005, Wie heute Identität geschaffen wird, in: B. Hafeneger (Hg.), Subjektdiagnosen, Bad Schwalbach, S. 60-94

Key, Ellen, 1992, Das Jahrhundert des Kindes, Weinheim (zuerst 1902)

Kiesel, D., A. Scherr, W. Thole, (Hg.), 1998, Standortbestimmung Jugendarbeit, Bad Schwalbach

Kindt, W. (Hg.), 1963, Grundschriften der Jugendbewegung, Dokumentation der Jugendbewegung I, Düsseldorf/Köln

Kindt, W., (Hg.), 1968, Die Wandervogelzeit, Quellenschriften zur deutschen Jugendbewegung 1896-1919, Dokumentation der Jugendbewegung II, Düsseldorf/Köln

Kindt, W., (Hg.), 1974, Die deutsche Jugendbewegung 1920-1933 – Die bündische Zeit, Dokumentation der Jugendbewegung III, Düsseldorf/Köln

Klages, H., 2001, Werte und Wertwandel, in: B. Schäfers, W. Zapf (Hg.), Handwörterbuch zur Gesellschaft Deutschlands, 2. verb. und erw. Aufl., Opladen, S. 726-738

Klein, G., 1999, Electronic vibration : Pop Kultur Theorie, Hamburg

Klein, G., M. Friedrich, 2003, Is this real? Die Kultur des Hip-Hop, Frankfurt/M.

Kleinert, C., 2004, Fremdenfeindlichkeit, Wiesbaden

Klönne, A., 1999, Jugend im Dritten Reich – die Hitler-Jugend und ihre Gegner, Köln

Kluge, N., 1998, Sexualverhalten Jugendlicher heute, Weinheim/München

Knoll, J.H., J.H. Schoeps (Hg.), 1988, Typisch deutsch: Die Jugendbewegung. Beiträge zu einer Phänomengeschichte, Opladen

Knoop-Graf, I. (Hg.), 1988, Briefe und Aufzeichnungen, Frankfurt/M.

Koebner, Th., R. Janz, F. Trommler (Hg.), 1985, „Mit uns zieht die neue Zeit". Der Mythos Jugend, Frankfurt/M.

Kohlstruck, M., 2004, Rechtsextreme Jugendliche und Gewalt, Berlin

Krappmann, L., 2000, Soziologische Dimensionen der Identität. Strukturelle Bedingungen für die Teilnahme an Interaktionsprozessen, 9. veränd. Auflage, Stuttgart (zuerst 1969)

Krasmann, S., 2003, Die Kriminalität der Gesellschaft, Konstanz

Kraushaar, W., 1998, 1968. Das Jahr, das alles verändert hat, München

Krekel-Eiben, E.M., J.G. Ulrich, 1993, Berufschancen von Jugendlichen in den neuen Bundesländern, in: Beilage zur Wochenzeitung Das Parlament, B 19/93

Krüger, H.-H. (Hg.), 1993, Handbuch der Jugendforschung, 2. erw. Aufl., Opladen (zuerst 1988)

Langbehn, A.J., 1943, Rembrandt als Erzieher, Weimar

Lamnek, S., 1997, Neue Theorien abweichenden Verhaltens, 2. Aufl., Stuttgart

Lamnek, S., 2001, Theorien abweichenden Verhaltens. Eine Einführung für Soziologen, Psychologen, Pädagogen, Juristen, Politologen, Kommunikationswessenschaftler und Sozialarbeiter, unveränd. Nachdruck der 7. Aufl., München (zuerst 1979)

Laqueur, W., 1978, Die deutsche Jugendbewegung: eine historische Studie, Köln, (engl. Orig. 1962)

Lemert, E.M., 1951, Social Pathology, New York

Lenk, H., 1983, Eigenleistung. Plädoyer für eine positive Leistungskultur, Osnabrück

Levi, G., J.-G. Schmitt, 1996, Geschichte der Jugend, 2 Bde., Frankfurt/M.

Linde, Hans, 1984, Theorie der säkularen Nachwuchsbeschränkung 1800 bis 2000, Frankfurt/M.

Lindner, R., 1979, Editorial, in J. Clarke, a.a.O., S. 7-14

Lindner, R., 1981, Jugendkultur und Subkultur als soziologische Konzepte, in: M. Brake, a.a.O., S. 172-193

Linse, U., 1983, Zurück, o Mensch, zur Mutter Erde. Landkommunen in Deutschland 1890-1933, München

Luckmann, T., H. Döring, P.M. Zulehner, 1981, Anonymität und persönliche Identität, in: Christlicher Glaube in Moderner Gesellschaft, Teilband 25, 2. Aufl., Freiburg et al., S. 6-38

Luckmann, T., 1991, Die unsichtbare Religion, Frankfurt/M. (zuerst dt. 1963 unter anderem Titel; dann engl. 1967: The Invisible Religion)

Lüdemann, C., T. Ohlemacher, 2002, Soziologie der Kriminalität, Weinheim/München

Luhmann, N., 2002, Einführung in die Systemtheorie, Heidelberg

Maerker, R., 1969, Jugend im anderen Teil Deutschlands, München

Mannheim, K., 1964, Das Problem der Generation, in: ders., Wissenssoziologie, hg. von K.H. Wolff, Berlin/Neuwied (Orig. 1928)

Mannheim, K., 1972, Das Problem der Generationen, in: L. v. Friedeburg (Hg.), Jugend in der modernen Gesellschaft, Köln/Berlin, S. 23-48

Mansel, J., H.M. Griese, A. Scherr (Hg.), 2003, Theoriedefizite der Jugendforschung. Standortbestimmung und Perspektiven, Weinheim/München

Marcuse, H., 2004, Der eindimensionale Mensch: Studien zur Ideologie der fortgeschrittenen Industriegesellschaft, München (zuerst 1967)

Markefka, M., 1967, Jugend. Begriffe und Formen in soziologischer Sicht, Neuwied

Markefka, M., R. Nave-Herz (Hg.), 1989, Handbuch der Familien- und Jugendforschung, Bd. 2: Jugendforschung, Neuwied/Frankfurt

McDonald, K., 1999, Struggles for Subjectivity, Cambridge University Press

Mead, M., 1974, Der Konflikt der Generationen. Jugend ohne Vorbild, München (dtv Bd. 1042; amerik. Orig. 1969)

Mead, M., 1970, Jugend und Sexualität in primitiven Gesellschaften, 3 Bde., dtv-Wissenschaft, München (Bd. I: [5]1979,; Bd. II: [5]1981, Bd. III: [6]1980)

Mead, G.H., 1995, Geist, Identität und Gesellschaft aus der Sicht des Sozialbehaviorismus, 10. Aufl., Frankfurt/M. (amerik. Orig. 1934)

Menrath, S., 2001, Represent what. Performativität im Hip-Hop, Berlin

Merton, R.K., 1968, Sozialstruktur und Anomie, in: R. König (Hg.), Kriminalsoziologie, Neuwied, S. 283-313

Meuser, M., 2004, Junge Männer: Aneignung und Reproduktion von Männlichkeit, in: R. Becker, B. Kortendiek (Hg.), a.a.O., S. 370-377

Misoch, Sabina, 2004, Identitäten im Internet. Selbstdarstellung auf privaten Homepages, Konstanz

Mitterauer, M., 1986, Sozialgeschichte der Jugend, Frankfurt/M.

Mogge, W., J. Reulecke, 1988 „Wann wir schreiten Seit' an Seit' ...". Das Phänomen „Jugend" in der deutschen Jugendbewegung, in: J.H. Knoll, J.H. Schoeps (Hg.), a.a.O., S. 35-55

Möller, K., 2001, Extremismus, in: B. Schäfers,W. Zapf (Hg.), Handwörterbuch zur Gesellschaft Deutschlands, 2. Aufl., Opladen, S. 194-207

Moser, T., 1987, Jugendkriminalität und Gesellschaftsstruktur. Zum Verhältnis von soziologischen, psychologischen und psychoanalytischen Theorien des Verbrechens, Frankfurt/M.

Müller, R. et al., 2002, Wozu Jugendliche Musik und Medien gebrauchen, Weinheim/München

Münchmeier, R., 1998, „Entstrukturierung" der Jugendphase, in: Aus Politik und Zeitgeschichte, B 31/98, S. 3-13

Neidhardt, F., 1970, Die Junge Generation, Opladen

Neumann-Braun, S., B. Richard (Hg.), 2005, Coolhunters. Jugendkulturen zwischen Medien und Markt, Frankfurt/M.

Niethammer, L., 2000, Kollektive Identität, Reinbek bei Hamburg

Nunner-Winkler, G., 1990, Jugend und Identität als pädagogisches Problem, in: Zeitschrift für Pädagogik, S. 23-36

Olenhusen, I.G. v., 1987, Jugendreich, Gottesreich, Deutsches Reich: junge Generation, Religion und Politik, Köln

Olk, Th., 1985, Jugend und gesellschaftliche Differenzierung. Zur Entstrukturierung der Jugendphase, in: H. Heidt, W. Klafki (Hg.), Arbeit-Bildung-Arbeitslosigkeit, Weinheim/Basel, S. 290-307

Opaschowski, H.W., 1999, Generation @, Hamburg

Otto, H.-U., R. Merten (Hg.), 1993, Rechtsradikale Gewalt im vereinigten Deutschland. Jugend im gesellschaftlichen Umbruch, Opladen

Panke, M., 2005, Arbeiten lernen, Wiesbaden

Parsons, T., 1965, Jugend im Gefüge der amerikanischen Gesellschaft, in: L.v. Friedeburg, (Hg.), a.a.O., S. 131-155 (amerik. Orig. 1962)

Peuckert, R., 2004, Familienformen im sozialen Wandel, 5. überarb. und erw. Aufl., Wiesbaden

Plessner, H., 1976, Die Frage nach der Conditio humana. Aufsätze zur philosophischen Anthropologie, Frankfurt/M.

Popp, U., 1994, Geteilte Zukunft. Lebensentwürfe von deutschen und türkischen SchülerInnen und Schülern, Leverkusen

Prenzel, M., J. Baumert, W. Blum (Hg.), 2003, PISA 2003, München

Preuss-Lausitz, U. et al., 1983, Kriegskinder, Konsumkinder, Krisenkinder. Zur Sozialisationsgeschichte seit dem Zweiten Weltkrieg, Weinheim/Basel

Pross, H., 1964, Jugend, Eros, Politik, Geschichte der deutschen Jugendverbände, Bern/München/Wien

Rassem, M., 1975, Entdeckung und Formierung der Jugend in der Neuzeit, in: Jugend in der Gesellschaft. Ein Symposion, dtv Bd. 1063, S. 98-117

Reimann, H., H. Reimann, (Hg.), 1987, Die Jugend, 2. völlig neu bearb. Aufl., Opladen

Reinfandt, K.-H. (Hg.), 1987, Die Jugendmusikbewegung. Impulse und Wirkungen, Wolfenbüttel/Zurich

Reulecke, J., 1985, Männerbund versus Familie. Bürgerliche Jugendbewegung und Familie in Deutschland im ersten Drittel des 20. Jhs., in: Th. Koebner et al., (Hg.), a.a.O., S. 199-223

Riesman, D., 1964, Die einsame Masse. Eine Untersuchung der Wandlungen des amerikanischen Charakters, rde Bd. 72/73 (amerik. Orig. 1950)

Rink, D., 2002, Beunruhigende Normalisierung: Zum Wandel der Jugendkulturen, in: Aus Politik und Zeitgeschichte, B. 5/2002, S. 3-6

Ritsert, J., 1998, Der Kampf um das Surplusprodukt. Einführung in den klassischen Klassenbegriff, Frankfurt/New York

Rose, L., 2004, Gender-Mainstreaming in der Kinder- und Jugendhilfe, Münster

Rosenmayr, L., 1976, Jugend, in: R. König, (Hg.), Handbuch der empirischen Sozialforschung Bd. 6, 2. völlig neubearb. Aufl., Stuttgart

Rosenmayr, L., 1979, Jugend und sozialer Wandel, in: J.C. Welbergen (Hg.), a.a.O., S. 218-235

Roth, R., D. Rucht (Hg.), 2000, Jugendkulturen, Politik und Protest, Opladen

Rousseau, J.-J., 2001, Emil oder über die Erziehung, Paderborn (frz. Orig. 1762)

Rucht, D., R. Roth, 2000, Weder Rebellion noch Anpassung. Jugendproteste in der Bundesrepublik 1950-1994, in: dies. (Hg.), Jugendkulturen, Politik und Protest, Opladen, S. 283-304

Sack, F., 1973: Abweichendes Verhalten – Folgerungen für die Sozialarbeit, in: H.U. Otto, S. Schneider (Hg.) Gesellschaftliche Perspektiven der Sozialarbeit. Bd. 1., Berlin, S. 129-138.

Schacht, L., 1987, Psychische Probleme und Krisen Jugendlicher, in: H. und H. Reimann (Hg.), a.a.O., S. 141-156

Schäfers, B., 1983, Gruppenbildung als Reflex auf gesamtgesellschaftliche Entwicklungen am Beispiel der deutschen Jugendbewegung, in: F. Neidhardt, (Hg.), Gruppensoziologie. Perspektiven und Materialien, SH 25 der KZfSS, S. 106-125

Schäfers, B., 1998, Sozialstruktur und sozialer Wandel der Bundesrepublik Deutschland, 7., völlig neu bearb. und erw. Aufl., Stuttgart

Schäfers, B. (Hg.), 1999, Einführung in die Gruppensoziologie, Geschichte – Theorien – Analysen, 3. korr. Aufl., Heidelberg

Schäfers, B., 2003, Die „Skeptische Generation" von Helmut Schelsky – revisited nach 45 Jahren, in: J. Mansel et al. (Hg.), a.a.O., S. 31-40

Schäfers, B., 2004, Sozialstruktur und sozialer Wandel in Deutschland, 8. aktualis. Aufl., Stuttgart

Schelsky, H., 1963, Die skeptische Generation. Eine Soziologie der deutschen Jugend, Düsseldorf/Köln (zuerst 1957); als TB (Ullstein) 1975

Scherr, A., 1994, Individualisierung bei Jugendlichen, in: Gegenwartskunde, Jg. 43

Scherr, A., 1995, Soziale Identitäten Jugendlicher, Opladen

Scherr, A., 1996, Zum Stand der Debatte über Jugend und Rechtsextremismus., in: W. Falter, H.-G. Jaschke, J. R. Winkler (Hg.), Rechtsextremismus. Sonderheft der Politischen Vierteljahresschrift (PVS), S. 97-120

Scherr, A., 1997, Subjektorientierte Jugendarbeit. Eine Einführung in die Grundlagen emanzipatorischer Jugendpädagogik, Weinheim/München

Scherr, A., 1998, Individualisierung und gesellschaftliche Desintegration, in: Gegenwartskunde, H. 2, S. 155-168

Scherr, A., 2001, Bedingungen und Formen von Fremdenfeindlichkeit und Rechtsextremismus, in: Gegenwartskunde, H. 2, S. 173-186

Scherr, A., 2003, Konturen einer genuin soziologischen Jugendforschung, in: J. Mansel, H.M. Griese, A. Scherr (Hg.), a.a.O., S. 49-66

Scherr, A., 2004, Gewalt und soziale Ausgrenzung in der ,postindustriellen Wissensgesellschaft', in. W. Heitmeyer, H.-G. Soeffner (Hg.), Gewalt, Frankfurt/M., S. 202-226

Scheuch, E.K., 1975, Die Jugend gibt es nicht. Zur Differenziertheit der Jugend in heutigen Industriegesellschaften, in: Jugend in der Gesellschaft, 1063, S. 54-78

Schmidt, G.R., 1979, Friedrich Schleiermacher, in: H. Scheuerl (Hg.), Klassiker der Pädagogik I., Müchen, S. 217-233

Schock und Schöpfung. Jugendästhetik im 20. Jahrhundert, 1986, hg. vom Deutschen Werkbund e.V. und Württembergischen Kunstverein, Darmstadt/Neuwied

Schulze, G., 2000, Die Erlebnisgesellschaft. Kultursoziologie der Gegenwart, 8. Aufl., Frankfurt/New York (zuerst 1992)

Schweer, T., H. Strasser, 1995, Drogenmarkt Deutschland: Die Szene im Wandel, in: Beilage zur Wochenzeitung Das Parlament, B 9/95, S. 3-12

Schwendter, R., 1993, Theorie der Subkultur. Mit einem neuen Nachwort, Neuauflage, Frankfurt/M.

Schwier, J., 2000, Sport als populäre Kultur, Hamburg

Schwier, J., 2005, Sport und soziale Ungleichheit, Giessen

Schwonke, M., 1981, Sozialisation und Sozialstruktur, Studienreihe Politik, hg. von H. Giesecke, Bd. 3, 2. Aufl., Stuttgart

Seidelmann, K., 1955, Bund und Gruppe als Lebensformen der deutschen Jugend, München (1970/71 in 2 Bänden: Gruppe – soziale Grundform der Jugend)

Sennett, R., 1998, Der flexible Mensch und die Kultur des neuen Kapitalismus, Berlin

Shorter, E., 1988, Jugend, Gewalt und Kontrolle in drei Jahrhunderten, in: W. Ferchhoff, T. Olk (Hg.): Jugend im internationalen Vergleich, Weinheim/München, S. 45-51

Silbereisen, R.K., L.A. Vaskovics, J. Zinnecker (Hg.), 1996, Jungsein in Deutschland. Jugendliche und junge Erwachsene 1991 und 1996, Opladen

Spode, H., 2001, Die Macht der Trunkenheit. Kultur- und Sozialgeschichte des Alkohols in Deutschland, 2. überarb. und aktualis. Aufl., Opladen

Spranger, E., 1979, Psychologie des Jugendalters, Heidelberg (zuerst 1924; 29. Aufl. 1979)

Statistisches Bundesamt (Hg.), 2004, Datenreport 2004, Bonn

Stehr, J., 2002, Außerstrafrechtliche Reaktionen auf Kriminalität, in: R. Anhorn, D. Betttinger (Hg.), Kritische Kriminologie und Soziale Arbeit, Weinheim/München, S. 189-200

Stiksrud, A., 1994, Jugend im Generationen-Kontext, Opladen

Stierlin, H., 1980, Eltern und Kinder. Das Drama von Trennung und Versöhnung im Jugendalter, Frankfurt (amerik. Orig. 1974)

Stöss, R., O. Niedermeyer, 1998, Rechtsextremismus, politische Zufriedenheit und das Wählerpotential rechtsextremer Parteien in der Bundesrepublik im Frühsommer 1998. Arbeitspapiere des Otto-Stammer-Zentrums Nr.1, Freie Universität Berlin

Sutherland, E.H., 1947, Principlex of Criminology, 4. Aufl., Philadelphia (zuerst 1939)

Taylor, C., 1994, Quellen des Selbst, Frankfurt/M.

Tenbruck, F.H., 1962, Jugend und Gesellschaft. Soziologische Perspektiven, Freiburg ($^2$1965)

Tertilt, H., 1996, Turkish Power Boys. Ethnographie einer Jugendbande, Frankfurt/M.

Tessaring, M., 1993, Das duale System der Berufsausbildung in Deutschland: Attraktivität und Beschäftigungsperspektiven, in: MittAB 2/93, S. 121-161

Tönnies, F., Gemeinschaft und Gesellschaft. Grundbegriffe der reinen Soziologie, Nachdr. d. 8. Aufl., Darmstadt

Todt, E., 1992, Interesse männlich – Interesse weiblich, in: Jugend '92, Bd. 2, a.a.O., S. 301-319

Trommler, F. 1985, Mission ohne Ziel. Über den Kult der Jugend im modernen Deutschland, in: Koebner, Th., et al., a.a.O., S. 14-49

Trotha, T. von, 1982, Zur Entstehung von Jugend, in: KZfSS 34. Jg., S. 255-277

Tully, C., 2004, Verändertes Lernen in modernen technisierten Welten, Wiesbaden

Ulich, D., 2002, Schulische Sozialisation, in: K. Hurrelmann, D. Ulich (Hg.), a.a.O., S. 377-396

Vesper, B. (Hg.), 1967, Bedingungen und Organisation des Widerstandes. Der Kongress in Hannover, Berlin

Vollbrecht, R., 1997, Jugendkulturelle Selbstinszenierungen, in: Medien und Erziehung, H. 4., S. 7-14

Weidacher, A. (Hg.), 2000, In Deutschland zu Hause. Politische Orientierungen griechischer, italienischer, türkischer und deutscher Jugendlicher im Vergleich, Opladen

Weiß, O., 1999, Einführung in die Sportsoziologie, Wien

Welbergen, J.C., (Hg.), 1979, Die Jugend und ihre Zukunftschancen. Ein Symposium mit Jugendlichen und Vertretern aus Wissenschaft, Wirtschaft, Politik und Verwaltung, Hamburg

Willems, H. et al., (Hg.), 1993, Fremdenfeindliche Gewalt. Einstellungen, Täter, Konflikteskalation, Opladen

Willis, P., 1979, Spaß am Widerstand. Gegenkultur in der Arbeiterschule, Frankfurt (engl. Orig. 1977)

Winter, R., 2004, Jungen: Reduzierte Problemperspektive und unterschlagene Potentiale, in: R. Becker, B. Kortendiek (Hg.), Handbuch der Frauen und Geschlechterforschung, Wiesbaden, S. 353-359

Wölber, H.-O., 1959, Religion ohne Entscheidung. Volkskirche am Beispiel der jungen Generation, Göttingen

Wyn, J., White, R., 1997, Rethinking Youth, London: Sage Publications

Ziehe, Th., 1975, Pubertät und Narzißmus. Sind Jugendliche entpolitisiert? Frankfurt/M. ($^2$1978)

Zilch, D., 1992, Die FDJ – Mitgliederzahlen und Strukturen, in: Jugend '92, Bd. 3, a.a.O., S. 61-80

Zinnecker, J., 1987, Jugendkultur 1940-1985, Opladen

Zinnecker, J. et al., 2002, Null Zoff & voll busy. Die erste Jugendgeneration des neuen Jahrtausends, Opladen

Zoll, R., 1989, Nicht so wie unsere Eltern. Ein neues kulturelles Modell? Opladen

# Sachregister

Das Sachregister ist – als Ergänzung zum detaillierten Inhaltsverzeichnis – auf unmittelbar jugendrelevante Sachverhalte begrenzt.